2021年教育部新文科改革与实践项目资助成果（项目编号：2(

旅游管理专业实习指导书

赵颖◎著

中国言实出版社

图书在版编目（ＣＩＰ）数据

旅游管理专业实习指导书 / 赵颖著 . -- 北京：中国言实出版社 , 2022.12
  ISBN 978-7-5171-4331-4

  Ⅰ . ①旅… Ⅱ . ①赵… Ⅲ . ①旅游经济—经济管理—高等学校—教学参考资料 Ⅳ . ① F590

  中国版本图书馆 CIP 数据核字 (2022) 第 254124 号

旅游管理专业实习指导书

责任编辑	郭江妮
责任校对	王战星

出版发行　中国言实出版社
　　　　　地　　址：北京市朝阳区北苑路 180 号加利大厦 5 号楼 105 室
　　　　　邮　　编：100101
　　　　　编辑部：北京市海淀区花园路 6 号院 B 座 6 层
　　　　　邮　　编：100088
　　　　　电　　话：64924853（总编室）　64924716（发行部）
　　　　　网　　址：www.zgyscbs.cn
　　　　　E-mail：zgyscbs@263.net

经　销	新华书店
印　刷	三河市华东印刷有限公司
版　次	2023 年 8 月第 1 版　2023 年 8 月第 1 次印刷
规　格	787 毫米 × 1092 毫米　1/16　印张 14.5
字　数	200 千字

定　价	45.00 元
书　号	ISBN 978-7-5171-4331-4

序

 贵州大学旅游与文化产业学院是贵州省培养旅游与文化产业管理专门化人才的重要阵地，也是全省最早具有旅游管理学术型硕士学位授权点的培养单位。现有学术型硕士学位点1个，下设"旅游经济可持续"、"旅游规划与开发"、"文化旅游产业"三个特色研究方向，有国家级一流本科专业2个（旅游管理、文化产业管理）、中法国际校际交流"3+1"项目1个（旅游管理—法旅方向）、中外合作办学"3+1"项目1个（旅游管理），形成了集"本科+国际化本科+硕士"的多层次、多元化国际教育体系。

 长期以来，学院始终坚持"立德树人，面向世界，服务国家战略，践行知行合一"为理念，以"汇聚全球教育资源，培育国际精英人才"为特色，以"2026·赢在未来"贵州精英人才培养计划为载体，以培养具有"深厚的人文底蕴、强烈的创新意识、宽广的国际视野、扎实的专业知识""通专兼备、知行合一"的国际化创新型人才为目标，积极适应国家文化和旅游强国战略对高层次人才的需要。早在中共中央、教育部提出"新文科"概念之初，学院即明确了新文科建设的目标和任务，开启了新文科建设的新征程。2018年学院瞄准国家战略需求，积极引进国际优质教育资源、优秀课程师资和先进教育理念，优化专业人才培养方案，突出国际化办学特色，深化政产学研协同育人机制平台建设。2019年学院在旅游管理（法旅方向）国际校交流"3+1"本科双学位教育项目的基础上，成功申报了旅游管理专业（中外合作办学项目），并获批中华人民共和国教育部批准招生（证书编号：MOE52UK2A20181968N），成为全省首个获批招生的一本批次中外合作办学项目，率先跨出了旅游管理专业高等教育的国际化步伐。2021年旅游管理专业入选国家级一流专业，2022年文化产业管理专业入选国家级一流专业，至此，学院实现了国家级一流专业的全覆盖。

 近年来，学院积极发挥国家级专业人才培养模式的设计者和建设者作用，以"继承与创新、交叉与融合、协同与共享"为途径，积极探索新文科建设新理念、新经验，迈出了新文科建设的坚实步伐，形成出了贵大亮点，彰显了贵大风格。主要表现在：一是深化"2026.赢在未来"贵州精英人才培养计划，持续推进政产学研协同育人合作。截至目前，学院共与贵安国家级新区、贵阳市人民政府、

1

安顺市西秀区人民政府、黄果树旅游集团、贵州省旅游投资集团、西江千户苗寨文化旅游有限公司、贵州中青旅、贵州天悦旅游集团等地方政府和文旅龙头企业签订战略合作协议，搭建政产学研协同育人平台 15 个，建立校外实习（训）基地 25 个，聘请"双师型"行业导师 12 人，建立精英人才奖学金 5 项，设立大学生创新创业"天使投资基金"100 万元。二是持续打造线下、线上、混合式、虚拟仿真、社会实践等 5 类金课。2019 年《旅游学概论》《旅游资源学》《旅游人类学》《公共关系》等 11 门课程入选双语课程；2020 年《导游实务》入选校级线上线下互动课程；2021 年《旅游学概论》《旅游经济学》《旅游规划与开发》《旅游政策与法规》等 7 门课程入选精品课程，《旅游文学》入选校级一流课程；2022 年《贵州旅游发展专题》入选省级金课。三是推进"课程思政"与"思政课程"无缝对接。学院围绕落实立德树人根本任务，以学生成长发展为中心，充分发挥哲学社会科学育人功能，依托阳明文化发祥地的资源优势和国家级一流专业优势，深化思政教育教学改革，以文化人、以德润心，强化课程思政和专业思政建设，以"思政课程外围课程"，实现由"思政课程"向"课程思政"的顺利过渡，以春风化雨，润物无声的方式，提升学生的文化品位和人文素养，树立学生正确的人生观、价值观和世界观，形成了"旅途问道大讲堂"第二课堂品牌；四是坚持"以立项促教改，以教改促创新，以创新促内涵提升"。2021 年《旅游管理专业政产学研协同育人机制创新与实践》获教育部首批新文科改革与实践项目立项，《旅游经济》获省级教学改革与课程内容体系项目立项，旅游管理国家一流本科专业的 6 部专业核心课程教材与贵州大学出版社签约出版，同年还获得校级教学成果奖二等奖 1 项、三等奖 1 项。2022 年《旅游规划与开发》获省级教学改革与课程内容体系项目批准立项。

《旅游管理专业实习指导》一书是 2021 年教育部首批新文科改革与实践项目《旅游管理专业政产学研协同育人机制创新与实践》课题组核心成员赵颖博士编著的精心之作。全书融理论、政策与实践于一体，既有定性的理论探讨，又有实际的操作指引，并在编著中突出以下特点：第一，介绍了新时代旅游业发展概况、旅游行业人才市场需求及能力培养、旅游管理专业知识图谱及其相关研究的最新成果；第二，在系统介绍了旅游管理专业人才培养体系的优化设计和旅游管理专业人才的能力培育体系；第三，立足新时代旅游产业发展对旅游管理专业人才的需求和挑战，围绕旅游管理专业实习类型、实习考核办法及其编制说明、实习成果撰写、成绩考核、实习地导读展开阐述，注重新形势下旅游管理专业实习实践教学研究新理念、新观点和新模式的引入，从而使该书具有较强的理论性、科学性、系统性和应用性。该书立足于新时代现代旅游业发展与人才需求，充分吸收和借鉴了相关学科研究的最新成果，既是一部关于旅游管理专业实习实践教学的论著，又是旅游管理专业开展实习实践教学的教科书，相信该书对培养具有"深厚的人文底蕴、强烈的创新意识、宽广的国际视野、扎实的专业知识""通专兼备、知行合一"的创新型旅游管理专业人才具有积极指导价值。

溪山如黛，百年贵大，承阳明精神，继文脉蔚然。立足新发展起点，学院势当只争朝夕，聚焦政产学研协同育人机制创新与实践，凝文化之息，聚各方合力，展浩然之气，现一流魅力，真抓实干，深化改革，集成创新，为天下储才。

李锦宏

2022 年 6 月 17 日

导言

2018 年 8 月，中共中央发文提出"高等教育要努力发展新工科、新医科、新农科、新文科"，正式提出"新文科"这一概念。2019 年 4 月，教育部召开"六卓越一拔尖"2.0 启动大会，全国新文科建设正式拉开帷幕。为积极适应旅游管理专业实习教学改革与实践的需要，在教育部旅游管理教学指导委员会的指导和中国言实出版社的关心支持下，本人作为 2021 年教育部首批新文科改革与实践项目《旅游管理专业政产学研协同育人机制创新与实践》（项目编号：2021090083）课题组的核心成员，立足旅游管理专业政产学协调育人的创新探索与实践，结合教学过程的系统思考和教学实践，承担了《旅游管理专业实习指导》一书的编著任务。

本书运用多学科知识与方法，全面系统地阐述了旅游管理专业实习实践教学的基本理论、政策依据与操作方法。全书主要内容包括：旅游业发展概况、旅游行业人才市场需求及能力培养、旅游管理专业知识图谱、人才培养体系优化、认知实习、毕业实习、毕业实习考核办法、毕业实习制定说明、毕业实习成果撰写、毕业实习考核成绩评定、实习地导读等。全书融理论、政策与实践于一体，既有定性的理论探讨，又有实际的操作指引，并在编著中突出以下特点：第一，介绍了新时代旅游业发展概况、旅游行业人才市场需求及能力培养、旅游管理专业知识图谱及其相关研究的最新成果；第二，系统介绍了旅游管理专业人才培养体系的优化设计和旅游管理专业人才的能力培育体系；第三，立足新时代旅游产业发展对旅游管理专业人才的需求和挑战，围绕旅游管理专业实习类型、实习考核办法及其编制说明、实习成果撰写、成绩考核、实习地导读展开阐述，注重新形势下旅游管理专业实习实践教学研究新理念、新观点和新模式的引入，从而使该书具有较强的理论性、科学性、系统性和应用性。

在本书编著过程中得到教育部旅游管理教学指导委员会委员、中南财经政法大学旅游管理专业博士生导师邓爱民教授的指导和支持，在此表示衷心的感谢。

赵颖

2022 年 6 月 17 日

目录

第一章 旅游业发展与人才需求

第一节 旅游业发展概况

一、发展现状

（一）全国旅游业发展现状

我国的经济形势呈现着行稳致远的发展趋势，我国人民的生活水平得到质的飞跃，生活水平的提高促使人们在满足日常生活的物质追求之后，更加注重对于自我精神需求的实现，旅游也在人们的生活中占据着愈发重要的地位，旅游业成为经济发展的重要组成部分和提升渠道，对于经济结构的改善处于不可或缺的地位。改革开放以来，中国的旅游行业发展非常地迅速，根据文献资料统计发现，1978 年中国的国际旅游人数为 71.6 万人次，旅游外汇收入为 2.63 亿美元，随着国家对外开放的程度逐渐深入，到了 2019 年，中国的入境国外游客达到了 14531 万人次，国际旅游收入达到了 1313 亿美元，而中国旅游行业的总收入为 6.63 万亿元，由此可见中国旅游行业的发展情况，不管是从经济效益方面还是从人数规模方面，都呈现出明显的上升趋势，是典型的朝阳产业。2018 年国内居民在旅游方面花费的人均金额是 926.2 元，该金额占据我国居民人均消费文娱方面的支出比例为 41.6%。同时我国居民在文娱方面支出的金额比例约为总消费比例的 4.66%，而这数值对于日本国家来说比例是 9.9%，对于美国来说比例是 5.3%，对于欧盟国家来说比例是 9.1%。由此可见，在世界的主要国家当中，我国的人均文娱消费比例并不算高，但是在这其中依然是旅游消费占比较大。同时分析我国人均文娱消费与世界上其他主要国家的人均文娱消费比例来看，可以很明显地发现，人均文娱消费与人均 GDP 有着直接的联系，因此随着我国人均 GDP 的不断上升，我国未来在旅游行业中的消费也会不断地提升[①]。

（二）分地区旅游业发展现状

通过文献资料调查，发现在我国境内，不同地区的旅游行业的发展情况差距较大。首先以各地区出游人数进行数据收集，发现贵州省、山东省、河南省、湖南省、四川省、重庆市等省份（地区）的旅游人数都已经超过了 7 亿人，是名副

---

① Isaeva Dinara，李旭芳.中国旅游电子商务发展现状分析[J].物流科技，2021，44（05）：79-80+83.

其实的旅游大省。但是上海市、青海省、西藏自治区、宁夏回族自治区等省份（地区）的旅游人数却没有超过 1 亿人。那么详细分析出现旅游行业快速增长和出现旅游人数减少的地区所存在的共同特点，可以得知：出现旅游行业快速增长的地区，往往有着较多的自然景观和丰富的人文历史文化，而存在旅游人数不断减少的地区，其共有的特点都是高度现代化城市，因此中国人在选择旅游地区的时候会更趋向于在自然景观较好、历史文化丰富的地区进行旅游，而对于地区特色不突出的现代城市而言，旅游的兴趣则不断地在减少。从人均消费的角度进行收据收集，发现不同地区的居民在旅游方面的人均消费差异也比较大。在搜集的数据中发现，在旅游方面人均消费最高的是上海市的居民，人均消费金额是 5049 元/人，而最低的是西藏地区的居民，人均消费金额是 609 元/人，这两个地区之间在人均消费方面差了 8 倍之多。总体来说，目前我国人均旅游消费是 2225.7 元/人，其中上海市、北京市、天津市、浙江省和湖南省占据了人均旅游高消费的前五，而甘肃省、贵州省、青海省、四川省、西藏自治区则占据了人均旅游消费的最后五名。通过分析可得，排在前位的地区往往经济发展情况较为良好，且本地的自然景观或人文景观相对较少，所以有能力且需要花费更多的金额去进行旅游；而排在后位的地区处在中国西部，所以相对而言经济发展比较弱，自然也无法有足够的资金供居民进行旅行①。

（三）人才知识培育体系现状

我国旅游管理专业是在传统的旅游专科的基础上发展而来的，该专业主要培养的是与酒店管理、旅游管理相关的服务管理人才，一般该专业的人才在毕业之前需要通过国家证书的考试取得了从业证书之后，才有资格正式就业于旅游管理或者酒店管理行业中。那么从专业设置的角度来看，根据《普通高等高校高职高专教育指导性专业目录（2021 年）》中有关高等职业教育本科专业的内容来看，"旅游"是单独的一个专业大类，其中包括有"旅游类"和"餐饮类"两个细分种类，在"旅游类"这一专业下，又设置有 3 个细分专业分别是"旅游管理"、"酒店管理"和"旅游规划与设计"。另外在个别本科院校中，一方面还会根据实际的招生方向和招生情况在旅游管理之外去设置语言类旅游管理专业，例如：旅游日语专业、旅游英语专业、旅游韩语专业等；另一方面，个别本科院校会开

---

① 张宇辉.旅游带动经济发展问题的新思考[J].全国流通经济，2019（06）：97-98.

设涉及旅游的专业类型，例如：旅游企业信息管理等。从旅游管理这个专业的生源角度出发，可以发现，生源类型比较复杂是我国高职类教育的一大特点，我国高职类教育的生源主要有：普通高中毕业生、中专毕业生、职业技术学校毕业生以及中职高校的大专毕业生等。由于其生源类型存在差异，导致学生的个人专业素养、文化素养和个人入学发展的起点也呈现出参差不齐的状况，进而给本科学院的教学带来一定程度的困难，主要表现在：教学的对象水平不一、学生群体的构成复杂、教育的难度较大等。比如对于三校生（中职高校大专毕业生，中职高校中专毕业生，技校毕业生）而言，已经接受过至少三年系统的中职旅游管理教育，所以这部分学生有关于旅游管理专业知识的一定储备量，同时具备一定的实务技能操作经验和知识的积累。然而，综合来看，学习基础相对较为薄弱以及文化类知识的积累不够仍然使三校生的发展处于不利的地位。尤其是语数外这类基本学科的素养都比较差，而且对于问题的分析能力，理解能力和解决能力比较欠缺。对于普通高中毕业生而言，虽然有着较为优秀的学习能力，同时学习素养也比较优秀，但是因为没有接触过与旅游相关的专业课程培养，因此综合专业能力比较弱。可以看出三校生的特点与普高生的特点是两个不同的方面，但是对于高职旅游本科专业来说，在进行人才培育时，需要同时展开三校生的人才培育和普高生的人才培育[①]。

（四）人才知识培育课程设置现状

调查结果表明，根据多所高校的所设置的旅游管理专业模块情况，可以总结得出其专业课程可以分为 6 个课程模块，分别是公共课模块、基础课、模块专业技能课模块、实践课模块和校本课程模块，而不同模块中课程的构成有所不同，课程所具有的知识教育功能以及知识内容也有所不同。其中公共课模块中所涵盖的课程主要有：根据国家相关部门（例如：教育部、中宣部等）的工作要求进行设立的思想政治理论课、文化课以及体育课等课程，而这类课程的主要功能就是去教育旅游管理专业人才所应当具备的政治素养，文化素养，体育素养等内容，因为是公共课程模块，所以这部分的教育内容与职业教育中其他专业的教育内容都基本相同。在基础课程模块中，所包括的内容就与旅游管理有着直接的联系，比如设置有旅游资源学，旅游英语，旅游心理学，管理学基础，旅游概论，导游

[①] 刘斌."互联网+"时代旅游管理专业学生双创能力培养策略[J].现代交际，2021（24）：148-150.

基础，旅游政策法规等。这类课程的设置目的主要是为了将来旅游管理专业人才在从事旅游管理工作时，能够更好地去胜任工作，能够去了解专业的未来发展，而且基础类课程的学习不仅仅是旅游管理的基础知识，还有语言类计算机等其他知识和技能，能够让旅游管理专业人才在上课时对旅游管理专业有着更加全面的了解和整体的认识。在专业技能课程模块中，课程的构成内容就与旅游管理工作有着更为密切的相关联系，可以说是专门为了旅游管理职业岗位而专门设计开发的课程，比如有：导游实务，旅游市场营销，旅游社管理，旅游企业人力资源管理，客房服务与管理实务，餐饮服务与管理等。通过进行教育这类课程能够让旅游管理专业的人才在高校内去学习未来就业过程中所必备的理论知识、专业技能，使得学生可以在未来就业工作中可以更好地去胜任旅游管理的相关岗位。在实践课程模块中，课程的设置内容主要是与旅游管理专业人才实际操作的课程相关，比如有：导游实习，酒店岗位实习，旅游社岗位实习，景点考察调研，毕业实习等，这类课程都属于是离开校园到实际的工作环境中展开实习工作，从而能够通过实际的操作训练提高学生的实践能力，让学生可以把高校中所学习到的理论知识，在实际的岗位中得到运用和结合。最后的校本课程模块则一般是与本科院校所在地区的旅游业发展情况相关，比如可以设置某省份的文化介绍课程、某地区的特色景点介绍课程等，这样校本课程的设计目的主要是为了本地区的旅游市场、旅游行业服务，让旅游管理专业人才在毕业后，直接可以在当地寻找到合适的就业机会[①]。

表 1-1 旅游管理专业人才知识培育体系

课程模块	课程构成	课程培育功能
公共课程模块	1、思想政治课 2、体育课 3、语文课 4、数学课 5、英语课 6、其他选修课程 ……	教育旅游管理专业人才应当具备的政治素养、文化素养、体育素养等内容。这部分的教育内容与职业教育中其他专业的教育内容都基本相同。

---

① 周荣耀.旅游管理专业学生职业能力构成探究[J].旅游与摄影，2021（24）：94-95.

基础课程模块	1、计算机应用基础 2、礼仪形体 3、管理学基础 4、旅游概论 5、饭店管理基础 6、旅游心理学 7、旅游经济学 8、旅游资源学 9、旅游公共关系 10、旅游英语 11、导游基础 12、旅游政策法规 13、世界客源国概况 ……	为了将来旅游管理专业人才在从事旅游管理工作时，能够更好地去胜任工作，能够去了解专业的未来发展，而且基础类课程的学习不仅仅是旅游管理的基础知识，还有语言类计算机等其他知识和技能，能够让旅游管理专业人才在上课时，对旅游管理专业有着更加全面了解和整体的认识。
专业技能课程模块	1、导游实务 2、旅游市场营销 3、旅行社管理 4、旅游企业人力资源管理 5、客房服务与管理实务 6、餐饮服务与管理 ……	让旅游管理专业的人才在高校内去学习未来就业过程中所必备的理论知识、专业技能，使得学生可以在未来就业工作中可以更好地去胜任旅游管理的相关岗位。
实践课程模块	1、导游实习 2、旅行社岗位实习 3、酒店岗位实习 4、景点考察调研 5、毕业实习 ……	离开校园到实际的工作环境中展开实习工作，从而能够通过实际的操作训练提高学生的实践能力，让学生可以把高校中所学习到的理论知识，在实际的岗位中得到运用和结合。
校本课程模块	1、某省份的文化介绍课程 2、某地区的特色景点介绍课程 ……	一般是与本科院校所在地区的旅游业发展情况相关。设计目的主要是为了本地区的旅游市场、旅游行业服务，让旅游管理专业人才在毕业后，直接可以在当地寻找到合适的就业机会。

二、存在的问题

旅游实际上包含了两个方面的含义:"旅"代表着要走出去,产生距离上的变化;"游"则是代表着游览和观光,更多的是要有精神层面的营养的获取。随着经济水平的不断提高,人们在满足日常的基本生活需要后,有更多的资金可以用于旅游,更加追求精神需求可以得到充分的满足,较为明显的表现为:旅游的人数在总体上呈现出一个上升的趋势。休闲服务与放松娱乐产业在经济体系中属于一种复杂但有序的社会现象,它在政治、经济、文化、地理、历史和法律等各个社会领域都有所涉及,同时与餐饮行业、交通行业以及住宿行业等有着发展上的密切相关的联系。总的来说,中国旅游业存在以下的问题。

(一)旅游法规不健全,旅游管理规范水平需进一步提升

总的来说,我国旅游行业的管理水平在持续向更高的台阶迈步。我国于20世纪80年代引入了质量管理模式,该模式提出了标准化管理体系,该体系包括:P&P,SOP,TQL,PDCA等内容;随着时间的推移,到了20世纪90年代之后,对于旅游消费者的心理期望和心理需求的关注度愈发高,提出的管理模式大都涉及服务水平的提升。进入21世纪后,信息技术的发展使得许多新技术崭露头角,就国内而言,随着云计算、大数据和物联网等技术的持续的发展和突破,精细化和个性化的管理成为国内旅游业管理的新发展阶段。但是,不可否认的是:即使国内相关的管理水平得到一定的进步,但由于国内的旅游市场规模较大,所以实际上其管理水平在满足人们持续增长的旅游需求这方面仍然存在一定的缺口。在国内,旅游人数持续增长、旅游市场持续扩展,每逢"黄金周",各个比较受到人们欢迎的、口碑较好的旅游景点常常是水泄不通、人满为患,同时,随着国内家庭车辆数量的增加,人们在旅游时选取自驾游的方式也在节假日出游时给高速公路等基础设施带来较大的压力,在旅游旺季之时,伴随出游人次增加的还有交通的堵塞。由于旅游市场的需求和供给存在一定的缺口、企业和游客直接存在的信息不对称,许多不法企业以此来谋取自身利益。"山东青岛大虾""哈尔滨天价鱼""黑龙江雪乡宰客事件"等都彰显着管理机制不健全以及旅游市场的规范性有待提高。

根据不完全统计,许多发达国家与旅游相关的立法被放在比较重要的地位,其涉及旅游的法律具备相对较为完整的体系,同时作为国家法律体系的一个重要

的组成部分。作为世界上最大的发展中国家，我国的社会主义市场经济法律框架体系呈现出以宪法作为基础，同时以部门法作为主干的框架体系，但是以部门法这个角度来观察可以发现：国内的法律体系在涉及旅游的这一方面仍旧呈现出一定的滞后性。不可否认的是：相关法律的滞后性对旅游业的发展产生了负面的影响，市场存在一定的趋利性，部分企业为了获取利益，打着开发旅游资源、打开旅游市场的幌子，实际上做着破坏环境、浪费资源的项目。上述企业的不良行为应当要给予法律的约束，否则将会对旅游行业经营市场正常运营、游客合法权益的保障等造成较大的危害，不利于我国旅游业可持续发展的推进以及良好的旅游大环境的构建。

滞后性的表现主要为以下三个方面：一是旅游基础法体系不成文；二是国家级旅游立法数量少，执法不严；三是地方性旅游立法各自为政。

（二）中国各地区旅游业发展不均衡

以各省份所拥有的旅游资源做聚类分析，大体分为3类：浙江省、江苏省为第一类为资源丰富类；我国中南部的湖南省，我国东部的福建省、安徽省、山东省，我国北方的陕西省、河北省，我国的南方广东省，我国中部的湖北省、江西省、河南省，我国西部的新疆维吾尔自治区，我国西南地区的四川省等省份则是划分为资源相对丰富类；除上述提到的省份外，其他省份则划分为旅游资源贫乏一类。地区经济的地理分布与我国的人均消费水平大体上是呈现走向一致的，我国各个省份的在中华五千年文明的演变历程中所处的位置不一样，导致其所具备的旅游资源也不一样。剖析我国旅游业发展的区域存在差异的原因，主要有：一是沿海地区在地理区位、交通运输和经济发展的大环境上具备先天的优势，具有较强的经济发展动力，可促进其旅游经济的生产能力实现快速提升；二是沿海地区在空间的距离上与旅游中转国以及国外的游客客源国较为接近，基于此优势，沿海地区的旅游需求度相对就会比较高；三是随着我国对外开放的持续更高水平地推进，沿海地区与各国在经济、政治、文化等方面的联系日益密切，加快了该地区在旅游业的发展速度、扩大了该地区在旅游业的发展规模。

（三）中国各地区旅游消费产品同质化，旅游产品单一

以山岳型景区为例，山岳型景区在我国景区中占了相当大的比重，且具有季节性强、景区改动难度大的特点。根据上市型山岳景区数据报告显示，我国六座上市的名山为：黄山、峨眉山、九华山、玉龙雪山、张家界以及长白山，其中，黄山、峨眉山、九华山、玉龙雪山、张家界等五座山的游客人次基本维持在300万以上。许多景区为了持续吸引游客、维持游客量，创新性地提出各式各样的旅游产品，显而易见的是：大多数景区所开设的新产品大都集中表现为玻璃栈道、宗教名山、景区灯光秀、玻璃桥、演艺等，造成不同的景区的旅游产品同质化现象较为严重；同时，景区的收入来源并不多样化，门票收入是大多数景区的主要收入来源。

在我国旅游产业刚开始发展时，观光是其主要的旅游产品，即设计好旅游日程和旅游线路，以各大旅行社为主要渠道，把食、住、行、游、购、娱等旅游要素进行整合销售，主要是采用包价的方式。在我国的旅游产品开发和经营的发展过程中呈现出一定的特点，具体为：开发的历史继承性、更新的相对滞后性以及体系的残缺性等。我国的旅游产品开发和经营主要侧重于国内的历史古迹以及自然景观，同时，我国人文景观的发展在较为详细的市场调研以及开发方面存在一定的不足。纵观国内的现有人文景观可以得知，各地所开发的人文景观缺乏创新，呈现出低水平的复制性建设和创造性较低的相互模仿，资源得不到充分的有效配置；同时，由于其同质化现象较为严重，在招揽游客方面只能开展"价格战"，为市场经济效益的拉动带来较大的负面效应。

（四）古都和部分大城市旅游被重视，中小城市被忽略

在我国旅游业刚开始发展的时候，主要依托的是部分大城市以及具有一定的历史渊源的古都城市等载体。追溯其根源，主要有三个方面：一是基于其历史发展的脉络以及当代城市发展的现状，上述城市具备的人文自然旅游资源方面的先天优势，资源相对较为丰富，对游客形成较大的吸引力和易产生向往的心理，进而产生一定规模和数量的游客量；二是上述城市自身也具备较好的旅游事业基础，具体表现为：其多是所在地区的政治、经济和文化的中心，在旅游地综合服务能力、基础设施建设以及交通运输方式等方面呈现出较为明显的优势；三是国家和当地政府政策的倾斜，通过政策的倾斜来给这些城市的发展注入更加强大的动力，促进当地的旅游资源开发和设施的建设完善。简而言之，在我国当前旅游业的发展模式运营之下，以主要城市为主体的发展格局是一个必然的结果，但是不可忽视的是：在这种发展格局下，中小城市的旅游资源的开发建设在一定程度上是被忽略了的。

（五）生态旅游发展中缺乏环保意识

随着人们对生活品质的追求的提升，人们追求的旅游环境标准愈发高，但优美整洁、方便舒适、轻松愉快是人们对旅游环境的基础追求，这同时也关乎着旅游业的生存和发展是否具有保障，对于旅游业的经济、环境和社会效益产生着直接或者间接的影响。当下，就如何处理好旅游环境的保护和旅游业的发展之间矛盾和冲突已成为旅游业发展过程中需要解决的一个突出问题。生态旅游业在实施开展工作的过程中存在与其出发点和目的背道而驰的问题，具体表现为：生态旅游的相关实施方案和规划缺乏系统的科学理念，存在违背自然规律、违反相关法律法规建设旅游景点、盲目的建设旅游景点进而导致景观和生态系统被破坏等恶性现象；同时，在一些地方还存在实际建设与规划大相径庭的现象，不按照规划开展随心所欲的建设造成了破坏环境、缺乏对游客的吸引力、减少预期经济收益等问题。究其原因，主要有两点：一是某些生态旅游开发缺乏合规性，未进行依法的建设与规划；二是环境保护部门履职不严，监管工作尚未落实到位。

（六）人才培育体系问题

1. 人才培养目标定位不准确

对于本科院校而言，培养任何人才都需要拥有明确的人才培养目标，也就是通过教学活动来达到应当满足的培养标准，因此本科院校所展开的一切教学活动，都应当是以人才培养目标作为方向。那么按照教育社会学、以就业为导向、以学生为本等多个教育理念作为基础来说，本科院校在培养旅游管理专业人才时，应当确定的目标是：培养旅游管理专业人才，在教育培养过程中要注重其职业道德和职业素养的培养，使其在毕业时具备熟练的职业技能和较好的专业能力，培养其自觉自主学习，并养成终生学习的习惯和持续成长的能力，具备扎实系统的专业应用知识储备。设定上述的旅游管理专业人才培养目标，以便于能够在定位上将本科院校的旅游管理专业人才培养与职业院校的旅游管理专业人才培养区分开，特别是在"专业应用知识"这一目标中，大多数职业院校在培养旅游管理专业人才时，培养的是学生专业理论知识，而不是专业应用知识，那么从这一点就能够把本科院校和职业院校进行区分，因为应用知识是包括理论知识和实践知识在内，更强调培养的是综合性应用型人才。但事实上大多数本科院校在培养旅游管理专业人才时，却并没有有效实现以上目标，那么最主要的原因就是旅游管理专业对于人才培养目标的定位不够准确，也无法区别职业院校所培养的旅游管理专业人才和本科院校所培养的旅游管理人才的差距。而目前国内其实有很多本科院校的历史比较短，因为部分本科院校都是由大专院校发展过来的，所以在确定人才培养目标定位时，就无法区分高职人才与本科人才的特点是什么，培养模式也没有进一步提升，进而导致人才的培养在学术性人才与应用型人才之间徘徊，始终不能达到一方。事实上对于本科院校而言，想要真正地去实现人才培养目标，一定要准确地针对人才培养目标进行描述，让人才培养目标能够切实地执行下去。比如在培养人才时，可以将目标确定为量化目标"通过一年的基础课程学习，旅游管理专业的学生需要综合成绩达到 80 分以上。"这样的量化目标就可以很明确地去进行执行和完成，从而促使人才培养目标真正地实现。但如果人才培养目标只是笼统地说"旅游管理专业人才需要培养德、智、体、美、劳全面发展，适应现代市场发展需要的人才"就会不利于人才培养目标的落实和实现[①]。

2. 人才培养时重理论轻实践

本科院校在培养旅游管理专业人才时，应当去确定究竟是要培养"应用型人才"还是要去培养"学术型人才"，但不管是培养哪种类型的人才都应当基于"能力本位"的课程设置观念来开展旅游管理的专业课程设计，促使该专业课程的职业定向性可以得到有效地突出，让高校所传授的知识教育技能的培养可以满足学生就业时的岗位对专业的需求。而在设置能力本位观下的旅游管理课程时，要从理论知识和实践技能两个方面抓好学生的培养工作，持续地强化提高学生的自主创新能力，以此为主渠道将真正地提高学生的综合能力落实到位，让学生能够拥有较强的岗位核心竞争力。但事实上目前我国大多数本科院校，在设置旅游管理专业课程的时候，都没有去体现出能力本位课程设置观念，而依然是学科本位课程设置观念。例如：国内本科院校在该专业的课程设置模式方面，基本按照传统高校教育的课程设置结构，具体表现为：专业课程的设计按照基础课程、专业课程、选修课程这三者结合的模式开展课程体系的构建。但是不可否认的是：这种传统的课程体系设计模式就该专业的学生培养而言，在专业知识的系统性方面过

① 王志毅.AI 应用背景下酒店岗位职业能力与职业知识评价模型构建探索[J].长江工程职业技术学院学报，2021，38（04）：62-67.

于强调。旅游管理专业的能力操作则针对性不强。根据实际调查发现，部分本科院校在设置旅游管理专业课程的时候，课时设置方案如下：《旅游经济学》72课时，《大学语文》54课时，《大学英语》280课时，《旅行社计调业务》72课时；上述的课时设置方案呈现出较为明显的学科中心倾向，结合岗位实际的思考较少，是易于看出的隶属于学科本位观下的课程设置情况，同时实践课程的课时设置较少，大多都是理论知识课程。那么一般来说在本科院校中，理论知识课程的比例和实践操作课程的比例应当保持均等的状态，但是在传统的职业教育中，因为是学科中心倾向的课程设置，所以忽视了专业知识与实际工作之间的联系，更为强调学生的理论知识培养，而并没有重视学生的实践能力教育，因此表现出明显的重理论轻实践的情况。课程设置直接影响着后续的教学活动，因此是进行旅游管理专业人才培养的中心环节。而基于学科中心去进行课程设置，必然容易造成学生的职业意识比较淡薄，甚至会影响学生在旅游管理，旅游市场，旅游法律法规，旅游人文等方面专业知识的接受，同时也难以培养到学生的动手能力，使得学生缺乏创新精神和创造能力。因此为了提高旅游管理专业人才培养的效果，就需要去以能力本位观来设置课程，做到理论课程和实践课程均等的状态，以此来适应旅游市场对于旅游管理人才的需求①。

3.不同培养课程间缺乏衔接

就旅游管理这一专业而言，存在部分教育内容涉及旅游教育的本科院校在一些方面存在盲目性，主要有：在该专业的人才培养的目标、如何设置专业课程以及如何设置课程体系等三个方面的盲目性。例如：存在部分本科院校在缺乏对旅游业的发展情况、规律、趋势以及旅游管理教育所肩负的使命和责任等方面的了解的情况下，直接以本科院校原有的学科优势和学科特点作为切入点，再融入部分国内外优秀旅游本科院校的专业设置和课程体系模式，进行课程设置的编辑组合，以此来形成独特的专业课程体系。然而这样的专业课程因为是多模式编辑组合出来的，所以课程和课程之间没有良好的衔接关系，甚至课程设置方面还缺乏一定的规范性和专业性，导致人才培养效果不好。具体表现为，某些原本是理工科类为主的本科院校，在进行专业扩张的时候，并没有真正考虑到旅游管理专业的培养标准，而依然在设置旅游管理专业课程时，会凸显出浓厚的理工科特色，

---

① 陈鲁闽.旅游企业对高职旅游管理人才能力的需求分析——以济南地区旅游企业为例[J].济南职业学院学报，2021（06）：16-19.

导致培养的学生会出现各方面能力都涉及一点，但各方面能力都不精通的情况。另外还有部分本科院校在设置培养课程的时候，什么科目都想进行教育，但什么科目都没有进行深入教育，使得课程设置的重点没有得到突出，教学内容出现重复。让职业教育的应用性和实践性都没有得到良好的体现，并不符合旅游市场，旅游企业对于旅游管理人才的所需要求[1]。

4.校本特色课程开发不充分

"校本课程"最早出现于欧美国家，到目前已经拥有几十年的发展历史了。而所谓的校本课程一般指的是，由高校内部的教师根据国家制定的教育目的，在分析了高校实际情况以及行业实际情况的基础上，针对本校学生的特点，所编制的具有特色的专业课程。而因为校本课程是由高校内部的教师所设计的，所以大多数校本课程都能够体现各高校的办学宗旨，具有明显的特色，还能够与国家教育目标，地方教育目标紧密结合，是一种具有良好教育效果的课程类型。那么本科院校在进行校本课程开发的时候，大多数都是针对国家课程进行衍生开发，并没有真正考虑到高校的实际情况以及高校所在地区的社会情况，也没有照顾到高校内部学生的认知背景和学习特点，因此开发出来的校本课程没有足够的特色。更难以带有教学策略教学针对性去展开有效的教学。而且根据调查发展，目前旅游管理专业的校本课程大多都是地方导游基础知识、地方特色景点介绍等课程，而没有其他更有特色，更有价值的校本课程，所以即使不同的高校中都设立有不同的校本课程，但依然会让人感觉到校本课程的设计也较为相同，缺乏了各校旅游管理专业建设的特色[2]。

5.旅游管理课程设置不合理

从上述的旅游管理专业人才培育课程设置情况来看，目前大多数本科院校在设置旅游管理专业课程的时候，主要的课程设置理念是以学科课程论和职业中心论作为指导的。那么在这样的理念下，使得课程设置结构采用的是把不同类型的传统课程通过叠加组合的方式，形成了全新的旅游管理专业人才培育课程体系，即形成了公共课程+基础课程+专业课程+实践课程的体系。但是这样的课程设置体系，看似是在传统课程体系上进行的创新，但本质上使用的设计理念仍比较滞

① 梁秋萍.职业本科旅游管理专业校内生产性实训基地建设研究[J].产业与科技论坛，2021，20（23）：224-225.
② 侯建华.高职旅游英语教学中跨文化交际能力的培养探究[J].海外英语，2021（22）：267-268.

后，所以并不能达到有效的培育优质旅游管理专业人才的效果。那么之所以会造成课程设计理念滞后的问题，主要原因有以下两点：第一点是目前旅游管理专业人才培育的课程设置是在过去的传统的该专业课程设计观念的影响下进行的。不可否认的是：我国本科院校的旅游管理专业的相关课程是基于传统的中职院校或者高中院校的课程发展来的，同时传统职业课程在其设计结构方面的设计理念是：学科课程论，如此的设计理念会使得课程设置过于偏向理论基础教育。第二点原因是旅游管理专业人才培育的相关课程设置是在现代高职院校的课程设计职业中心观的这一观念下的影响下进行的，同时部分课程还吸收了该观念的内容。在当代的职业教育培养育人的相关要求下，以学科课程设计为主的教学方式方法已不能很好地适应，更适合当代要求的是以工作任务和职业需求为中心的教育模式，侧重于学生职业能力的培养，基于此，院校的任务就是要将与职业相关的专业技能课程的数量做一个增加，在实践教学方面要注重形式和内容的不断丰富，以及注重校本特色教学。所以在这两点原因的影响下，就造成目前部分旅游管理专业人才培育课程设置，有一部分得到了创新，但依然存在设计理念滞后的情况。

当然对于旅游管理专业人才培育课程的设计情况而言，不合理的地方不仅仅只是课程设计理念比较滞后，还存在课程设计深度不足、课程课时比例不合理、实践课程安排不合理、实践课程内容比较单调等问题。从院校设置的各课程模块结构构成来说，虽然已经按照不同的课程类型进行了模块区分，但是在模块内部则缺乏更进一步地划分，导致课程设计的深度不足。以专业课程技能模块为例，对于旅游管理专业的人才来说，未来的就业方向可以是旅游相关，可以是酒店管理相关，因此在专业技能课程方面也应当进行细分，不要将酒店管理，专业技能课程，旅行社专业技能课程和景区专业技能课程混在一起，将不同的职业方向专业课程混在一起，并不利于学生的职业技能培养，还容易导致学生各方面能力学习时出现混淆的问题。从院校的课程课时设计比例来看，虽然设计有理论知识课程和实践操作课程两个模块，但是从比例的角度来看则是理论知识所占据其全部课程的比例比较高，总的课程模块数量为六个，其中属于理论知识课程的有公共课程、基础课程以及技能课程模块等三个模块，但仅有实践操作课程属于实践课程的模块，从模块设置上就导致理论知识教育和实践课程教育比例不够平衡，必然在后续的具体课时安排上也会出现不合理的情况。同时针对院校的实践操作课程的内容安排进行调查后发现，大多数院校会将实践课程内容安排在即将毕业的实习阶段完成，而在日常中实训内容都比较少，甚至不少都是走个过场，流于形式。那么之所以会出现这样的问题，主要原因是大多数院校为了让教学安排更加方便，为了减轻高校的教育负担，所以通常会把实习课程压缩在学生学习的最后一年中，让学生进行集中实习。然而这样的课程设置会使得学生在正式上岗前没有得到合适的培训，甚至不少时候，学生都需要在岗位上从头进行专业知识的学习，因为在高校内所接受的理论知识学习和实践操作学习是割裂的，只有在岗位上从头进行专业知识学习，才能够将理论知识与实践操作结合起来。另外在实习方面，大多数院校的学生接受的实习内容都比较单调，实习的层次也不够深入。因为大多数旅游管理专业的学生，被安排到的实习岗位主要是在饭店、旅游社的基层岗位进行实习，这类基层岗位大多是非常简单的体力劳作，并不会锻炼到学生的管理能力，也不会锻炼到学生其他职业能力，仅仅是低层次的简单技能累积[①]。

第二节 旅游行业人才市场需求及能力培养

一、旅游行业人才能力需求调查

受到传统职业教育的影响，目前旅游管理专业在人才培养体系方面还存在着一定的问题，并不利于现代教育培养优质的旅游管理人才。那么想要优化目前的旅游管理专业人才培育体系，首先需要做的就是了解旅游管理人才职业能力需求，分析出旅游管理专业人才所需要具备的职业能力。那么为了更明晰旅游管理专业人才所需要掌握的职业能力，编写过程中利用互联网收集了部分旅行社的相关资料，主要围绕旅游管理人才适用的岗位以及旅游管理人才所在岗位的职业能力进行详细调查[②]。

（一）工作岗位调查

通过调查发现，目前旅游管理人才所在的工作岗位主要有几类，高职类的旅

[①] 汪衡珍，唐伟明，宋智勇，朱启国.旅游专业学生职业核心能力培养的课程改革研究[J].旅游与摄影，2021（22）：91-92.
[②] 陈宁.旅行社旅游销售管理和营销策略研究[J].商展经济，2022（07）：27-29.

游管理专业人才主要从事的岗位有：中文导游员、旅游社网络平台的建设和维护人员、计调人员、旅游社前台接待人员以及销售人员等；对于本科类旅游管理人才所在的岗位主要是：中英文导游员、国际领队、产品研发人员、网络平台维护人员、旅游社中高层管理人员、旅游产品设计人员、产品研发策划人员、产品营销策划人员、产品规划人员、产品包装人员等[1]。由此可见，在旅游管理人才的岗位胜任能力方面，当前我国的旅游社大都认可本科院校所培养的旅游管理人才要相对能力更加强一些，因为本科院校的旅游管理与人才，相较于本科院校的旅游管理人才来说，有着更深厚的理论知识基础以及更优秀的自学能力，因此在不同岗位上的驾驭能力都比较强，所以大多数理由社会更认同，本科专业毕业的旅游管理人才，更适合在旅游产品研发和规划的岗位上进行工作。但事实上目前国内旅游管理专业开设营销类、旅游产品设计等实务类课程的比例较低，所以旅游管理专业人才培育体系，并没有与旅游管理专业人才职业能力需求挂钩，很容易造成人才培养的浪费，难以从根本上去解决旅游管理人才不足的困境。同时随着互联网的出现，在旅游行业中也出现了全新的新媒体相关岗位，因此旅游行业也会去重视旅游管理人才是否具有电子商务相关的专业技能，但事实上大多数本科院校并没有在人才培育体系这一块跟进，所以很多旅游管理专业人才难以利用网络媒体来展开合适的旅游社网络营销服务[2]。

（二）人才需求调查

针对旅游社的人才需求情况，以下几点旅游人才类型是最缺乏的人才类型，分别是：（1）对于业务的熟悉程度比较高，可以很好地做到灵活应变的导游人员；（2）具有扎实的英语语言功底，可以带领旅游团队到国外旅游的人员；（3）具有扎实的计调能力的旅游管理人才；（4）熟练掌握票务操作程序的专业人才；（5）具备良好的电子商务专业以及其相关专业的知识技能的应用型人才；（6）具有良好的研发能力的旅游产品研发方面的人才；（7）推广和销售旅游产品方面的人才；（8）具备扎实的计算机能力的旅游社网络维护方面的人才；（9）具备网络平台设计能力的旅游社工作人员；（10）旅游社网络营销推广人员；（11）旅游社网络营销策划人员；（12）依托旅游产品为主的中高层管理人员；（13）

① 车鑫，李媛媛.应用型本科院校旅游管理专业职业能力培养研究[J].商业经济，2022（05）：174-176.
② 邓小艳."十四五"背景下地方高校旅游管理专业本科人才培养思路的调适[J].湖北经济学院学报（人文社会科学版），2022，19（04）：130-132.

新媒体相关人员，比如新媒体管理人员，新媒体服务人员等；（14）管理旅游市场流水线上个不同类别部门的人才；（15）经验丰富，责任心强，能够吃苦耐劳的地接导游人员；（16）具有丰富自由行设计经验的计调人员等[①]。

通过上述调查发现，目前旅游社所招聘的旅游管理人才，都是以旅游社自身的经营范围以及市场定位作为依托，从而招聘合适的旅游管理人才。比如旅游社的经营方式是以连锁经营为主，主要是通过为其他的旅行社的销售渠道提供服务平台，那么这类旅行社会更加缺乏产品研发人才，精通产品包装和产品销售的相关旅游管理人才。而如果旅游社是一家地接旅游社，那么在旅游管理人才需求方面，就更缺乏旅游行业的阶层人员，比如导游员和计调人员。同时随着互联网的发展，旅游行业的旅游产品推广方式也从传统推广转向网络信息平台推广，消费者在选择旅游产品的时候，也更加依赖信息化的手段，比如会通过手机应用软件去自主进行旅游方式的安排。那么在这样的情况下就代表着互联网中的数据库已经可以替代传统的旅游社，消费者完全可以利用网络技术来自行安排旅游的各个环节，来体验不同环节的旅游服务，因此与旅游管理相关的电子商务、线上、旅游产品营销等岗位应运而生，自然在旅游行业中，这类新兴的岗位也是人才供不应求的岗位。在考虑到，随着时代的进步，我国消费者在旅行方面的个性化需求也在不断提升，因此仅仅依靠门店展开旅游产品的销售，已经满足不了旅游信息资源的传播效率。在新媒体时代里旅游行业已经开始通过微信、微博等更加便捷的网络营销平台来进行旅游产品的推广，所以旅游行业，各个企业各集团需要在网络营销平台上去树立自身的品牌形象，这就代表着旅游行业也急需与新媒体相关的人才[②]。

（三）能力需求调查

针对旅游行业中，旅游管理人才职业能力需求的调查，发现目前旅游行业认为一名优秀的旅游行业人才应当具备以下基本素质：高尚的职业道德、良好的职业素养、优质的外貌形象气质、优秀的文化修养、较高的服务意识等，同时还应当具备以下专业能力：外语交际能力、学习能力、应变能力、销售能力、创新能力、语言表达能力、沟通能力、互联网操作能力、团队管理能力、团队协调能力

[①] 严旭阳.旅游教育的困境和旅游学科的使命[J].旅游学刊，2022，37（04）：1-2.
[②] 邱小樱.高职院校康养旅游人才培养的教学改革路径[J].佳木斯职业学院学报，2022,38(04):152-154.

等[①]。

那么综合总结，目前从旅游行业针对管理人才职业能力的需求可以发现，旅游行业对于旅游管理人才的综合素质非常重视，西方教育专业素养较强的旅游管理人才而言，大多数旅游企业会更加青睐为人处事方面更强的旅游管理人才。因此对于旅游管理人才而言，拥有高尚的品德是旅游行业选择人才的基本标准，那么什么是高尚的品德呢？考虑到一个人的品德，需要长期考察发现，因此大多数旅游企业在审核旅游管理人才的时候，都会去考虑旅游管理人才是否存在某一个企业或者某一个岗位长期的工作，因为只有长期的工作才能够在这个岗位上做出成绩，如果一名旅游管理人才曾出现过频繁地跳槽，那么对于旅游行业以及旅游业来说，这些都是没有职业道德的表现[②]。吃苦耐劳也应当是现代旅游管理专业人才必备的职业素养，对于旅游行业来说，大多数的从业人员都是青年群体，但是现在的青年群体普遍存在怕吃苦、服务意识不强等特征，这就导致部分旅游管理人才难以适应旅游行业的高强度工作，而在旅游行业中只有拥有吃苦耐劳的体质，在工作岗位上才会有无限大的进步空间，也是未来职业能力提升的重要保障[③]。同时考虑到旅游本质上是一个与他人交往的行业，因此对于旅游管理人才而言，需要具备与不同类型的人进行交流沟通的能力，比如能够用不同的语言去进行沟通，从而完成任务，或者是能够根据不同类型的消费者特点，进行针对性地沟通，从而满足不同消费者的服务需求，所以与交流交往相关的能力也应当是旅游管理专业人才必备的基本素质[④]。另外在进行旅游管理人才职业能力需求调查时，很多旅游企业旅游社都提到旅游管理专业人才应当拥有优质的外貌形象，这种对于外形的要求，其实不仅仅只是出众的容貌，更多的是气质方面的出众，因此旅游管理专业人才应当坚持不断地为自己输入知识，由量变产生质变，呈现出腹有诗书气自华的状态，同时，规范自己的礼仪举止，做到得体大方，进而展现出优美且富含韵味的个人气质。但事实上目前很多高校在培养旅游管理专业人才的时候，都会更加注重培养学生的专业技能而忽视了气质培养，因此这就导致很多刚刚毕业的旅游管理专业人才，难以从个人气质方面去满足旅游社的招聘需

① 庞娇.乡村振兴背景下乡村旅游规划课程教学改革探讨[J].内江科技，2022，43（03）：92-93+68.
② 王兆杰，粟艾华.基于 OBE 理念的旅游类应用型本科课程体系设计研究[J].文化产业，2022（08）：156-159.
③ 李涛.高职旅游类专业科普创作课程的设计与探索[J].当代旅游，2022，20（07）：69-71.
④ 刘英睿.智慧旅游时代高职旅游管理人才的培养[J].当代旅游，2022，20（06）：77-79.

求①。

二、旅游管理专业人才必备能力

（一）基础素养能力

对于旅游管理专业的人才来说，其需要具备的基础素养能力包括三个方面，具体为：一是思想政治素养，二是职业基本技能，三是职业基本素养。首先从政治思想素质来说，一名优秀的旅游管理专业人才，应当具备较强的爱国主义精神，能够在工作中自觉维护国家尊严，做到爱国爱党爱社会主义，积极用党的先进理论来武装自己的头脑，关注主流信息，保持清醒的状态，在大是大非面前要拎得清，努力追求并且建立其自己的正确的世界观、人生观以及价值观。旅游活动本质上是一种文化的传播，所以对于旅游管理专业的人才来说，在工作的过程中，自身是作为一名文化的传承者，只有能够坚持正确的政治立场，才能够通过合理的展示向大家讲解美好的风景②。

在职业技能方面，旅游管理专业的人才需要具备五种职业基本技能，这五种职业基本技能分别是：语言表达的能力、创新的能力、沟通的能力、学习的能力以及应变的能力。首先，具备一定的语言表达能力意味着旅游管理专业的人才应当具备除母语表达能力外，还应有其他语种的交际能力。其次考虑到旅游管理专业人才在就业后会与不同的人打交道，那么如何运用不同的技巧与不同的人进行有效的沟通，做到"见人说人话，见鬼说鬼话"，也是旅游管理专业人才的基本职业技能之一。另外考虑到突发性事件的发生是在旅游这一过程的开展中不可避免的，由此，对于旅游工作者（导游人员、借调人员或者是其他旅游岗位人员）就要要求其具备灵活处理各类突发事件的能力；当事故发生时可以及时采取措施，解决各种急难险的问题，从而做好旅游活动开展的保障工作，促进活动的顺利开展。第四，旅游行业中所包括的内容十分丰富，不仅仅是旅游景点的相关内容，可能还会设计地理，历史，人文，社会等多方面的内容，因此对于旅游管理专业的人才来说，学习是贯穿其学生生涯和工作生涯的整个历程，通过不断地摄入知识养分，在人生的每一个发展阶段都保持良好的学习习惯，进而才能在未来的

---

① 管晶晶.中职旅游专业导游素质及能力的培养[J].当代旅游，2022，20（06）：83-85.
② 侯贺平，李喜梅，张龙冲，刘方明.面向乡村振兴战略的农林院校旅游人才培养模式创新[J].中国农业教育，2022，23（01）：75-83.

工作中保持自身的专业优势，具备扎实可靠的专业知识和技能。最后随着现代个性化旅游需求的出现，以及旅游新业态的发展，这就代表着旅游行业在不断地迭代更新，因此作为旅游管理专业的人才来说，也应当跟随旅游行业的发展脚步，为消费者创造出全新的旅游模式，让消费者可以更好地去享受旅游带来的乐趣①。

在职业基本素养方面，分别包括旅游管理专业人才的身体素质，心理素质和人文素质。首先是身体素质，因为旅游相关的服务工作都十分地繁杂，而且工作时间比较长，工作的服务对象也十分复杂，这就代表着如果没有一个强韧的体魄，那么就很难去胜任旅游服务工作，因此身体素质属于旅游管理专业人才职业基本素质之一。其次作为旅游行业的从业者，积极的心理素质也应当是必须具备的特质。因为积极的心理状态是可以感染其他消费者，让消费者在旅游的过程中感受到各景点的魅力，而且即使在旅游过程当中出现了突发事情，拥有较高的心理素质，也更容易沉着冷静地去解决问题，因此旅游管理专业人才需要具备良好的心理素质。最后是人文素质方面，旅游行业中所接触到的工作内容主要是以个人为景点相关，所以旅游工作总是渗透了丰富的人文情怀，因此作为旅游管理专业人才而言，想要通过自己的语音表达能力去向消费者传输景点中的人文情怀，必然是拥有优秀的人文素质②。

（二）专业核心能力

对于旅游管理专业的人才来说，所谓的专业核心能力，其实指的就是在工作过程当中，必须具备的各项能力，但是每一种岗位所需要具备的专业核心能力都有所不同，下面就简单介绍部分旅游管理专业人才未来常见就业岗位中的专业核心能力。

导游岗位是一项独立性很强的工作，因此导游岗位所具备的专业核心能力是：（1）较强的认识能力，以此来充分把握服务对象的活动规律，认识能力包括三方面内容：观察能力、分析的能力、预见能力。（2）良好的记忆能力，记忆能力能帮助导游人员及时回想出在服务环境中所需要的一切知识和技能。（3）较强的应变能力，导游人员的应变能力是指处理突发事件和技术性事故的能力。它要求导游人员在问题面前，沉着果断，善于抓住时间和空间的机遇，排除干扰，使问题的解决朝自己的意愿发展。（4）较强的语言表达能力，语言是导游人员

① 陈怡.智慧旅游高质量人才培养模式构建[J].当代旅游，2022，20（05）：79-81.
② 李筱沄.旅游学科发展与旅游管理专业课程体系建设[J].旅游与摄影，2022（03）：85-87.

与游客沟通的媒介。没有较强的语言表达能力，导游人员就无法有效地与游客沟通。（5）较强的公关交际能力，导游工作是一种与客人打交道的艺术。导游除了与游客交往之外，还必须协调好与旅游部门和其他相关部门之间的关系。（6）具备较好的组织协调能力，不可否认的是：导游的工作是繁琐且细碎的，其所面临的群体数量也是相对较大的，同时其所面对的群体中的个体的情况也是不一样的，在带团队出游的过程中，要将饮食、住宿、交通、娱乐等方面的工作事无巨细地躬身作为。没有良好的组织协调能力，将会遇到许多棘手的问题[①]。

随着世人对个性化的追求逐渐地深入，就旅游行业而言，对于旅行社以及其工作人员的要求也提上一个新台阶。当前在宏观大环境的影响下，旅游社的计调人员的素质、把握时代脉搏的深度以及个性化产品的组合发展程度，都已成为旅行社之间进行竞争的一个不可或缺且不可回避的要点，所以在这样的时代背景下，计调人员应当具备的专业核心能力应该包括以下六个方面：（1）编制精确度较高的预算的能力。这个能力要求计调人员可以做出效益最大化的预算，在控制好成本的前提情况下运作团队达到较好的效果，也即是说，其所编制的预算既保证了团队可以得到较好的运行效果，同时也将行程线路的成本进行一个较好地压缩，达到经济实惠的目的。（2）自主创新和终身学习的能力。当代的世界，变化可谓是日新月异，这一论断放在旅游市场上也是一样适用的。在不断变化的旅游市场上，计调人员只有通过持续地更新自己的知识储备，掌握好当下的旅游市场和目的地的变化、地接单位实力的消长情况等，持续创新工作思维，更改工作思路，在时代潮流的汹涌进程中做到不掉队。（3）构建较好的人际关系网和培养自身较强的交际能力。计调人员在工作的开展过程中经常会涉及争取与合作单位合作机会的同时又要做好经济效益的管控，争取为旅行社取得利益最大化，这一工作目标就要求计调人员要有长袖善舞的能力，具有较强的谈判能力和人际沟通能力，实现在争取利益最大化的同时又让合作单位愿意在下一次的工作过程中再次建立工作关系，实现多赢的局面。（4）具备灵活应变的能力。由于旅游是一个动态开展的工作过程，突发事件和紧急事件的产生是不可避免的，所以对于计调人员就要要求其具备良好的危机处理能力和应对问题的能力，在发生较为重大的问题时要及时地向有关部门做好请示，做好团队的隐患排除工作，将团队的质量做

① 胡雪芹.应用型本科院校旅游管理专业"中高本"衔接课程体系建设路径[J].当代旅游，2022，20（04）：71-73.

好管控和提升。（5）良好的计算机应用能力。网络化操作时代，计调人员必须具备良好的计算机应用能力，要熟练打字和运用各种办公软件。（6）有一定的地理、历史知识及文案写作能力。我国行政区域划分、国际几大板块的划分、国内外热点旅游城市的分布、自然景观的地域特性、人文景观的历史渊源以及相应的地理、历史常识，这些都是计调人员必须掌握的业务知识。设计行程时，恰如其分地修饰词藻比干瘪无趣的行程更加生动、更能激发游客在看到行程时的参团欲望，同时，合作单位往来间的公文交流等同样要求计调人员具备一定的文学修养和文案写作能力①。

旅游产品的营销人员，作为连接旅游企业和消费者的桥梁，该岗位应当具备的专业核心能力包括有：（1）优秀的学习能力，结合好时代发展的趋势，将先进的科学技术运用到旅游事业的开拓发展中来。切实将旅游工作的开展和当代时兴的互联网、大数据以及人工智能等新兴科技联系起来，促进工作效率的有效提升。（2）细致敏锐的观察能力。旅游市场的营销人员具备敏锐的观察能力是其从事该行业的基本要求，营销人员在与客户建立关系的交流沟通过程中要时刻注意客户的行为取向，及时辨别其对自己所阐述的哪个方面感兴趣，进而做出及时有效的决定，提高客户的信任感，促进营销工作的圆满完成。（3）在组织策划方面具备良好的能力。能够为旅游产品的售后做好相关的服务，具体来说，主要是要做好游客对于旅游产品的服务满意度的售后的跟踪调查，积极征求游客对于旅游产品的可提升空间的意见和建议，按照地区、年龄和层次的分类标准建立一个针对游客的内容相对较为完整的资料库，进而达到减少在后续的开展市场推广与营销以及旅游产品的开发过程中的主观性和盲目性，提高针对性和有效性。（4）长期规划发展的能力，即需要注意研究旅游市场营销策略，切实针对市场发展变化趋势，制定适合本公司的中、长期规划，并根据旅游者消费心理，深入挖掘潜力，不断推出一系列有新鲜创意、有经济效益的营销策略，开掘出新渠道，增加旅游公司的收益②。

（三）专业拓展能力

所谓的专业拓展能力指的是旅游管理专业人才为了能够更好地去在旅游行

---

① 左芬，郭璇瑄.文旅融合背景下高职旅游人才培养与旅游产业融合发展研究[J].长春师范大学学报，2022，41（01）：162-167.
② 张研.浅谈职业院校旅游人才培养中的礼仪素质提升[J].文化产业，2022（02）：157-159.

业中发挥自己的能力，服务于该行业，更好地体现自己对于该行业的职业价值，是一种其他拓展能力，并且这种其他拓展能力区别于非专业核心能力。例如：根据调查显示，航空旅游和票务预订服务这方面的能力是在旅游社的旅游岗位能力中比较稀缺的；当一个从事计调或是旅游产品的推广和销售的旅游管理专业人员如果能够拥有航空旅游和票务预订服务能力，就能够较之他人去拥有更高的岗位竞争力。而且随着时代的发展，目前旅游行业的经营管理模式也在不断地转型，这就要求如果旅游管理专业人才还拥有不错的旅游社经营与管理得这样拓展能力，则能够更好地去顺应行业的发展趋势，用现代经营理念去指导工作，让旅游管理专业人才可以去尝试与经营管理相关的中高层管理岗位。另外，互联网的发展让电子商务等领域与旅游领域产生了融合，因此旅游管理专业的人才如果在拥有旅游管理专业核心能力以外，还拥有一定的电子商务的专业能力，便能够做到在工作岗位上运用强大的网络信息数据库和便捷的虚拟交易来更好地去完成工作内容，因此电子商务相关的能力也属于是旅游管理专业的拓展能力，其中包括有旅游网站的设计能力，旅游产品网络营销的推广能力，旅游网站的维护能力等[①]。

表 1-2 旅游管理专业人才能力

旅游管理专业人才能力	基础素养能力	思想政治素质	1.具有爱国意识。 2.具有高度的法纪观念。 3.具有优秀的道德品质和高尚的情操。 4.遵守公德，尽职敬业。 5.全心全意为人民服务的精神。 ……
		职业基本技能	1.语言表达能力。 2.沟通能力。 3.应变能力。 4.学习能力。 5.创新能力。 ……
		职业基本素养	1.身体素质。 2.心理素质。 3.人文素质。
	专业核心能力	1.个人独自开展宣传工作、讲解工作的能力。 2.能够很好地组织团队、协调团队的能力。	

① 洪出山.核心素养背景下中职旅游专业学生实践创新能力提升探索——以指导学生创新创业大赛为例[J].教师，2022（01）：114-116.

		3.针对问题开展自我分析、针对性解决问题的能力。
		4.具备灵活应变，面对突发问题有条不紊的能力。
		5.及时对于市场的供求情况进行有效把握的能力。
		6.思考旅游产品的开发和对现有旅游产品进行创新性变革的能力。
		7.做好团队的工作规划并将其形成方案的能力。
		8.做好旅游产品的成本控制和计算的能力。
		9.将计划方案落实在实际执行中的能力。
		10.开展相关的商务谈判的能力。
		……
	专业拓展能力	1.旅游网站的建设和维护能力。
		2.旅游信息库建设的能力。
		3.网络营销推广能力。
		4.旅行社经营与管理能力。
		5.统筹全局的决策与执行能力。
		6.航空旅游和票务预订能力。
		……

三、旅游管理专业人才培养创新

由于旅游管理专业在人才培养体系的方面出现了一定的上述问题，倒逼相关的院校对问题进行进一步的分析和探索，找到解决问题的方式方法，促进该专业的人才培养模式可以得到持续地改进和创新，将人才的培养与旅游业出现的新业态和新机遇进行紧密结合，将人才培养的目标进行准确定位，抓好社会人才市场这一人才培养的导向，持续地改善和创新该专业的教学方法，促进该专业在人才培养方面的学生应用能力的持续拓展以及课程的有效融合开展，以行业的发展作为载体，将学校和相关企业的合作放到更高的位置上。

（一）进行旅游市场调研，明确人才培养目标

随着时代的信息技术的发展，旅游行业的发展也在随着时代不断地创新，更多地注入了时代先进的科学技术的因素，由此而产生新的潮流、市场载体和消费方式。从旅游行业发展的新形势和新状态出发，人才培养模式也应该要做出符合时代需求的调整和改变。为了实现这一目标，要迈出的第一步是明确定位好人才培养目标，引导旅游管理专业的人才培养体系可以向一个明确的方向发展。

对旅游行业的传统进行有据可依地改进和创新是面对旅游行业新业态的关键所在，"新"是其可贵之处。社会在不断地进步和发展，并在这一过程中体现出时代和科技的特点，不同领域之间的交叉融合以及行业内在本质的需求催生了

各个行业的创新，旅游行业尤其如此。首先，经济建设的迅猛突破在给城市发展注入强大动力和城市居民生活带来巨大便利和很好的生活环境和生活质量，同时带来了巨大的城市的生活压力，进而促使城市里生活的热门们在对出游的方式和结构上带来了较大的变化，相对于单纯的"游山玩水"的旅游，他们更多是追求在精神上的休闲娱乐以及更好地亲近和贴近自然。传统旅游行业的创新过程是依据市场的实际需求并将对应的多种需求元素进行行之有效地融合。例如：传统旅游行业的创新发展的一个典型的形式就是休闲农业与乡村旅游。此外，科技发展给旅游行业的发展模式也植入了新力量、开拓了新方式。例如：手机 APP 在更加贴切人们实际生活需要方面的发展，极大地改变了人们的交通出行、住宿预订、购票订餐的方式，游客的出行模式和生活模式得到了更加便捷地改变和提升。基于信息技术革命的发展，信息获取方式的持续更新，当下消费者获取旅游产品的相关信息也逐渐从传统的线下宣传转移到线上宣传。

在旅游这一产业不断延伸发展的背景下，旅游新业态最明显的趋势是旅游产品集成化发展。旅游这一行业的综合化发展是在市场需求的动力下不断开展完善的。在旅游这一行业的综合化发展的过程中，旅游行业和其他不同行业开展行之有效地交叉融合，旅游产业链在发展的过程中持续向相关行业进行拓展延伸，在旅游产品的集成化发展方面起到了积极的促进作用；同时，集成化的发展模式也成为旅游产业链经济效益的扩大发展模式。集成化旅游产业链的发展模式下，企业和消费者都在其中获益；就旅游企业而言，其以产业链作为依托得到了行之有效的模式；就消费者而言，其在集成式的旅游产品中获得更为便捷和优化的服务。总之，旅游资源整合发展为旅游行业的行稳致远发展注入了充分的动力，做出了突出的贡献。

科学技术的迭代发展在一定程度上促进了旅游行业的发展，在互联网迅猛发展的现实的时代背景下，旅游行业在大数据、较高安全性的优势下走向了一个新的巅峰。在云时代的前提下，游客对于旅游产品的相关需求得到了不同以往的改变，旅游行业的经营模式发生改变得到更加明确的引导，旅游产品和其服务形式的也得到了极大地改变，该行业新业态的形成得到了极大地促进。该行业信息化的发展在智慧旅游这一概念提出后，得到了较好地促进。具体而言，智慧旅游在信息互联技术的背景下，调整对行业收益的增长方式和形式，个性化的旅游形式得到不断的丰富，内涵得到持续的完善。

为了能够明确旅游管理专业人才的培养目标，作为本科院校，应当有目的地去进行旅游市场的人才需求调研，从而了解目前旅游市场需求量最大的人才情况。那么通过综合调研后，其实可以把旅游管理专业人才的培养目标确定为三个方向，分别是知识结构目标、素养结构目标和能力结构目标。其中知识结构目标较为简单，即需要培养学生拥有丰富的历史，人文，社会，法律，经济的相关基础知识，同时引导学生全面掌握导游服务规范、导游基础知识、旅游营销知识、旅游财务知识、旅游管理知识等。素质结构目标指的是高校培养旅游管理人才的道德素养目标。同时还需要培养学生高尚的思想品德，即拥有爱国主义意识，能够遵守社会公德，能够自觉遵纪遵法，恪守行业法规，拥有较高责任意识、服务意识和敬业精神。另外保持身心健康，懂礼仪，有修养，有着不错的外貌气质，这些也都是属于旅游管理专业人才所需要拥有的个人素养。在能力结构培养目标方面，又可以细化为不同的具体能力目标，这里重点强调三种有关于旅游管理专业人才必备的能力目标，分别是导游服务能力、发展能力和社会适应能力。导游服务能力又包括有语言表达能力，导游讲解能力，人际交往能力，组织协调能力，应变能力，紧急问题，处理能力，创新能力，继续学习能力等。因此对于本科院校而言，需要通过系统的旅游知识学习，来培养学生综合能力，以此来让学生拥有不错的导游服务能力。发展能力又包括有自我继续学习能力和不断创新能力。因为随着互联网技术的不断发展，导游这一职业作为信息的传播者，代表着需要不断地去学习新的知识，去更新自我的信息储备，才能够为消费者介绍景点的时候，不断地去传输，更有价值的观点和内容。社会适应能力不仅仅是旅游管理专业人才所需要具备的能力，其他职业教育的人才也应当具备这样的能力，因为通过培养学生的社会适应能力，可以加强学生在未来就业中的综合竞争实力，也可以让学生拥有在职场中终身学习，持续发展的能力。[①]

（二）创新培养模式，加强"前店后院"模式探索

相关高校需要基于旅游市场的需求去进行人才培养体系的建设，以能力本位理念去展开人才培养体系的设计，那么想要实现能力本位理念，具体应该从以下几个方面入手：一是在开展课程配置工作时，要结合旅游行业中目标岗位对个人

---

① 刘小凤.中职旅游专业学生就业能力的有效提升策略[J].现代职业教育，2021（48）：60-61

能力的具体要求进行课程配置的界定，同时，在课程内容的具体设置中要注重自知识本位向能力本位进行转移，明确其主要培养方向为职业的相关需要，为提高学生更好地胜任旅游职业的能力，持续全方位地夯实其专业知识和专业能力，工作技能，工作态度的内容。其次，能力培养应当作为人才培养体系的主要方向，其主要的内容应当由能力训练进行填充，公共课程模板、专业基础课程模块以及专业技能课程模块之间的一些差异在其课程体系的设计中应当进行淡化，对于该专业的课程内容重新进行有理有据、符合现实需求的整合，强调教育的实用性，实际性和实践性。在进行理论基础课程教育进行教育时，应当以实际应用效果作为目的，并且拓宽基础课程的内容，让学生通过课程可以拥有更为全面的知识面和适应能力。第三，需要把职业资格标准引入人才培养体系当中，以此来促进高校课程教育内容与职业资格证书的考核标准统一。因为在进行执业证书考核的时候，不仅要考核旅游管理专业人才的技术能力，还会考核其职业能力，所以根据执业资格证书的内容去进行高校人才培养体系的设置，能够让学生在学习过程中获得更强的就业能力和可持续发展能力。第四，需要根据行业企业的实际情况建立，起以学生个人素质为基础，以学生个人能力为中心的人才培养模式，同时该人才培养模式还应当做到理论知识教学体系与实践操作教学体系的均等融合。最后应当以专业技能培养作为中心，去建立实践性人才培养体系。所谓的实践型人才培养体系，指的是通过校内实践与校外实践相结合的方式，让学生在学习了一定的实践操作之后，可以在实际的岗位中去进行操作，以此来更有效地提高学生的实践能力[1]。

目前，旅游管理专业人才培养模式基本上立足 3+2 人才培养模式以及订单式、顶岗实习、"前店后院"的人才培养模式，其中"前店后院"的人才培养模式对于学生实践技能的提升有较大地创新[2]。

随着时代的发展，行业对人才的要求层次更高，在这一背景下，由于"双师型"教师的匮乏以及工学交替的过程中实践平台的不充分不充足是导致旅游管理专业教学发展存在瓶颈的主要原因，并且其进一步导致了在旅游管理这一专业的实践技能教学的人才培养目的不能够很好达到，在上述前提情况下，致力于寻找到工学融合的教学平台时各高校在旅游管理专业人才培养方面的侧重点。就"前

① 黄学彬，张建强.基于岗位调查的旅游人才培养模式探索与实践[J].高教学刊，2020（32）：169-172.
② 刘梅.农林职业院校旅游专业人才培养模式研究[D].南京农业大学，2016：37-48.

店后院"的人才培养模式而言，所谓"前店"是指的各院校自主自办的平台与相关校企合作的旅行社等机构，上述机构可为旅游管理专业的人才培养提供实践的平台，也即是为其构建提升其实践技能的"前店"。所谓"后院"即是在旅游管理专业人才培养方面院校内部可以为学生提供的学习资源和专业技能的学习平台。"前院后店"的人才培养模式为该专业的学生从理论知识向具体的实践技能的跨越发展建立了桥梁，通过给学生提供去旅行社、酒店、农庄等与其专业具有一定关联度的机构开展实习实践，真正地将教学与实践联系起来，将所学用于实践，用实践促进学习，进而实现旅游管理专业实用性人才的培养目标。

1. 提升旅游管理专业实训平台的质量

随着行业的持续发展，现有的传统的旅游管理专业人才培养模式中的实训平台中的基础板块已经与行业发展现状及需求产生不对等的情况，同时，其教学效果在很大程度上受到了类似于场地和设备等硬件措施的限制，导致教学效果受到较大影响。就当下的具体情况而言，旅游管理专业的学生主要是通过"前店"的实践环境这一途径参与身临其境的职业环境体验，同时，其职业技能实训是主要借助在全程的旅游服务中推进。为了给毕业生做好就业技能的培养保障，使其更好地适应当代该专业各相关岗位的需求，要做好及时的顺应时代的需求和行业的发展，对技能实践进行针对性的调整提升。

2. 缩短毕业生与就业市场的距离

在就业市场竞争日趋激烈的当下，采取一定的措施提高毕业生的就业竞争能力是势在必行且必不可少的。岗位实训是毕业生向工作岗位迈进的所需要做的第一件事情，促进其更好地了解自己适合什么岗位，不适合什么岗位，从而自主自觉地采取措施积极的弥补自己的不足，从而做好自我提升，拉近自己与市场需求的距离。在"前院后店"的人才培养模式中，借助真实的实训环境的构建，学生参与其中并且充分利用环境，积极参与"前店"所提供的现实的服务项目；同时，充分利用好"后院"这一强大后盾，这一强大后盾的具体内容包括学生自身的理论知识涵养储备以及基础的技能，促进理论结合实践，实践充分运用理论。基于此，毕业生的就业竞争能力以及质量可以得到相当大程度的提高，大大拉近了毕业生和就业市场的距离，削弱毕业生与就业市场的差距感。

3.加快"双师型"队伍建设步伐

随着人才培养创新的进程不断推进以及要求持续提高,"双师型"人才培养模式愈发受到众多院校的关注,逐渐为人才培养创新提供重要的师资力量的保障,并且积极将其运用于其学校自身的人才培育建设中。就旅游管理这一专业的教师队伍现状而言,其呈现出来的情况主要为:大多数该专业的教师具备旅游管理专业的专业背景和学历要求,但是缺乏与其专业对口的工作经历,其中不乏具备工作经历但不能满足行业发展需求的情况,进而导致教师队伍中有些具备相关证书,但是不能使用,有相关的工作符合其实际情况但是不能接受的情况和现象。在"前院后店"的人才培养模式下,由专业教师带领,学生积极参与,学生通过身临其境地感受行业市场竞争的现状,进而促进自己在实践这一方面的知识结构的完善和提升。借助实战经验的积累,实现在实践中不断丰富该专业的相关理论知识,促进教师真正发挥在理论知识上做好导师,在实践过程中提高自身技能的作用。

(三)促进课程的融合,强化应用技能拓展

"胜任一个岗位,适应一批岗位"道出旅游管理这一专业在人才培养方面最终要达到的目标,由此可见,为达到这一目标,旅游管理专业在其人才培养的过程中要注重学生拓展技能的培养。基于此,要做好拓展课程的顶层设计,强化拓展课程设置与专业课程的关联,同时将二者进行有效地融合,侧重于将有关职业素质的提升、文化素质的提升、技能实训的提升与专业课程进行有效融合,要尤其注重融合不同专业之间的集群课程,以实现有效促进提升该专业学生相关的技能拓展。

1.职业素质与专业课程融合

目前,我国高等教育的发展进入一个更快速更系统的阶段,高等教育的发展为各行各业在不断满足不同岗位人才需求的同时也将人才市场的竞争推到一个"风口浪尖"。在旅游管理专业的人才培养体系的建构和实施过程中,对于更好地提高其毕业生的就业竞争力是该专业的人才培养必须面对的且必须回答好的问题。没有结合旅游管理专业特点开展的职业素质教育缺乏一定的行业针对性,颇有空洞说教的倾向,学生在学习过程中结合专业的感受性和体验感不强,对学生缺乏一定说服力。所以,为实现开展富含旅游管理专业特点的职业素质教育,要去思考职业素质教育和旅游管理专业教育进行有效融合的培养模式创新和改

革。

良好的职业道德、满足岗位需求的职业技能和丰富的职业知识是在旅游管理专业学生的培养过程中最后要实现的目标,具体而言,旅游管理专业毕业生应该具备的职业素质有:较好的沟通交流、公关接待、洽谈业务的能力。基于此,在该专业的教学改革过程中,要注重职业素质教育与专业教育的有效衔接,实现学生通过专业学习,并在这一过程中充分理解和感悟相关的职业素质要求,并不断地去努力学习,提高自己的职业素质能力。例如:就人际的沟通交流而言,这是旅游管理专业人才所必须掌握的基础职业素质,如若将其结合该专业的专业课程,例如:导游业务,借助课程的植入这一形式,促进学生在实践中领悟与人沟通交流的技巧,查找容易出现的问题,从而在未来的实际工作过程中更好的"避雷",切实提高其工作能力,增加其行业知识的积累,促进职业技能得到充分地扩展。

2. 文化课程与专业课程融合

在旅游行业的发展中,对旅游管理专业的人才的综合素质能力要求是比较高的,该专业的人才应当具备一定的文化素质,以满足行业对人才的需求。但是在实际培养过程中,过于侧重对毕业生的应用性、技能性和高级性的追求,对于人才的文化素质的培养相对比较缺乏。因此,对于人才的文化素质的培养应当要给予更多的力量和关注。

旅游管理专业主要是通过开设思想政治、计算机、英语、语文以及职业指导等课程对学生进行文化课程的培养和教育,其目的在于做好学生专业知识技能的基础储备工作,对于促进专业课程的建设有着积极正向的影响、较大的作用和帮助。但在实际操作过程中,上述的基础性课程缺乏其该有的关注度和重视程度。究其原因,主要是鉴于其课程的基础性色彩较重,教师对于这些基础性课程的重视程度较弱,甚至于将其视为可有可无的课程;此外,从学生的角度来看,这些基础性的课程从表面上看是和自己的专业和所处行业发展的关联度似乎不是很大,认为对这些基础性课程的掌握程度不会对自身的发展产生较大的影响。基于这种对于文化课程相对比较忽视的现象,建立起文化课程和专业课程的有效衔接互动的平台,并且将二者融合发展,提高学生对于文化课程的认同感,实现带有充分兴趣的自觉自主地学习,充分激发学习的积极性和主动性。

要充分认识到文化课程和专业课程进行融合的本质是课程目标之间进行科

学有效、有章可循的改变，而不是单纯的"1+1=2"的生拉硬套的组合过程，二者在专业的这条主线上是具备高度密切的关联和联系的。具体而言，首先，上述两种课程的融合应该是有机的，在开展有机融合之后，要使其达到"形相似神相通"的效果。其次，要从课程的结构上入手，科学地设置课程的目标，按照课程的关联度的标准，将关联度较大的课程进行融合教学，在融合教学的过程中力求达到二者相辅相成的效果。同时，在将旅游管理的专业课程和文化课程进行融合的时，要注重保证二者各自的完整性，并且还要将二者之间的关联程度进行高度凝练，进而促进学生更好地积累文化知识，提高自己的文化知识涵养。

3. 技能实训与专业理论课程融合

旅游管理专业学生的培养，在一定程度上来说，是为了向就业靠拢的。因此，培养学生的实训技能在旅游管理专业学生的培养过程中占据着不可或缺的地位，通过技能实训的培养，使得旅游管理专业的学生在步入工作岗位时可以更贴切岗位要求。通过将技能实训和专业理论课程进行充分地有效融合，将教学资源进行符合实际需求的整合，促进旅游管理专业理论知识更加地深入人心，指导学生的工作实践，促进学生对专业的技能进行充分地把握。

专业课程教学计划和课程教学大纲的相互融合展现了旅游管理这一专业的实践和技能进行一体化的教学。对于专业实践和理论教学不应该仅仅停留在形式层面的融合，这是一个需要通过持续地探究和健全的过程。就一体化教学而言，在变革的过程中首要的是对其课程的教学计划进行变革，对课程目标进行调整，侧重于对教学环节进行重新组装，在专业实践和理论方面，将分段培养的方式转化为同步进行，实现专业实践的统一和理论学习的集中，促进旅游管理专业的学生学习效率的有效提升以及教学质量的稳步提高。

当旅游管理专业的学生通过一定的学习具备较高的技能后，我们可以认为该专业的人才培养的主要目的就算是达到了的，在学生开展岗位技能实训的时候结合融入专业理论学习就是所谓的工学结合的模式，这里提到的岗位技能实训区别于虚拟的技能实践过程，实际上是从其表面到其内涵的具备真正意义的实习工作。学生在校期间学到的专业理论知识只有通过切身参与到与旅游相关的岗位实训中才能够真正地领悟专业理论知识的内涵，做到知行合一。

通常情况下，采取"2+1"或者"2.5+0.5"的专业人才培养模式是旅游管理这一专业常采取的方式，当该专业的学生在升入大三之后，会以顶岗实习的形式在相关的岗位开展为期半年或者一年的实训。在以学生作为主体的技能实训以及理论学习工学结合的这一学习的模式开展过程中，可以充分调动学生学习的积极性、主动性，学生在这一过程中通过自己在岗位职能中的切身体会，更好地发现自身的缺点和不足，进而在此后的学习中积极去寻找解决问题的理论方法和实践技能。

4. 跨专业课程集群间融合

在旅游行业的发展变化过程中，可以明显感受到这一行业对人才的综合素质能力要求更高。面对行业发展的新形势、新条件，相关的院校在人才培养的模式方面要进行有针对性地、持续地调整，为提高学生的拓展能力寻求新路径新方法。在当前的旅游行业发展的新业态下，该行业对于专业人才的知识结构体系的要求不再仅仅局限于本行业内部，而是不断地拓展延伸到其他的专业，例如：农业、信息化技术、林业、财务管理、企业管理等与旅游具有一定联系的专业课程，并且进一步地将这些相关课程形成以旅游管理专业课程为中心、其他与旅游相关的课程为拓展的课程集群体系。按照现实需要，将课程集群体系内的相关专业知识进行有机结合，并通过一定的课程设置向学生输出，促进学生成长为拥有满足社会人才市场需要的拓展能力结构体系的专业人才。

在休闲农业与农村旅游得到大力地发展的背景下，生态农庄、观光农业、村镇旅游等颇具现代色彩的旅游形式得以催生和蓬勃发展，同时促进专业人才需求结构产生不同以往的变化。基于此，旅游管理专业的学生在掌握本专业知识技能结构水平的同时还需要对一些拓展性的知识进行掌握，对于学生的知识拓展能力具有一定的要求，尤其是对于与农业相关的知识的掌握。学生对于农业、林业等方面知识的掌握有助于其在从事休闲农业与乡村旅游相关的岗位时，开展关于农业旅游产业的规划设计、讲解服务、养护种植等系列工作，有利于旅游管理专业学生在岗位竞争方面优势的提高。

旅游企业在管理人才技能的拓展方面实现了将旅游管理的专业核心课程与人才技能拓展进行有机地融合。旅行社管理、计调与外联等课程都属于上面提到的旅游管理专业的核心课程。学生通过学习核心课程之后，可以达到掌握旅游营销管理、人力资源管理以及产品的开发与管理等方面的知识技能，就可以认为该核心课程的授课目标达到了；该核心目标在经过与企业管理相关课程进行融合后可以减少找到课程切入点的难度。旅游管理专业的学生通过学习掌握企业管理的相关知识之后，可以实现深入理解企业运营的逻辑规则，进而促进自身对于如何更好地处理好旅游产品、客户关系管理、人力资源等方面的问题进行自我能力的对照和提高，持续夯实自己的职业技能。

随着行业发展的迅猛推进，导致企业当前所面临问题的主要是企业内部管理的问题，同时财务管理又是其问题的核心。当毕业生掌握了投资基本方法、筹资方式以及资金的成本等方面的知识技能之后，就可以认为达到了财务管理的课程设置目标。从课程融合的角度来看，要尤为注重对于财务管理和旅游管理这两个课程在融合时切入点的选择，同时要将学生对于拓展技能的选择进行思考和考虑，花费更多的精力在创新和改进教学的计划和方法上，积极探寻一条广大学生喜闻乐见便于接受的财务管理知识体系构建的有机融合的途径。

在信息技术日益发展的当下，信息化技术于人们的日常生活中无处不在，同时，旅游行业也受到了信息化技术发展的深刻影响，产生较为明显的变化。通过借助互联网技术，旅游行业在产品的推广宣传、服务的提供方面产生了与传统服务不同的智能服务。物联网技术正处于一个由日渐成熟的发展阶段，物联网在旅游行业的运用也在逐渐地推进，例如：在智能私人田园的旅游产品开发的过程中，城市的认领者通过物联网技术所建构的网络技术平台，实现对于在农田中所种植的蔬菜进行实时监控，在城市的忙碌生活之余得到片刻闲暇时光的享受。

信息化技能在旅游管理专业人才的培养中所占据的地位愈发重要，计算机应用技术在旅游管理专业中作为基础课程的存在有着一定的必要性和必然性。需要指出的是，仅仅将独立的计算机应用技术课程作为旅游管理专业学生的基础课程进行学习对于该专业人才发展的要求还存在一定的差距，该专业的大多数学生基于更好地发展自己的职业能力，接受信息化技能的拓展。综上，为满足上述各方的需求和时代发展对于旅游管理专业职业能力的要求，信息化技术课程群和旅游管理专业课程的有机融合势在必行。

（四）市场为导向，创新教育教学方法

立足于现实意义，当学生在现实社会中的某一领域具备一定的优势，获得更好的自我发展空间时，就可以认为教学的最终目的得到了实现。因此，为了更好地促进学生的发展和教学的最终目的得到实现，所有教学方法的创新都应当立足于这一实际，充分体现以学生为本，将教学目标明晰化。在旅游管理专业人才的培养过程中，在明确目标的前提下开展教学方式的创新，是实现基准方向的改革以及旅游管理专业人才培养有效开展的保证。在创新旅游管理专业教学方法的过程中，第一个要解决的问题就是将人才培养目标的定位明确，将培养符合社会需求的专业人才为基准点，将学生为本放到重要的位置。当教学方法得到创新之后，在旅游管理专业的学生掌握其专业理论知识和技能方面可以起到积极地促进作用。在开展旅游管理专业技能实训时，教师要在与学生建立充分的沟通的前提下，按照学生各自的特点，做出个性化的、有针对性地实训指导，积极引导学生增加对自我的认识和了解，在持续的摸索过程中探索到与自身实际情况相符的学习方式方法，将教师对学生的引导落到实处。

1. 创新教育教学方法

教育教学可以得到一个良好的收获，离不开良好的教学方法。一种教学方法并不能够适用于任意教学内容，并不是一个具有普适性的方法；往往一种教学方法只能适用于某一部分学生或者某一部分专业知识和实训内容。因此，针对授课的对象不同和内容不同的问题，要按照实际情况对教学的方法进行持续地创新，借助信息化的方法手段，提高授课的效果，促进专业理论与实践技能在实训的过程中得到充分有效地结合。

通过总结日常的教学方法可以得知，常见的教学方法包括：讨论法、讲授法、案例分析法等，教学方法在实际操作的过程中有其各自的优势和劣势，对于不同的授课内容和授课对象有着不同的适应性。就旅游管理这一专业而言，由于其专业具有区别于其他专业的地方，所以在实际的教学过程中要注重对其创新点的谋划。就其实际情况而言，可以采取现场实物演示方法开展教学的课程有：导游模拟实训、旅游礼仪以及餐饮服务等；采取现场实物演示的方法可以带给听课学生直观的体验感，具有对课程更加深刻地理解和思考，学生通过参与教学过程中的模拟实训，可以更好地感受到实训课程的侧重点，提高听课学生的学习效率和促进学习效果的提升。借助虚拟技术，在教学过程中采用具有高新技术含量的多媒体设备作为辅助工具开展导游实训这一课程的教学，让学生通过在教室的多媒体设备实现置身于实际景点的效果，提高学生体验的真实感，为学生发挥导游讲解的实训能力打好基础。

陶行知在《教学合一》一书中指出："先生的责任不在教，而在教学生学"。这句话点明教学的本质是教师通过教学教会学生学会如何去学习；老师进行传道授业解惑，学生基于自己的本分学习，这二者是密切相关的，因此，老师教学方法的创新要结合学生在学习时的具体方法去开展，并且要力争实现老师的教学过程和学生的学习过程得到充分的结合。就旅游管理专业人才的培养这一方面而言，其创新要依据该专业的特色特点，充分结合当前学生对于学习的兴趣，进行有目的性、有针对性地创新。例如：多媒体教学设备的使用是在社会科技创新的背景下实现的，是符合当下学生学习形式的产物，多媒体教学设备的使用，促进教学的方法从传统的"老师一边板书一边授课"到"老师展示授课，学生边看边听"的过程，有效促进学生的学习体验感的提升。又如：3D旅游实训的教学方法实际上是虚拟现实技术在旅游行业的运用，为学生开展技能实训提供了较为真实的环境保障，促进学生学习效率和学习效果的提升。综上，学生学习方法是教师教学方法进行创新的源泉，同时，学生的学习方法在很大程度上受到教师教学方法的影响并且由其决定，教师的教学方法和学生的学习方法是相辅相成、联系密切的，在二者合二为一、相互融合的前提下方可创新教学方法。

随着互联网技术的蓬勃发展和形式的不断创新，其在教育教学过程中的运用也更加普遍和广泛，现代化技术在教育教学的过程中逐渐成为主要手段，当多媒体技术和网络技术在教育教学中的推广使用程度更宽泛之后，教学的模式也得到了一定的推动改革。旅游管理专业的人才培养在现代信息技术的有效运用过程中实现了教学资源的优化。

旅游行业具备综合性强、发展模式快、综合信息更新速度快等行业特点，教师通过借助现代信息技术这一手段，对教学资源进行精确地掌握和对资源进行有效地整合，提高教师掌握专业前沿理论的能力，提高教师的综合教学能力。在旅游管理人才培养模式的改革与创新方面，互联网技术起到了极大地促进作用。教学过程中对于网络多媒体技术和设备的使用、虚拟现实技术在实训场景中的使用，在提升教学效率和教学效果，促进学生学习的积极性主动性，提高学生学习过程中的趣味感等方面有着正面的、积极向上的作用。微课，这是基于网络技术和多媒体教学设备的发展而逐渐盛行起来的教学形式，主要是借助多媒体设备，通过音频和视频等方式将教学内容传递给学生。翻转课堂，这是基于微课，并在教学方法上具有较大突破的教学形式。其具体的操作形式为：学生在课堂之外的时间自主自觉学习相关教学视频，而后在课堂上与老师和同学之间进行讨论，并进一步完成作业，翻转课堂对传统的教学模式做出了颠覆性改变，并取得一定的成效。

2. 引导学生创新学习方法

对旅游管理专业的教学方法进行创新也相当于是对学生学习方法的创新。因为学生各主体的背景及环境条件的差异，不存在统一的学习模式，但是通常情况下，往往是好的学习方法会大大提高学生掌握知识点的效率；反之，如果学习方法存在问题，甚至于是坏的学习方法，往往会导致学生学习掌握知识点效率的事倍功半。旅游管理的人才培养模式经过一系列的优化和创新，其学习的传统模式得到创新，充分以市场作为其优化创新过程中的导向。在新的学习模式下，学生的学习范围更加的宽泛，课本仅仅是其学习的一部分空间，专业仅仅是学生学习的一部分内容，课堂学习仅仅是学生学习的一部分平台，更多地向行业进行转变，向市场进行深入，向岗位需求靠拢。

专业的形成是建立在学科类别的门类划分基础上的，专业的建立主要是为了实现在某一专业领域中，对特定的专业知识开展研究和探索，并致力于促进该专业的向前发展。在农林职业院校中，在旅游门类划分的基础上产生的旅游管理专业，该专业的学生所学习的相关专业知识大都是与旅游这一领域相关的。旅游是包含外出、休闲、娱乐等内涵的综合化的活动，在旅游行业中，集成化是其独特的特性。旅游管理专业的学生要切实有效提高自己的综合职业能力，关注行业发展的现状和规律，要以好心态和宽阔的眼界来对待行业学习。

人才的培养最终还是要落到就业岗位上的，对学生开展的一系列教学培养都是为了其在毕业时可以得到足够胜任其行业岗位需求的能力，在一定程度上来说，岗位需要的人才就是教学培养人才的目标和标准。由此可见，在对旅游管理专业学生的学习培养过程中，实际上要切实积极地使其能力向旅游行业的相关岗位靠拢，并且以此为学习目标。不可否认的是，在学生的技能培养过程中，并非所有的岗位技能都可以通过课堂的学习积累获取，在学生所需要具备的技能中，有一部分的技能是需要学生通过在顶岗实习的过程中来进行学习获取的。在课堂和岗位过渡交替的过程中，实际上是理论知识运用于实践，通过实践来检验理论的过程。旅游管理专业的学生只有通过在实践中运用自己的理论知识积累，才能够更好地感受理论的价值和力量，从而达到提升理论知识的目的。

学生是学习这一行为的最终实践操作者，其学习的态度以及对学习的看法取决于其自身。传统的教学方式所呈现出来的教学过程主要体现为：老师在课前备好课程，在课程开展的过程中主要是老师在讲述课程，学生在听课。这种讲课和听课的形式使得学生处于一个相对比较被动的地位，属于一种较为典型的被动学习。在上述的讲课和听课形式下，老师对于学生掌握知识点的程度把握不够，更多地追求自己在授课过程中讲课的好坏程度，而忽略了学生在学习过程中的切身感受，在教学的过程中"教"与"学"被分割成两块内容，隔断成两个不同的过程。这种传统的教学方式也被称之为"填鸭式教学"。在这种教学方式下，学生的学习兴趣被极大地磨灭。基于此，在探索旅游管理专业的教学方法创新路径时，首当其冲要解决的就是在"教与学"的问题，"教与学"不是两个不相同的过程和阶段，这二者是相辅相成、骨肉相连的，故而在教学方法寻求创新的过程中，要寻找到正确的路径方法，促进学生的学习方式有被动学习转化为学生自觉自主地学习，促使创新后的学习方法形成可持续性，并且充分发挥自身的优势。

（五）加强校内旅游管理专业师资队伍的建设

想要培养出优质的旅游管理专业人才，不仅仅需要重视旅游管理专业的人才培养体系，还需要强化旅游管理专业的师资队伍建设，所谓"名师出高徒"，只有拥有一流的教师才能够培养出一流的学生，因此只有去提高旅游管理专业的师资队伍能力，才能够培养出品学优秀的旅游管理专业人才。那么在进行师资队伍建设过程中，需要重点建设双师型教师队伍，所谓的双师型教师即理论知识优秀且实践能力出色的教师。想要去建成双师型教师队伍，一般有两种方法可以实现，第一种就是通过培养教师的多方面能力，让教师的能力得到提升，以实现双师型，第二种就是聘用更为优秀的教师，让双师型教师加入原有的旅游管理专业师资队伍当中。[①]在提升教师能力时，首先可以整合资源，搭建教师的研训一体化平台。因为教师专业化发展情况的提升，往往不是来自岗位培训，而是在实践教学过程中的研究与思考。对于教师而言，岗位培训并非一文不值，因此为了保证教师专业化发展的有效性，需要将培训和教学研究结合在一起，开展研训一体化的教师

---

① 胡红梅.旅行社行业发展及计调人才需求现状研究[J].湖北开放职业学院学报,2019,32(20):127-128.

专业化发展模式。可以说，研训一体化是培养学习型、研究型、反思型教师的有效途径。对此，需要先整合现有资源，构建"研学一体化"平台，为教师在专业化这方面的发展做好保障。例如：在网络持续渗透进入学习的各个方面以及线上学习 APP 兴起的背景下，充分利用"互联网+智慧教育"这种网络资源共享平台去实现教育资源的整合优化和充分利用，同时，利用好发展比较成熟的社交平台，类似于 QQ、微信等，促进教师之间的联系和研究成果的交流研究，在教师之间建立有效沟通的基础上，促进思想观点的碰撞，不断推动教师的专业素养向新台阶迈进。同时，可以进行多元能力培训，以促进教师的专业化成长。比如在备课方面，可以开展集体备课活动，从而通过聚集各位教师的能力，实现优势互补，学习共赢的效果。关于集体备课活动的执行，首先需要由高校层面提出要求，并且形成一定的制度，建立集体备课的相关要求。具体而言：要求在各自学科的教研组的牵头下，组织授课教师定期到指定地点开展集体备课；同时，在集体备课活动开展的过程中，为实现更好的成果呈现，要让备课组的教师轮流在备课活动作为备课主讲，向备课组介绍自己的备课逻辑和备课过程，此外，备课组的其他教师针对其所讲述的备课逻辑和备课过程提出自己的看法和建议，对其进行补充。在上述的备课组备课的情况下，对备课方案进行研讨，将课堂教学的设计不断地优化，同时也为教师提供了一个相互交流学习的平台。另外，在集体备课的过程中，教师之间进行各自经验的交流，可以促进各自思考在教学过程存在的问题和值得延续下去的好的方面，可以实现教师集体智慧的发挥，促进教师之间成果的共享。还可以开展课例研讨活动。该活动需要由骨干教师进行指导，通过让教师观摩骨干教师的授课情况，从而进行学习，以为教师授课时提供有效的范例参考。该活动还可以帮助教师针对骨干教师的授课情况，结合自身实际授课情况进行教学优化，以起到更有效的教学效果。另外，在提升教师能力的时候，也应当针对不同的教师展开分层培训，因为不同类型的教师，其专业化发展的要求和程度也不尽相同，因此在开展教研一体化的时候，需要结合不同类型的教师特点，使得每一位教师都能够有效地进行专业化成长。比如针对青年教师，需要关注其教学能力的发展。对此，需要对青年教师提出相关的要求，促使其反思在教学过程中所存在的问题和好的方面，并且将其写在教学的随笔日记中；另外，要借助一定的外部力量，邀请理论学习专家对青年教师进行指导，让现代教育理念成为青年教师工作过程中的指导理念，全方位地对青年教师在教学实践和科研方面的能力进行提升。而针对已经有一定教学经验的骨干教师，在进行教研一体化模式时，则更应该去关注专业度的提升。对此，骨干教师可以通过课题研究、案例分析的方式，站在个人教学经验的基础上去进行创新，去探索教育的新方法，从而提升个人教学专业度，并以此形成自己独特的教学风格[①]。

（六）强化政产学研协同育人合作

为了使得学生能够接受更为有效的实践课程，往往需要在合适的场地使用合适的设备展开教学，但是考虑到部分本科院校的教学资源有限，很难建设专门的实训基地给到学生进行实践教学。对此就可以选择与旅游企业进行合作，加强校外实践基地的建设，从而来满足学生的实践能力培养需求。对此，在进行校企合作过程中，首先可以由校企共同搭建旅游资源库，通过引入行业、企业在旅游管理方面的标准，并参照实训设备、实训条件、学生状况等因素条件，建设出适合本科院校使用的旅游资源库。落实"互联网+实践"的形式，让学生能够线上随时获得当下行业最新的旅游资源进行学习，有效提高学生在旅游管理方面的技能。为了更好地培养学生在旅游管理方面的能力，除了有校内教师进行的专业课程，用以教授理论知识外，还聘请了校外的行业专家作为校外专业负责人，为学生的专业课程设置、实践教学内容、专业教师培养等内容提供十分有建设性价值的内容。同时，邀请合作企业中的具有资深行业经历的从业人员，来到校内定期与专业课教师召开教学会议，共同制定旅游管理专业人才的培养计划，参与相关专业课的授课工作，让学生能够直接面对行业一线人员，提前了解未来就业行业的情况，让学生知道自己现在的情况，与想要去尝试的岗位要求还存在哪些差距，帮助学生更有计划、更有目标地进行能力提升。当然对于本科院校而言，想要有效的去培养学生专业技能，最直接的办法就是让学生去进行与专业对口的实习实践，但是由于学生目前的个人能力、职业素养还不够，无法依靠自己的力量去寻找到合适的就业岗位进行实习。因此，本科院校可以通过校企合作的专业学科建设模式，在其与所合作共建的企业充分沟通和有效协商的基础上，按照学生群体的能力和需求的实际条件，在企业中提供合适的岗位，让学生真正具备开展专业实践的平台和空间。这样的做法，一方面让学生获得了专业对口的实习经历，在合适

① 徐秀玉.基于行业职业能力需求的高职课程体系优化研究——以旅游英语专业为例[J].南方职业教育学刊，2018，8（01）：44-49.

的岗位中有效提升个人的专业能力，提前了解到目前行业的现状，更方便学生制定自己未来的职业发展方向；另一方面对于企业而言，则是获得了更多的人力资源，可以用更低的人力成本来提高目前的经营效能，获得更多的经营收益；另外对于高校而言，也完成了自己的教学任务，为学生提供了有效的教学措施，达成培养优质人才、提高就业率等目标。上述强化校企合作模式的措施执行后，校内专业课教师将进一步明确了应该在课堂上教什么内容，如何去培养学生的旅游管理专业技能，从而有效提升校内培养旅游管理专业人才的品质，使培养出来的人才在社会上具有更强的就业竞争力，大大提高高校毕业生的就业率。同时对于教师来说，通过有效的校企合作不仅为学生提供了实习实践的机会，也为校内教师提供了学习交流的平台，让高校可以安排相关专业课程教师进入企业，利用寒暑假时间进行教师实践。让教师能够在行业的最前线了解最新的动态以及当下社会人才需求，使得大量的年轻教师在教师专业能力方面得到快速成长，加强了高校师资队伍的建设。对于高校而言，通过校企合作已经能够达到边教边练的教学方法了，让学生可以随时在实践操作中回顾自己所学知识，也可以在理论知识的基础上更好地进行实践操作，有效进行了旅游管理专业教学方法的改革①。

---

① 吴桐，宦敏.导游职业化背景下人才培养问题探究[J].淮海工学院学报（人文社会科学版），2017，15（11）：111-113.

第二章 旅游管理专业知识图谱与人才培养体系优化

第一节 旅游管理专业知识图谱

一、知识图谱

（一）知识概念

所谓的知识，指的是人类通过实践从而能够客观地认识世界，而这个客观认识便是知识的呈现，因此知识又包括事实、信息、描述、理论以及技能等各方面内容，可以说知识是人类通过不同的渠道所获得针对不同事物的全新认识，再从人类的角度将信息进行进一步地处理和理解，以将客观认识的内容总结成系统内容。在DIKW体系中，就将知识的形成过程概括了出来，表明知识本质上是由数据、信息、知识、智慧一步步升华，不断凝练的过程。而DIWK模型的发展，又可以追溯到Thomas Stearns Eliot 在1934年所著的诗歌《岩石（The Rock）》中的第一段，"Where is the wisdom we have lost in knowledge? Where is the knowledge we have lost in information?"。后来在1982年12月的《未来主义者》杂志里由美国教育学家哈蓝·克利夫兰进行了拓展，提出了"信息即资源（Information as a Resource）"这一观点。基于哈蓝·克利夫兰的观点，Milan Zeleny 和 Russell .L. Ackoff 正式提出了DIWK模型。在DIWK模型中，数据（Data）指的是原始的素材，信息（Information）是经过人类处理加工后带有逻辑的数据，知识（Knowledge）为系统化组织化后的信息，最后智慧（Wisdom）是基于知识，去运用知识。

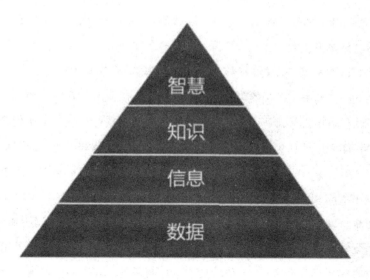

图 2-1 DIWK 模型

（二）图谱概念

图谱的英文名词是 Graph，直译过来就是"图"的意思，那么这一概念是由 James Joseph Sylvester 在 1878 年所提出的，其表明一张图谱通常是由一些节点（Vertice 或 Node）和连接这条节点的边（Edge）来组成的，因此在数学界认为，图谱是用于表示某些事物（Object）与另一些事物相互连接的一种结构。基于图谱的概念，简单地理解知识图谱，就是用图谱的形式将知识表达出来，在图谱中的节点代表着各类知识实体或者概念，而连接节点的边就代表着知识之间的各类关系。

（三）知识图谱概念

知识图谱是一种多学科融合的现代理论，知识图谱将图形学、信息科学、数学、信息可视化技术等多个学科的理论知识和方法进行了有机融合，此外，还将相关的学科知识以可视化图谱的形式建构成知识的框架结构展现出来，知识图谱在图书情报界的别称为知识域可视化或知识领域的映射地图。而通俗一点的理解知识图谱概念，就是由实体、关系和属性组成的一种数据结构，是一种由图像结构呈现出来的知识库。目前来说常见的知识图谱可分为两类，第一类是通用知识图谱，第二类是行业知识图谱。通用知识图谱，在建构上更侧重于行业常识性的知识内容，所以通用知识图谱的包括内容也会更加具有普遍性；行业知识图谱的主要应用者是企业自身，所以行业知识图谱在建构内容时，会更加侧重于建构不同企业，不同行业的知识图谱，是对企业内部知识的一种构建，大多也是用于在企业内部进行知识化服务。

所以知识图谱其实就是一种将显性的知识与隐性的知识进行融合的一种方法，通过一些简单明了直接的可视化技术，对个人所具备的资料、知识、信息进行有逻辑性和有根据的排列组合，提高其知识体系的实际所拥有的价值含量，提高知识的整体可用性和可推广性。对于知识图谱中"图"与"谱"的了解，可以理解为："图"是指代的图示，"谱"是指代的系统，由此可见，"图谱"实际上包含了在空间和时间的维度上知识所产生的动态变化的具有一定内涵的统一表述。当前，以一种知识管理形式所呈现出来的占据绝大部分比例的知识图谱，在现代企业的管理过程中运用较为广泛和普遍，知识图谱对于企业中占据一定价值的知识信息具有分类储存和管理的功能，上面所指的有用的信息具体包括具有一定价值含量的策划方案、成果经验等。因此可以看出正是因为知识图谱，非常清晰地来表现事物和现象，让事物和现象的形态结构、成因机制、组成部分、动态变化等较为复杂且综合性较高的内容变得容易理解，并且知识图谱可以通过不断积累知识，让企业内部的职工去形成相互学习、知识共享的风气，起到知识再利用以及知识创新的效果。合理的在企业中去运用知识图谱，既能够有利于职工的个人发展能力的强化，同时推进员工整体的应变和创新能力的稳步向前发展，由此可见，知识图谱在企业的运用，有效地控制和节约了企业运营过程中的成本，为企业的学习和创新能力的整体提升提供了一个较好的方法。

知识图谱在教育教学系统中人才培养方面的运用，与在企业中使用知识图谱去提高职工个人能力相比较，还是存在一定的差距，但也有着相同的地方。知识图谱在教育当中是一种学习的方法和理念，这种学习的方法和理念主要服务于学科、专业以及平台，知识图谱从本质上来说是借助知识计量、信息挖掘以及图形绘制等工具和方式方法，促进学生在掌握各类知识的动态发展的实际规律，促使学生搭建好自身的知识体系框架，让学生在学习的过程中对知识的了解、掌握以及运用方面达到一个更加系统和整体的高度和层次。由此可见，从上述角度出发对知识图谱进行分析，就可以将知识图谱定义为"是对于教育内容进行重新梳理和科学合理设计的方法之一，是对于学生学习知识培养学习能力的方法之一"。那么在实际的教学过程中，使用知识图谱展开教学，与传统的教学方法相比，这是图谱是一种非常清晰且明确的表达知识点内容，与知识点之间关联结构的方法，所以能够降低学生的学习成本，提高学生的知识系统性和对知识的运用能力。

二、旅游管理知识图谱

（一）旅游管理知识图谱的相关文献

在搜集与旅游管理相关的知识图谱学术内容时，在 CNKI 中一共搜集到了六篇文献，分别是：学者曹洋（2020）所发表的《中国健康旅游研究的进展、热点与趋势》，其研究方式是通过 CiteSpace 软件，以中国期刊全文数据库（CNKI）为样本框，采用知识图谱形式将健康旅游研究的现状、内容和未来发展趋势进行分析，研究成果表明目前我国健康旅游研究集中于医疗旅游和养生旅游两方面，研究主题主要集中于三个领域：健康旅游资源、健康旅游产业和境外健康旅游发展经验者[①]。学者苏欣慰、康艳昕、洪丽平（2019）所研究的《旅游管理创新创业文献的知识可视化研究》，三位学者通过以 CNKI 数据库收录文献为数据来源，采用 Citespace5.2.R2 和 Carrot2 研究工具展开调查，调查结果显示：目前旅游管理创新创业研究总体产出量较少，发文量高和贡献值高的作者较少，研究团队较多，但合作度较低，跨研究机构、跨领域的合作较少，研究的主要层次集中在高职领域，研究的内容主要集中在人才培养、课程设计、精神和理念的培养等方面，预测旅游新业态与国家振兴计划与创新创业将会是研究的新热点[②]。李经龙、王亚茹（2017）等四位学者进行了《近十年我国旅游研究热点分析——基于人大复印资料《旅游管理》（2006～2015）转载文献的统计》的调查，其调查方法是通过借助 Ucinet 软件分析高频关键词的研究主题，据此归纳出旅游业、旅游资源、入境旅游、旅游产业、旅游目的地、旅游企业、旅游开发、旅游基础性研究等 8 个热点研究主题领域，从宏观和微观两个角度分析我国旅游科学领域的研究主题和发展趋势[③]。学者姜丽（2015）在《我国生态博物馆研究的知识图谱分析》中以 CNKI 为数据源，运用文献计量法及 Citespace III 分析软件，从载文期刊、研究机构、核心作者、研究主题、高引论文等方面分析了我国生态博物馆的研究现

[①] 曹洋.中国健康旅游研究的进展、热点与趋势[J].四川旅游学院学报，2021（01）：61-66.
[②] 苏欣慰，康艳昕，洪丽平.旅游管理创新创业文献的知识可视化研究[J].成都师范学院学报，2019，35（03）：88-95.
[③] 李经龙，王亚茹，周金陵，李晓洁.近十年我国旅游研究热点分析——基于人大复印资料《旅游管理》（2006～2015）转载文献的统计[J].广州大学学报（社会科学版），2017，16（06）：83-90.

状、热点和趋势①。学者杨宏伟（2013）在《"知识图谱"在旅游管理学科课程教学中的系统应用》中表明知识图谱作为是一种用简单明了的可视化技术将各种资料、信息通过组合形式描述、演变成更具价值的知识体系的方法，通过"知识识别""知识分类""知识结构化"和"知识体系化"的过程，建立了通用、便于规范、检查与操作的教学模式，在传递课程教学内容的同时，也有利于学生专业知识体系的构建，是最符合"能力为主线、优化学生学习的投入产出比率"的思辨性、灵动性和创新性特征明显的先进教学方法和理念②。张娟娟、宗乾进（2013）等人，在《我国旅游管理学科研究热点、主题及方法演化》中，利用知识图谱工具对其进行可视化分析，其研究成果表明：（1）研究热点集中在旅游业、旅游资源、旅游研究、旅游、旅游开发、生态旅游、旅游经济等方面；（2）主题演化方面，旅游研究已从最初的概念探讨深入至抽象概念维度和实证研究相互关联，研究内容不断细化，旅游资源、生态旅游、旅游开发等研究一直贯穿其中；（3）研究方法方面，因子分析、层次分析法、聚类分析、调查研究、SWOT 分析自2006 年以来被广泛使用，结构方程模型、数据包络分析在 2010 年开始得到广泛使用③。

综上所述，虽然国内学术界与知识图谱的相关学术研究比较丰富，但是在旅游管理这一领域而言，基于知识图谱所展开的研究则较为稀缺，而且与人才知识图谱相关的研究更为稀少。

（二）知识图谱在旅游管理专业教学中的应用步骤

1. 知识识别

开设知识识别课程，使学生能够充分掌握、运用其方法是构建图谱化知识的先决条件。知识识别主要囊括两个方面的内容：一方面是对知识点进行有效识别；另一方面是对知识点之间的关系进行准确有效地识别。在完成对知识的识别之后，按照学生各自不同的特点和差异，形成有针对性地教学的偏重倾向。例如：就低年级的学生而言，其对专业的认识程度严重缺乏，对专业的了解仍旧停留在从他人口中了解的阶段，对于自己专业的了解和感受不深，更多地要从有经验的人那样得到一定的了解，其正处于一个积累的过程，在当下已经学习和接触的知识点

① 姜丽.我国生态博物馆研究的知识图谱分析[J].科技情报开发与经济，2015，25（13）：139-141+144.
② 杨宏伟."知识图谱"在旅游管理学科课程教学中的系统应用[J].经济师，2013（04）：147-148.
③ 张娟娟，宗乾进，袁勤俭，黄奇，汪侠.我国旅游管理学科研究热点、主题及方法演化[J].经济地理，2013，33（01）：173-179.DOI: 10.15957/j.cnki.jjdl.2013.01.017.

中，在未来的学习过程中还将会有接触和学习。所以，向低年级学生传授知识要更加地侧重于普及性的知识，对专业相关知识的概念进行掌握是重点，另外，在教学过程中对照片、视频等具有较好的表现力的教学工具的使用，可以促进学生对于知识的汲取速度和效率。从高年级学生的教学角度出发，高年级的学生对于其专业知识具有一定的积累，对于其专业的有一定的认识，因此，在对高年级学生开展教学的过程中要注重学生的理解和探究能力的提升，同时在这一过程中要注意帮助学生回顾一些基本的专业概念知识，并且在此基础上开展一定的系统分析。另外要对课程中的知识点数量、学科交叉体系进行一定的识别，提高组织教学的有效性。

2. 知识分类

从客观的角度来看，"知识"这一概念的界定实际上是比较模糊的，知识是具备一定的结构的，在识别知识的同时还需要对知识进行有依据地分类，否则将会导致对知识结构的进一步模糊，就像多米诺骨牌一样，进而导致在教师知识的教学传授和学生对于知识的接收方面产生模糊的情况。由此可见，对于知识的分类是必要的。需要强调的是，知识分类的开展是基于知识识别。试想，若是缺乏知识识别这一步骤，则将会导致知识点缺乏归纳，进而影响知识点的分类。将知识分为显性知识（Explicit Knowledge）和隐性知识（Tacit Knowledge）是当前将知识开展分类中出现频率比较高、比较基础性的分类方法。"知识图谱"和这种显性知识和隐性知识分类不同，具体而言，该思路下的知识分类呈现出一个金字塔的体系，金字塔体系是通过 DIK，也即是数据、信息、知识这三个部分形成的，主要的分类思路是通过对数据、信息以及知识这三者的知识结构进行明确来开展具体的分类。总的来说，也即是知识点是通过将课程需要反映的综合信息进行有条理的细化之后得到，知识类型则是通过对知识点以其之间的关系为标准进行分解之后得到的。例如：《旅游学概论》这门课程的教学目标是"通过老师的授课，学生在进行学习之后了解掌握旅游学中的基本的概念和认识部分的专业名词，对旅游学中的一般原则和方法进行掌握，在实践中可以利用所学的专业理论知识进行分析和管理"。传统教学开展的过程中，课程章节排布从结构上看似乎是合理的、条理分明的，但是实际上在按照课程的章节排布进行授课时，就会发现实际上其内部的各部分之间的联系的密切程度不够，内容间不够紧凑，学生在这种章节排布下易产生思维上的混乱。（传统教学过程的课程章节排布为：研究对象、基本概念、旅游与旅游学的产生与发展、旅游者与旅游流、旅游资源与旅游产品、旅游企业与旅游市场、旅游宏观管理。）按照"知识图谱"的相关分类逻辑，这一课程的分类情况如下：一是原理知识部分包括"旅游""旅游者""旅游流""旅游产品""旅游要素"；二是技能知识部分包括"旅游资源分析""旅游产品开发"；三是事实知识部分包括"旅游企业管理"，最后综合下来可以分为"基本理论""旅游者""旅游经济"等部分。

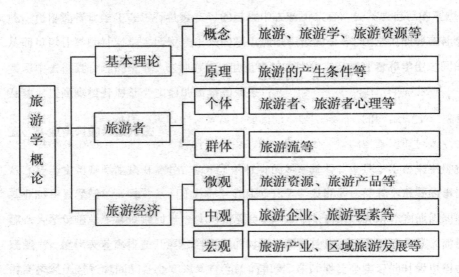

图 2-2

通过上述的对比可以很明显地感受到："知识图谱"体系下的课程分类是经过了一定的简化的，在学生的可接受度上有了一定的提升，形成了学生可以理解掌握的相关知识点和知识体系，在学生对知识点的学习过程中学生关于这一课程的思维结构得到了充分的建构，很好地支撑了课程教学目标的实现。

3. 知识结构化

对于知识结构化的理解，即是将识别出来且开展分类之后的知识点以相关的逻辑作为排列的标准并对其开展排列的行动。在对知识点进行一系列的地识别与分类之后，对于知识点的认知程度达到了一定的清晰度。然而，对学生接受程度比较高的结构化知识的思考和构建是不可忽略、不可或缺的过程。在这一过程中，常常采用的一定方法来进行辅助，其中质量管理会用到的"因果关系图"、"ABC分类法"是在这一过程中会常常用到的。

例如：经合组织（OECD）在《以知识为基础的经济》（Knowledge- based Economy）中所表现出来的，知识在经过结构化之后，演变为一个包括事实知识、原理知识、技能知识以及人力知识的综合性知识体系。在经过一系列的知识分类之后，进一步的结构化成为具有区别和差异的知识体系（如图 2-2 所示）。需要明确指出的是，针对不同的知识体系要采取不一样的掌握原则，具体而言：对待原理知识，要去进行背诵记忆，要在记忆的过程中做到准确记忆；对待技能知识，要先去进行理解，在对其具备充分理解的基础上再在实践中进行应用；对待事实知识，要以充分实验进行检验，并进行分析总结。

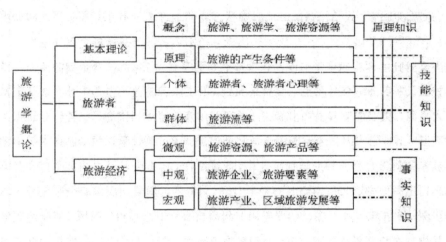

图 2-3

（四）知识系统化

在旅游学科教育培养学生的过程中，注重的是培养学生对知识体系的全面掌握，以及充分利用自己已经积累的知识技能对新知识和新技能进行开发进而促进教育和组织目标的实现，这也是旅游学科开展教育的目的所在。由此可见，在旅游学科的课程体系进行创新和建构的过程中，当知识系统形成之后，我们就可以认为在这一过程中应用"知识图谱"的核心目的是达到了的，在课程知识达到结构化之后把专业知识进行系统化地建立，同时，根据能力培养的相关要求，明确的标记出不同课程之间的可以联系在一起的点，从而达到在教学过程中开展符合先后逻辑的合理增减。上述过程要注意对两个方面的思考：一是对课程知识体系的搭建要实现清晰明了。按照实际需要调整课程的章节结构排布，为老师与学生、学生与学生之间的课程知识交流搭建解基础性的环境。二是建立一定的关系模型，要求该模型在开发利用不同课程的方面起到积极的促进作用。课程的个体与群体之间的关系图的绘制要以一定的能力要求或是实际工作的标准为依据来开展，进而对课程关系图进行进一步地细化，经过细化之后得到课程知识点关系图，最后得到专业知识图谱。

例如：从培养旅游管理专业学生在提供景点服务方面的能力作为出发点，所形成的课程关系图囊括了"导游基础"、"管理学"、"导游实务"、"导游心理学"等课程，在对关系图进行更进一步分解可表现为导游岗位的工作者在"说"、"引"以及"调"等方面的能力，其中，"说"主要指的是导游这一岗位的工作者在各个景区景点开展讲解，这一工作职责的发挥主要依托的课程是《旅游心理学》和《导游基础》；"引"主要指的是导游对游客的引导，这一工作职责的发挥主要依托的课程是《管理学》和《旅游心理学》；"调"主要是导游要充分调动游客的积极性，这一功能的发挥主要依靠的课程是《导游实务》和《管理学》；由此可见，相关岗位能力的培养和发挥是需要相关课程中的知识点作为支撑的。当教师在授课过程中明确知识点之间的产生联系的基础、知识点之间在经过密切的联系之后将会产生的效果，表示出知识点与能力、标准之间具有的千丝万缕的联系，学生在接收到老师在授课过程中所释放出来的信息后，将会具备举一反三、触类旁通的能力。不可否认的是，知识图谱教给学生的时间相对较早，则产生的效果也是相对明显的，当学生在一开始接触到一门课程并对这门课程进行初始的学习时，学生可以大大缩短对于自己所要学习的内容的了解时间，并且基于自己的实际情况，选择最符合自身需求的、对自己最有效的学习手段和学习方法，配合好教师的授课，在促进教育教学形式发生改变和创新性变革的同时，实现在学习时间和学习成本方面的事半功倍，提高学生自觉自主学习的综合能力。

综上所述，在宏观知识经济的大背景下，存在一个越发明显的矛盾，即学生在教育教学方面的动态性要求持续加强与教师在教学的实施过程中所使用的手段和所存在的固化惯性思维之间的不适应。知识图谱是教学手段和教学理念进行创新发展的产物，它的产生在解决旅游管理这一学科教育教学方面的矛盾开发出了一个新的思考方向。事实上，在对教育教学方面进行改革时，探索是需要一个过程的，想要一蹴而就几乎是不可能的，寻求捷径也是不可行的，即使是面对看起来似乎很简单的问题，仍要妥善对待，在问题的梳理方面要持续、在问题的分析方面要全面、在实践的过程中要大胆。

第二节 旅游管理专业人才培养体系优化

一、旅游管理专业人才培养体系的优化设计

在原有的人才培养体系是从素质、能力和知识三个方面展开的设计，但事实上，这三个方面进行细分后，其内部存在部分相同的内容，所以本质上素质、能力和知识是交织在一起的。选择基于此去进行人才培养体系的设计，就很容易造成培养内容出现重复，因此可以将素质、能力和知识优化为职业素质、职业技术、核心技能、拓展知识四个方面，再基于这四个方面进行人才培养体系的设计。

表 2-1 优化后旅游管理专业人才培养体系

旅游管理专业人才培养体系框架	职业素质	1、思想道德相关课程 2、旅游行业职业训练相关课程 3、旅游行业职业生涯规划相关课程 ……
	职业技术	1、信息技术相关课程 2、语言表达相关课程 3、组织领导相关课程 4、问题处理相关课程 ……
	核心技能	1、经营管理相关课程 2、酒店管理业务技能 3、旅游社业务技能 4、旅游景区业务技能 ……
	拓展知识	1、旅游行业拓展知识 2、特长与兴趣拓展课程 ……

二、旅游管理专业人才能力培育体系

目前旅游行业中对于人才的需求度较高，旅游管理人才呈现出供不应求的状态，之所以会出现这样的情况，是因为高校培养的该专业的学生在职业能力和综

合素质方面尚未达到旅游企业和行业对这方面人才的要求和需要，基于此，为了更好地促进院校培养的该专业的人才更加贴合行业对人才的需求，需要培养三个方面的能力，分别是基础素养能力，专业核心能力和专业拓展能力，而在这三个能力中又有不同的细分能力。那么想要全面地培养旅游管理专业人才拥有上述能力，对于本科院校而言，就需要优化目前的旅游管理专业人才培育体系。

表 2-2 旅游管理专业人才能力培育体系

培养能力	课程模块	课程设置	
职业素养	公共课程模块	1、经济学原理 2、马克思主义政治 3、毛泽东思想概论 4、思想道德修养 5、形势与政策 6、大学语文 7、大学英语 8、体育 ……	
职业技术	专业技能课程模块	1、业务技能训练课 2、饭店服务技能 3、导游实务 4、景区景点讲解 5、服务礼仪 ……	
	专业方向理论课程模块	酒店管理方向	1、饭店管理概论 2、前厅客房管理 3、餐饮管理 4、酒水知识与酒吧管理 5、康乐管理 6、宴会设计与管理 7、食品营养与卫生 ……
		旅行社方向	1、旅行社管理 2、旅游线路设计 3、导游词写作 4、国际旅游业务 5、领队业务 ……

培养能力	课程模块	课程设置
	旅游景区方向	1、旅游景区管理 2、景区景点讲解 3、旅游生态学 ……
核心技能	学科通识课程模块	1、管理学原理 2、财务管理 3、服务管理 4、人力资源管理 ……
	专业必修课程模块	1、旅游学概论 2、旅游经济学 3、旅游市场营销 4、旅游心理学 5、中国旅游地理 6、旅游英语 ……
拓展知识	专业选修课程模块	1、中外民俗 2、宗教知识 3、中国旅游文化 4、旅游商务电子 5、旅游公共关系 6、旅游政策与法规 ……

　　通过分析发现旅游管理专业人才培育体系存在以下几点问题：第一点问题是人才培养目标的定位不够准确，导致难以根据目标有效实施人才培养策略；第二点问题是在进行人才培养的过程中，教育方式更重视理论教育而忽视了实践教育，这就导致培养出来的旅游管理专业人才可能会出现能力上的不均衡；第三点问题是旅游管理专业中的不同培养课程之间缺乏有效的衔接，使得旅游管理专业课程出现内容重复重点没有得到突出；第四点问题是本科院校的校本特色课程开发不够充分，没有真正地去凸显出校本课程所具有的教育意义；第五点问题是目前旅游管理专业课程设置得不够合理，使得旅游管理专业人才培养效果不好。针对上述问题，对于本科院校而言，首先需要进行旅游市场的调研，以明确人才培养目标；其次需要基于旅游市场对于人才的需求来建立人才培养体系；再次本科院校需要加强校内旅游管理专业师资队伍的建设，因为只有优秀的教师才有可能教育出优秀的学生，所以提升教师能力同样是一件非常重要的事情；同时本科院校需

要强化与旅游企业之间的合作，展开有效且有意义的校企合作；最后本科院校应当尝试去开发具有院校特色的旅游管理校本课程。

第三章 旅游管理专业实习

第一节 旅游管理专业认知实习

一、实习目的

旅游管理专业认知实习的开课对象为旅游管理专业本科学生,开课时间在第一学年第二学期,共有 0.5 个学分。先修课程为旅游管理专业部分基础课和专业课。

认知实习作为旅游管理专业本科学生一个全面接触实习的教学环节,是在学习了部分专业基础课、专业课的基础上进行的。学生在经历认知实习这一过程之后,充分地将自己所学习的理论知识结合实际工作和岗位需求进行运用和反思,并进行查缺补漏和对理论知识进行深化,在认知实习的过程中对自己专业的实习技能做到更好地把握。综上,在学生开展认知实习过后,可以对自己专业课的理解更加深入,更能够明白自己有哪些方面的知识还没有学习到位,并在后面的学习过程中加强薄弱环节的学习,同时为自身在实践中的工作能力做出基础性的建设。

二、实习内容

旅游管理专业认知实习的实习单位一般为旅行社或者酒店(三星以上),认知实习的具体内容如下。

(一)酒店

酒店实习需要了解酒店组织机构设置及岗位职责;了解和熟悉酒店业务流程;了解和掌握酒店服务的标准,包括服务的态度标准、服务的行为语言标准、服务如何满足宾客个性化需要的标准以及服务工作的指导方针。具体实习部门有。

1、前厅部

了解前厅部的工作特点及其基本职能、前厅部的组织结构、前厅部工作流程及岗位职责、前厅部的区域环境设计与设施设备,熟悉前厅工作中的人际交流技巧，基本掌握前厅预订工作及管理、前台接待工作及管理、礼宾与问询工作及管理，了解前厅收银和收入审计工作管理、前厅商务工作管理等。

2、客房部

了解客房部的组织结构及主要岗位职责、客房部区域环境艺术和布局装潢设计，基本掌握客房服务工作及管理、客房的清洁保养工作及管理，熟悉客房部物资设备的管理以及客房部的劳动管理等。

3、餐饮部

了解餐饮部的组织机构设置及岗位职责、餐饮部环境设计与设施设备，掌握餐饮服务的基本技能，熟悉餐饮服务的主要环节，掌握中西餐、自助餐的常规服务，了解和熟悉菜单的筹划与设计制作，了解餐饮原料的采购与库存管理，熟悉餐饮产品的生产、销售、服务管理等。

4、人力资源部

了解和熟悉酒店岗位职责、员工的配备与储备、招聘与培训、考核评估、工资制度设计、动态管理的具体方法等。

5、营销公关部

了解酒店市场的需求、酒店市场细分与营销战略的选择，基本掌握酒店的产品设计、价格决策方法、营销的沟通技术以及主要的推销方法等。

（二）旅行社

旅行社实习需要了解和熟悉旅行社业务流程，掌握旅游团（者）接待流程；了解和掌握旅行社旅游服务（国内、出境、入境）质量要求以及导游服务质量要求；了解旅行社组织机构设置及岗位职责。具体实习部门有。

1、外联部或市场营销部

了解旅行社外联部或市场营销部的主要业务，熟悉旅行社营销管理的主要内容，基本掌握旅行社产品的设计与生产过程、定价方法与价格策略、销售渠道的选择以及促销的方式。

2、计调部

对旅行社的基调业务所需要开展的工作的内容进行了解，对于该部门在开展协调工作时的相关工作流程进行掌握，对旅行社的接待计划的制定做到了然于心，掌握旅行社协作网络的运作与管理。

3、接待部

对导游要开展的服务的程序和规范要了解掌握，具备开展导游服务工作的基础性技能，具备导游对客人的开展服务工作的基本原则，具有良好的应变能力，在常见的问题和事故发生前做好预防，发生时做好处理，熟悉处理旅游投诉的方法。

4、人事部或人力资源部

针对旅行社的人力资源管理所具备的特点和特性进行了解，对旅行社人力资源管理的过程进行熟悉，这一过程包括的具体内容有：对旅行社员工进行计划、招聘、培训、考核以及工资和福利制度的建设等。

5、财务部

了解旅行社资金运动规律，熟悉旅行社财务管理的内容，了解旅行社会计核算的方法和作用，熟悉旅行社资产管理、成本与费用管理、营业收入和利润管理以及结算管理的方法。

6、票务中心

了解旅行社票务中心的业务程序，基本掌握票务中心代售客票特别是航空客票的程序（包括准备客票、预订客票、销售客票、退票和销售结算等）。

7、门市部

了解和熟悉旅行社门市部的业务，掌握门市部接待的基本规程。

三、实习要求

认知实习要求学生以实习单位为课堂，以实习单位中具有丰富实习经验的管理者和员工为实习指导老师，同时安排校内指导老师。

（一）对学生的要求

1、为保证实习顺利进行，每个学生都要服从实习单位的安排，遵守实习单位的组织纪律和安全规章制度，不无故缺席、不迟到、不早退，特殊情况须履行请假手续获准方可离开。

2、实习中要积极主动地完成所分配的任务，尊敬实习单位指导老师及有关工作人员，虚心向他们学习。

3、每个同学要按实习大纲的要求认真完成实习任务，及时填写实习日志，按时完成实习报告。

4、实习过程中要遵守社会公德，自尊、自爱，严格要求自己，注意自身安全。

5、要提高自己的问题防范意识，当在实习过程中被问题所困扰时，要积极主动和实习单位的指导老师、学校的实习指导老师以及辅导员老师进行及时沟通交流。

（二）对校内指导老师的要求

参与认知实习指导的老师必须认真负责，做好认知实习的统筹安排，并及时与学生沟通检查实习情况，同时负责对学生实习日志和实习报告的评定。

四、考核方式与成绩评定

认知实习成绩根据学生在整个实习期间的表现，结合完成实习日志、实习报告的情况及组织纪律情况进行综合评定。不参加实习者及实习成绩不及格者，均需随下一级学生补认知实习；实习的全过程由实习指导老师进行考核。考核内容包括实习中的敬业精神、学习态度、遵守纪律的情况，实习日志的填写情况、实习报告的撰写情况等；

实习成绩以百分计，具体按下列方法评定：

1、实习单位鉴定：占总分的 40%（由实习单位指导老师负责评定）；

2、实习日志：占总分的 20%（由校内指导老师负责评定）；

3、实习报告：占总分的 40%（由校内指导老师负责评定）。[①]

第二节 旅游管理专业毕业实习

一、实习目的

旅游管理专业毕业实习是大学本科教学计划的最后环节，也是实现本科培养目标要求的重要阶段。专业毕业实习是在修完旅游管理专业理论课的基础上，检验所学理论知识的实习教学环节。为达到毕业实习大纲的目的和要求，必须在指导教师的指导下进行实习。在这一过程中，综合检验学生通过专业的学习和自我

[①] 合肥学院旅游系旅游管理专业（本科）认知实习大纲

的沉淀，将所学习的专业相关知识在实践中进行运用的能力、对其所发现的问题开展独立的分析的能力、以及在工作过程中发展企业在管理过程中出现的问题并对其进行研究，进而寻找到解决方法的能力。进而达到全面检查验证学生在通过专业学习之后自我综合的素质能力，还有就是在实习过程中的培养的效果是否显著有效，这方面的成绩也应当是评定判断学生是否达到毕业条件的根据。旅游管理专业毕业实习，要求学生要自主选择旅游业中的一个具体领域，深入到其内部进行实习，将所掌握的旅游管理专业的综合知识运用到该行业中，提高在相关领域的实际技术水平，并初步培养实际的经营管理能力，为毕业时顺利走向工作岗位打下良好基础。其基本目的是了解所在地区、所在行业部门的一般概况，所在单位的性质、职能、经营管理水平，特点与创新，发现存在的问题，运用相关知识进行原因分析，提出相应的办法与策略等。通过毕业实习，达到如下目的：

1、较全面、深入地了解旅游管理工作的关系及重要作用，熟悉现行旅游管理体制，对于旅游管理的在实务开展过程中的技能进行较为全面的掌握，在掌握的基础上要实现灵活的运用，促进和提高学生对于专业的全面性和综合性认识。

2、在实习工作开展的过程中，可以促进学生对自己所学所积累知识的消化理解以及巩固，对于自己在理论知识方面仍然存在的问题和不足可以有一个及时补充的机会。学生通过积极参与实习，在这一过程中检验自己对于专业知识的储备量、对于已储备知识的理解掌握程度、对于自己所学知识在结合实践进行运用方面的能力。

3、在实习过程中针对岗位特性，提升学生在观察、分析和解决问题方面的能力，提高学生理论结合实际的本领，促使学生形成较好的工作作风，在工作岗位上勤勤恳恳、躬身作为，为后面在完成学业踏入工作岗位奠定较为坚实的基础。

4、培养和提高学生在工作实践中的社会交往和公关能力。

二、实习内容

旅游管理专业毕业实习单位一般为政府，景区，旅行社，酒店（三星以上），民宿，在线旅游企业（OTA）。

毕业实习的具体内容如下：

（一）政府

政府部门的实习，以省文化和旅游厅为例，主要职责是：贯彻落实党的文化工作方针政策，贯彻执行国家文化文物和旅游政策措施、法律法规规章，研究拟订有关政策措施，起草有关地方性法规规章草案；统筹规划文化文物事业、文化产业和旅游业发展，拟订发展规划并组织实施，推进文化和旅游融合发展，推进文化和旅游体制机制改革；管理全省性重大文化活动，指导重点文化设施建设，组织安徽旅游整体形象推广，促进文化产业和旅游产业对外合作和国际市场推广，制定旅游市场开发战略并组织实施，指导、推进全域旅游等。具体实习部门有：

1、办公室。其岗位职责是要保证单位在日常工作开展过程中的基本运转。对于相关的工作单位，具有工作联系的工作单位要做好日常的工作对接和协调，在重要的、有时限规定的工作开展过程中要做好督促，督促相关工作部门将工作要求落实到位。承担相关公文的起草、部门物资的储备发放、对于相关工作部门的来文进行及时处理和记录、文件存档、信访以及安全等工作。

2、政策法规处。对涉及文化文物和旅游相关政策进行规定，牵头组织开展地方性规章制度的起草，在开展重要政策调研和大型的文稿起草时，要做好协调工作。对文化文物和旅游发展做出一定的规划，并将规划落实到位，同时承担起该领域在体制和机制方面的改革工作。开展法律法规宣传教育。承担机关规范性文件的合法性审核、行政应诉和行政复议工作。

3、人事处。将本部门的人才建设做出一定的规划，并将规划组织实施，落实到位。对其所负责的机关部门在工作人员事务的管理、部门机构的编制建设与人才队伍的建设等方面进行负责管理。开展好文化方面的专业技术人员的职称评审工作。

4、财务处。负责部门预算和相关财政资金管理工作。管理好相关机关部门的财务和资产的管理。统计好全省的文化文物数量，对不同时间点上的全省旅游市场的情况进行数据的动态掌握。对机关和其直属单位的审计和采购工作做好规划实施。指导、监督直属单位财务、资产管理。指导全省重点及基层文化和旅游设施建设。

5、艺术处。对音乐舞蹈、戏曲戏剧以及美术等文化演艺方面做出其事业发展规划，在上述这些方面的政策扶持方面做出思考并且拟定相关的文件，并将相关的文件措施落实到位。在政策的支持和扶持方面要侧重于对社会的发展起到积极正面的作用、体现和弘扬社会主义核心价值观的具有典型代表和示范性的文化艺术类作用，或者是可以代表较高标准水平的具有地方特色的文艺院团，在各个类别的艺术发展和艺术品发展方面起到积极的促进作用。在大型的艺术展演、文艺活动和艺术展览等工作开展的过程中，进行指导和协调相关部门工作。

6、公共服务处。做好文化文物和旅游方面的公共服务政策的发展规划的起草和拟订工作，对公共文化文物事业进行发展规划的起草和拟订，在起草和拟订相关政策规定之后，还要对其抓好实施。在全省公共文化文物服务和旅游公共服务开展的过程中，扮演好指导工作、协调工作和推进工作开展的角色。对文化文物和旅游公共服务进行标准化的规定，形成白纸黑字的制度，在规定和制度建立之后还要抓好监督实施工作。在未成年人、老年人、群众和少数民族等群体的文化工作开展过程中要做好指导。在图书馆、文化馆以及基层的综合性文化服务中心的建设过程中进行积极的指导协调。对公共数字文化和古籍保护等方面的工作开展行之有效的指导。

7、科技教育处。开展针对文化文物和旅游科技创新发展、艺术科研的相关规划，规划一经确定，要积极地组织联动相关部门，做好实施工作。当文化文物和旅游科研工作取得较好的进展和明显的成果时，要组织有关的成员和部门对这些成果进行推广宣传。制定一定的规则，利用相关资源，对文化文物和旅游行业在实现信息化发展、标准化发展进行组织和协调的工作，同时对其在硬件设施设备、软件技术等方面做到指导与提升。采取建立文化文物和旅游与相关培养育人的高校实行共建的措施，对于行业的职业教育工作做出有依据的、可行的指导。

8、非物质文化遗产处。顾名思义，这一部门的主要服务对象是非物质文化遗产，主要负责的是对非物质文化遗产在保护方面进行组织好相关政策和规划的制定和起草，并促进相关制度规划的实施。在非物质文化遗产的保护方面要做好组织工作，具体而言就是要对非物质文化遗产的情况进行调查、数量和概况进行记录、确认其是否属于非物质文化遗产以及对非物质文化遗产的名录进行建立，同时，在此基础上要对非物质文化遗产进行研究，结合时代特点和条件进行宣传，以人们易于接受、喜闻乐见的方式进行传播。

9、产业发展处。该部门负责针对文化产业以及旅游产业进行相关政策的制定，对产业的未来发展进行规划，在政策制定和规划得到有效开展之后，要组织其实施，促进政策和规划的落实落地。在与文化产业相关的门类、旅游产业新业态的发展方面开展积极的指导和促进产业的发展。做好产业在投融资体系方面的顶层建设，促进体系持续的健全完善。寻找准确的关联点和切入点，将文化、旅游和相关产业联系起来，并找到可融合的机制将其融合发展。指导文化产业园区、基地建设。

10、资源开发处。其工作职责包括对其所管辖的范围内的文化和旅游资源开展普查调查、规划开发、资源保护等工作。在全域旅游的规划设计上进行指导，并使用自身的资源促进全域旅游的发展。在其所管辖的范围内具有举足轻重地位的旅游景区景点、旅游线路、区域整体进行规划时要予以相应的指导，在乡村旅游和休闲度假旅游的整体发展中要给予有效的建议和引导。在文旅产品创新和开发的过程中，要基于该部门的站位给出相应的指导；对地区的红色旅游资源进行充分的开发和有效的保护。

11、市场管理处（行政审批办公室）。对文化市场和旅游市场（以下简称"文旅市场"）的未来发展做出思考和规划，在规划成形之后要促进规划在相关领域部门的实施。在文旅市场按照一定的行业规则对其进行行业监管，对文旅行业的信用体系进行相关的建设，促进行业的健康长效发展。对文旅市场在经营场所、设备设施以及服务产品的提供等方面进行标准的划定，并形成制度性的文件，而且还需要按照标准制度对其进行监督和实施。同时要注重对文旅市场所提供的服务质量进行监督和管理，在提升服务质量方面给予行业相关的指导。在旅游经济运行的过程中要进行及时的监测，做好假日旅游市场和旅游安全事宜的相关协调工作，同时要就其进行监管。负责文化文物和旅游等方面行政审批事项的受理和审批有关工作。

12、文化市场综合执法监督处。拟订文化市场综合执法工作标准和规范并监督实施。在文化市场综合执法队伍的组建过程中要发挥指导作用，以及要在这一过程中进行资源整合，促进资源的使用和效能的发挥。对全省范围内的文化市场综合执法工作的开展情况进行综合的指导和监督，组织查处和督办全省性、跨地区文化市场重大案件。组织协调督办文化和旅游市场举报和投诉。

13、对外交流与合作处。指导、管理文化文物和旅游对外及对港澳台交流、合作及宣传推广工作。指导安徽旅游整体形象和重要旅游产品对外宣传推广工作。承担政府、民间及国际组织在文化和旅游领域交流合作相关事务。组织大型文化和旅游对外及对港澳台交流推广活动。联络驻外旅游机构。

（二）景区

现在可以被人们称为风景名胜区的地方，大都是在大自然的鬼斧神工之下造就的，是在人类的历史长河中代代相承的弥足珍贵的文化遗产，为国家的资源库提供了具有特殊意义的资源，是文化软实力的一个部分，同时也是属于具有保护性质的社会公益事业。故而在风景名胜区开展实习工作的过程中，要注重对景区内的资源进行保护，将"资源保护"作为自己工作过程中第一个要遵循的逻辑和要达到的目标，当局部利益和整体利益发生冲突，短期利益和长期利益发生矛盾时，要做出正确的选择和决定，在实习的过程中要强化对资源的保护意识，在自己可以管控的范围内对以任何形式和名义做破坏资源的一切行为进行防微杜渐和坚决抵制。为有效加强对旅游资源的保护。具体实习部门有：

1、行政部。负责景区日常工作的综合协调、文书文秘、制度完善、信息宣传、档案管理、公务接待、后勤保障等；组织景区工作人员开会、并将会议的有关决定进行记录实施，对重要的会议上形成的相关决定要做好对有关部门的督办和检查相关部门是否落实会议精神；承担各部门之间的工作协调及重要事项的督促、检查；负责景区人员编制及人事劳资、员工培训、员工考勤等人力资源管理工作；负责做好景区办公室的日常管理、精神文明建设、景区文化建设和员工队伍建设；负责办公用局域网及网站的建设和维护；完成景区领导交办的其他工作。

2、项目管理部。负责景区管理的及个人承包的各类游乐新项目的引进和洽谈，负责旅游项目的全面管理工作；负责新建项目的场地规划、建设审批、安装及质检手续的监督管理；负责对各项目承包单位及新建项目的承包金、水电费、合同履行情况进行监督管理；负责对各项目单位的卫生区域及三防安全工作进行监督管理；负责对项目单位的商品质量、商品价格、服务质量的监督管理；负责对项目单位之间的纠纷进行协调，防止不正当的竞争，避免纠纷的发生。

3、市场开发部。遵守国家的法律、法规和政策，严格贯彻执行景区的各项规章制度；负责游客、旅游团体的接待工作，并做好记录；负责外来人员、车辆的联系工作，并做好记录；负责执行景区下达的各项经营指标并落实完成；负责制定全年工作计划，并组织相关活动的开展、实施；负责制定各项游乐、演出活动的工作计划，积极开展市场调研，提出旅游景区长期发展规划的可行性研究和开发建议方案；负责景区整体形象和广告宣传，制定并实施公关宣传活动计划和景区策划方案，提高景区的知名度；及时整理分析不同时期的市场反馈信息，提出多种市场营销方案及建议计划，提出符合景区经营实际情况的方案，以适应市场需求；负责游客权益投诉的处理；做好与景区相关部门的协调、配合工作。

4、场务管理部。做好景区内的物业保障工作，维护各种物业保障及水电设备设施，并保证其正常运转；加强景区内建筑物施工、设备设施安装调试工作和景区的安全、治安、消防工作，保证景区内人员、财产的安全，保障景区内良好的游览秩序及游客的安全；搞好景区内的绿化、美化、环卫、清洁工作，创造良好的游览环境；做好物业、保卫、环卫、绿化工作的设计、计划方案和组织、实施工作。

（三）旅行社

在旅行社的实习可以了解到旅行社常规操作模式，熟悉一般的业务手段和方法，了解旅游业现状。在真实的工作环境下，认识自我，磨练意志，锻炼心态，积累经验，进一步巩固和理解课堂所学知识，理论与实践相结合，为以后择业就业，步入社会做一个铺垫。具体实习部门有：

1、导游部。根据旅行社的总体安排和计划部署完成其所分配的导游任务，按照相关的计划和规定带领旅游团队到指定的地点开展观光游览等一系列旅游活动；在相关的一些景点开展面向旅游团队成员的讲解；要及时地安排好行程，在行程确定之后要主动对接好交通出行、住宿安排等事宜，力求不延误行程，不耽误旅行团的出行安排，同时要做好在旅行活动开展的过程中保护好游客的人身安全和财产安全；对游客在旅行途中的意见和要求进行记录并反馈到有关部门；对于游客提出的疑问进行及时的解答，不推诿扯皮，协助处理旅途中遇到的问题。

2、计调部。排好线路，安排好行程；联系酒店、旅游车、以及用餐的地方；出好票据，并事先核实所出票据的准确性（数量、时间等）；如是组团社，需联系地接社，用传真或电话协商好接待标准及价格。

3、接待部。热情周到地接待所来办理、咨询相关旅游业务的人员；向游客介绍特色的旅游线路；

4、外联部。利用相关的旅游信息到有旅游需求的地方介绍自己的旅游产品；联团、调查市场同业价格、组团等相关工作；

（四）酒店

现代酒店是一种综合复杂的商业部门，包括前厅部、客房部、人力资源部、财务部、营销公关部等服务部门。因此要实习的内容是十分丰富的。但总的要求是：经过有关服务实习，掌握现代酒店的组织结构、组织制度、经营战略与决策、市场营销管理、服务质量管理、督导管理、人力资源管理、财务管理、酒店设备管理和安全管理等。具体实习部门有：

1、前厅部。前厅部的工作特点及其基本职能；前厅部的组织管理；前厅部的工作流程及岗位职责；了解前厅部的区域环境设计与设备设施了解前厅工作中的人际交流；前厅预订工作管理；前厅接待工作管理；前厅问询工作管理；前厅收银和收入审计工作管理；前厅商务工作管理。

2、客房部。组织结构及主要岗位职责；客房部区域环境艺术和布局装潢设计；客房的清洁保养工作和管理；客房服务工作及管理；客房部物资设备的管理；客房部的劳动管理。

3、人力资源部。酒店员工的配备与储备方法；酒店员工的培训管理方法；酒店员工的考核评估方法；酒店工资制度设计的原理和方法；酒店的动力管理方法

4、营销公关部。酒店的需求分析；酒店市场细分与营销战略的选择；酒店的产品设计；酒店的价格决策方法；酒店营销的沟通技术；酒店的主要营销措施。

（五）民宿

民宿①不同于传统的饭店旅馆，也许没有高级奢华的设施，但它能让人体验当地风情、感受民宿主人的热情与服务、并体验有别于以往的生活。

2021年3月1日，文旅部发布旅游行业标准《旅游民宿基本要求与评价》（LB/T 065-2019）第1号修改单。修改后，旅游民宿等级分为3个级别，由低到高分别为丙级、乙级和甲级。②具体工作岗位有：③

---

① 民宿 AB 面．网易新闻
② 文旅部：民宿等级名称从星级改成为丙乙甲级.新浪网
③ 百度文库：民宿各岗位职责

1、店长

（1）承担起对店面各方面各事项的管理，当总部有统一的营销方案需要实施时，要将总部的营销方案贯彻落实到位；同时，要结合自己所处的店面的工作实际，拟定具有针对性的营销策略，并将其在实际工作中实施；

（2）作为一个店面的管理者，要严格执行上级部门的要求，同时要对其所管理的人员进行任务的下达和工作的分工；以及做好工作执行的监督，巡查门店的情况；

（3）做好民宿内人员的工作进行好分工，使得他们可以立足于各自的岗位，各司其职；

（4）对门店内所使用到的消耗品的数量要做到动态掌握，对供货情况、消耗数量、补充库存的时间要有一个明确的认识和了解；对门店所购入的货物要进行及时的验收，需要陈列的物品要进行正确及时的陈列，对货物的质量进行监控，门店的服务进行监管；

（5）对民宿内的商品损耗的程度进行了解，并在可管控的范围内进行适当管控，持续压缩民宿的成本，提高民宿的经济收益；

（6）熟悉掌握民宿内各种设备的操作，并将其维护保养的相关要求牢记于心，并在日常工作的过程中注重对设备的维护；

（7）对民宿内部以及民宿周围的卫生情况进行监督和维持，在安全防卫和用电用火安全等方面要进行持续的管理；

（8）对于客户的投诉要用心对待，妥善处理，并做出及时反馈；同时要及时化解民宿在提供各类服务时产生的矛盾和冲突；

（9）加强对员工的职业能力教育，提高员工的综合素质，提升民宿的综合服务能力；

2、民宿管家

（1）为客人提供接待、入离店手续办理房间预订、解答咨询等；

（2）服务掌握酒店实时房态，合理进行流量控制，做到收益最大化，并处理需要。

3、客房服务员

（1）遵守民宿的各项规章制度和在提供服务的过程中要实现一定的规范化

（2）对于客房和指定楼层的卫生状况进行动态监控，对于需要提供及时清理的区域要按照门店的卫生标准进行清理，为客户提供环境卫生、整洁舒适的客房，按照门店的标准最大程度地满足客户对于卫生的需求；

（3）按照门店规定的清洁工作开展的流程和对于清洁工具的使用规定开展客房的卫生整理工作，按照客户对客房内的物品需求情况进行及时的补充和调整，及时向管家通报入住退房时间、客用消耗品库存情况、维修情况。

（4）做好交接班工作，交清房态，交清当班事项，负责客人遗留物品的登记、保管和上缴，不得私自扣留。

（5）做好设施设备的日常保养，发现设施设备的故障和损坏，要及时向相关的负责人进行汇报。对于客房内部的电器的使用方法要坚决做到了然于心，在客户提出疑问时，及时地为客户提供解答，提高客户的住宿体验。

（6）树立和提高对于安全隐患的敏感度，对于可能会对门店安全和客户安全产生危险的人或事，要向相关的部门或工作人员进行及时地报告。要切实掌握民宿的"突发事件应急预案"，以备不时之需，在出现紧急情况按规定要求处理。

（六）在线旅游企业（OTA）

OTA 是对旅行社的传统销售模式进行的创新，将旅行社的销售和互联网进行有效结合，促进旅游行业相关信息的传递，扩宽信息传播的渠道和覆盖到的人群数量，为客户与旅游企业之间的交流互动更加地密切，为客户对于旅游相关产品和需求的咨询和购买提供了极大的便捷性。2020 年 8 月 20 日，《在线旅游经营服务管理暂行规定》由文化和旅游部印发，自 2020 年 10 月 1 日正式施行。[①]具体工作岗位有：

1、交易平台，以在线旅游产品预订为主；

2、营销平台，为用户选择旅游产品提供更好的信息指导，为合作商引入更多的消费用户。

三、实习要求

专业实习以实习单位为课堂，以实习单位中具有丰富实践经验的管理者和员工为老师，认真完成毕业实习，使其真正收到实效。为搞好专业实习，学生必须

[①] 文化和旅游部印发《在线旅游经营服务管理暂行规定》.文化和旅游部

做到：

1、在实习时间方面，学生不可随意的压缩或者扩充实习的时间长度，必须严格遵照学校规定的实习时间。在遵规守纪方面，对于实习单位对实习员工的相关纪律要求和规章制度要求，要严格遵守，要培养较好的职业道德品质，要有一定的底线意识，树立牢固的组织观念和纪律观念。在实习过程中，要做到不耻下问，对于自己了解不够深刻的事物，要具有探索的精神，秉持着勤奋好学的态度；对实习单位的员工要给予最大程度的尊重，维护好自己与实习单位的带教老师和单位自身的关系。

2、要有保密意识，基于实习岗位所得知的属于内部的信息要妥善处理，保密意识要强。在实习单位中借阅相关的文件资料时，一定要按照单位的规定来操作，并在借阅过程中保存好文件资料，以免出现遗失、损坏等不良现象的产生。

3、为保证毕业实习后续环节（毕业论文）的顺利进行，要求学生在实习中注意系统收集和全面了解与毕业论文内容有关的数据、资料。

4、在实习过程中要做好相关的记录，按照要求写好实习笔记和实习报告。

5、在实习开展的过程中，建立好与校内老师的沟通，对于在实习过程中自己不懂的事情出现时，要自觉自主与校内指导老师沟通汇报情况，听取老师对实习过程的指导与建议。

6、异地实习的学生应注意人身和财产安全，杜绝意外事故的发生；因本人行为违法违纪而引起的安全事故，责任自负。

7、参与指导实习的教师，必须认真负责，做好实习的统筹安排，及时检查实习情况。

四、考核方式和成绩评定

在学生开展实习工作的过程中，指导教师要注意对学生实习情况的检查，检查的时间安排方面可以采取定期检查或者不定期地检查；检查的方式可以采取电子设备交流或者是由指导教师到学生实习的实地进行走访。实习检查的主要内容包括：实习生劳动纪律的遵守情况；实习生工作的主动性；实习生的职业精神、服务意识；实习生的工作技能；实习生的集体观念、荣誉感和工作精神；实习生在实习过程中论文资料的收集情况等。指导教师对学生实习的检查应当有书面记录；评定实习成绩时应充分考虑检查结果。

在学生实习成绩的评定方面，在开展成绩评定工作时，要综合考虑学生在实习活动开展过程中的综合表现，以及在这个过程中所取得的成绩和效果。总的来看，实习成绩的考评包括学生的实习纪律、态度、在实习过程中所表现出来的能力以及对实习的任务完成的概括等。在对学生的毕业实习成绩进行评定过程中，要注重参考实习单位就实习学生表现情况出具的实习鉴定表、学生提供的在实习过程中记录的实习日记、撰写的实习报告以及指导老师在检查过程中得知的信息等，并由综合信息来开展评分工作。在学生完成实习工作之后，要求每位学生撰写字数不低于 3000 字的实习报告，最终实习成绩按"优秀、良好、中等、及格、不及格"五个等级评定。具体评分标准如下：

1、优秀（90 分及以上）

能够全面且优秀的完成实习单位给到实习任务，并且在实习过程中表现的态度十分认真严谨，能够严格遵守实习单位及高校要求的实习纪律和规定，实习所呈现出来的结果优秀，具有优秀的实践能力和动手能力。同时所提交的实习文件完整，文件中的内容阐述真实、具体、充分，实习报告主题突出，能够准确地写出个人在实习过程中的深刻体会和反思，就本次实习收获了较大的成效，并且对于旅游管理相关职业和企业有着独特的见解[①]。

2、良好（80-89 分）

能够较为良好地完成实习单位给到的实习任务，并且在实习过程中态度十分认真严谨，能够遵守实习单位及高校要求的实习纪律和规定，实习所呈现出来的结果良好，具有不错的实践能力和动手能力。所提交的实习文件完整，文件中的内容阐述真实，实习报告主题突出，可以清楚地论述实习经历与收获，整体文理通顺，能够对旅游管理相关职业和企业有着一定的见解。

3、中等（70-79 分）

能够完成实习单位给到的实习任务，并且在实习过程中态度较为认真严谨，能够遵守实习单位及高校要求的实习纪律和规定，实习所呈现出来的结果较好，实践能力和动手能力一般。所提交的实习文件内容完整，文件中的内容阐述较为真实具体，实习报告文理通顺，能够对旅游管理相关职业和企业有着更加深入的

① 余婷.教师社会实践指导与大学生成才[J].产业与科技论坛，2011，10（09）：163-164.

了解。

4、及格（60-69分）

能够完成实习单位给到的实习任务，并且在实习过程中不存在不良态度，没有出现严重违反实习单位及高校要求的实习纪律和规定，实习所呈现出来的结果良好，实践能力和动手能力一般。所提交的实习文件内容完整，文件内容阐述通顺，基本理论正确，实习报告能对本次实习有一定的收获体会和见解。

5、不及格（60分以下）

有以下情况者之一皆视为不及格：

（1）未参加实习或者因请假、旷工等原因导致实习时间少于规定时间一半以上者。（2）参加了实习，但因请假旷工等原因导致实习时间少于规定时间1/3，且不延长个人实习期间者。（3）没有完整提交高校要求的实习文件者，或实习报告内容为他人代写或抄袭他人者。（4）实习单位书面评定意见极差者，或实习单位书面评定意见，没有加盖公章者。（5）在实习过程中严重违反实习单位及高校要求的实习纪律和规定者。（6）在实习过程中表现出明显的不良实习态度者。

第四章 旅游管理专业毕业实习考核办法及成果的撰写

第一节 毕业实习考核办法

一、相关国家政策

为进一步提高实习质量，切实维护学生、高校和实习单位的合法权益，在2019年的7月10日教育部发表了有关普通本科高校实习管理工作相关的意见，即《教育部关于加强和规范普通本科高校实习管理工作的意见》[①]。该《意见》的发表初衷就是因为，近年来，在社会各界的共同关注和努力下高校的产研融合的发展得到极大的促进和推动，高校学生在开展实习工作的实践过程中获得的实践成果愈发显著，过程更加顺利。不可否认的是，在学生实习环境普遍变好的前提下，仍然有些高校忽略学生实习对于职业生涯发展的重要性，具体问题表现在：学生在实习过程中的经费支持力度较小、实习机会和基地的建设不完善且存在一定的不规范性、在学生实习期间对学生的组织管理存在一定差距等问题。因此该《意见》分为四个部分十六条规定，针对当前大学生实习工作中存在的主要问题分别从提高学生对于实习的意义和要求的认识、对学生实习的教学安排进行规范、实习的相关组织管理情况要进行强化、做好实习的相关保障工作等方面进行明确规定：

首先，高校是对学生实习过程进行设计和管理的主体，因此《意见》的制定编写是以《普通高等学校本科专业类教学质量国家标准》和国家有关部门出台的相关法律法规进行编撰的。《意见》要求在学生的实习工作开展过程中，高校原则上要做到统一组织、集中实习；同时，为保障好学生的实习过程和实习的质量，要注重对于实习教学体系的强化建设，对于实习的组织形式要安排合理，实习方案的制订要具备科学性和可行性，指定教师对学生的实习进行指导。此外，高校要针对学生的实习环节建立健全相关的管理责任体系，划拨更多的经费用于学生的实习环节，充分利用学校资源对高校的实习基地进行持续的建设和完善，强化

[①] 佚名. 教育部关于加强和规范普通本科高校实习管理工作的意见[J]. 中国高等教育评估（4）：3.

实习工作的信息化建设进程。

其次，《意见》明确关于开展学生实习管理工作的改革举措一共四项，具体为：第一点是要开展错峰实习，根据校内实习工作安排情况以及实习单位的具体情况，将二者进行有机结合，分批次安排各专业各班级的学生到实习单位进行实习，进而可以更好地避免学生扎堆实习单位，造成实习单位的实习岗位压力，以及学生实习能力培养不充分的问题；第二点是对学生开展实习工作的过程进行信息化建设的强化，高校要通过一定的资源和途径建立学生实习的信息化管理平台，更好地掌握学校和企业对实习的资源和需求的信息，促进沟通渠道更加的多样化和效果的显著性，以便高校对于学生实习过程的相关事宜进行监管，实习单位和高校之间的沟通也会更加充分。第三点进行虚拟仿真实习项目建设，目前全世界范围内都受到疫情的影响，所以很多高校其实没办法开展现场实习，那么针对这一问题，就可以选择开发虚拟仿真实习项目，让学生通过 VR 等虚拟现实技术去开展实习，来替代现场实习。第四点开展研究性实习，实习的类型有很多中，但是大多实习方式可以归为四类，即参观访问、单位实习、社区服务和志愿者活动。其实除了上述四类实习方式，研究性实习也是对学生而言比较切实可行的实习方式，研究性实习可以实现多专业知识的融合，对实习教学内容和实习单位的具体需求有一定脱节的问题进行探索，强化学生创新创业能力的培养和促进其能力的发挥，将普通高等学校的人才培养目标和社会实际岗位的需求进行有机的联动，缩小其缺口，促进人才在岗位上作用的发挥。

二、毕业实习的相关研究

目前国内也有很多有关于旅游管理本科生实习的学术研究，研究方向包括有旅游管理专业实习存在的问题、优化旅游管理专业实习方法的措施等，而这些学术研究内容也同样可以作为进行旅游管理本科生实习考核的指导思想之一。比如在研究旅游管理专业实习问题的学术研究有，学者张建伟（2022）提出目前旅游管理专业在进行学生实习的时候，存在以下问题：1、学生的角色转变慢，学生无法去适应自己的员工身份，在实习的过程中还是总把自己当学生看；2、学生缺乏部分专业知识，因为在高校教育中，学生学到的知识大多都是系统性的基础理论知识，而在实际工作中，很多都是需要联系实际的知识，这时候学生的知识储备就稍显匮乏；3、学生对于岗位期望过高，很多学生都希望能够通过实习获得人生的第一桶金，但事实上很多企业给到实习生的待遇都比较低，所以过高的期望会让学生在实习过程中态度不够端正，出现负面情绪。那么针对上述问题，学者张建伟也提出了问题的解决措施：首先是高校方面应当去加强实习指导教师的能力，通过实习指导教师的引导，去避免学生在实习过程中过程负面情绪；对于存在可改善和可完善空间的教学制度，高校要持续地去完善健全，实习的过程实际上是对学生实践工作能力进行培养的过程，所以学生实习的内容、实习的岗位、实习的单位等各方面都需要由高校统一安排。其次是实习单位方面需要对学生到岗位实习的相关管理制度进行健全和完善，例如：就学生到岗实习事宜做出指定的工作流程设计和工作人员安排；实习单位还应当去树立行业发展意识，毕竟任何的行业都离不开人才，而学生进行岗位实习本就是为企业输送人才，所以实习单位在接受学生实习的时候，也应当去注重树立行业发展意识[①]。学者华文（2020）在研究旅游管理专业学生进行实习时存在的问题，专门针对学生在酒店中进行实习时的问题展开了分析，其研究成果表明，目前旅游管理专业的学生在酒店进行实习的时候，存在以下问题：一是学生的职业观念十分落后，且学生存在眼高手低的学习态度，缺乏吃苦耐劳的精神，对于自己未来的职业规划也没有明确的认识；二是酒店在接受学生进行实习的时候，没有针对学生展开到位的酒店管理培训内容，这就导致学生无法通过酒店中的入职培训真正地去学习到有用的岗位知识；三是高校没有及时地根据学生的实习情况展开有效的指导，甚至是根本就不关注学生的实习情况。那么针对上述三点问题，学者华文提出了解决旅游管理专业学生在酒店进行实习有效对策，首先是高校方面应该去完善学生的实习管理、实习考核的相关制度，并且高校应当考虑到学生的情况，为学生选择一个合适的实习酒店与实习岗位；其次学生应当树立正确的职业观念，发展自己长久的就业观，并且对于自己的职业规划要有全局意识；最后是实习酒店应当优化自己的入职培训内容，考虑到学生情况展开有效的实习入职培训[②]。

除了研究旅游管理专业本科生在进行实习时存在的问题，更多的学者的研究方向则是与优化旅游管理实习策略、模式相关的内容。比如学者窦梓雯（2022）的研究内容就是基于旅游管理专业学生实习去进行"旅游+"人才培养模式的探

① 张建伟.旅游管理专业实习存在问题及解决途径分析[J].旅游与摄影，2022（04）：86-88.
② 华文.高职旅游管理专业酒店实习管理存在的问题与对策[J].环渤海经济瞭望，2020（03）：68-69.

索，其研究成果阐述了目前常见了旅游管理专业展开学生实习的人才培养模式，分别有实习基地模式、订单培养模式和双向进入模式，不同的实习模式都有着各自的优点和缺点，而学者窦梓雯所提出的"旅游+"的模式，则是将旅游管理的内容与互联网结合起来，实现信息技术和传统行业的有机融合，从而培养出更适合旅游市场、旅游行业的人才。但是"旅游+"人才培养模式在目前也存在一定的困境，比如旅游管理专业的教学体系较于传统、旅游管理的岗位实习和人才培养目标之间没有明确的联系、高校和企业之间的实习合作不够灵活等问题。那么为了有效推进"旅游+"人才培养模式，去开展更加有效的旅游管理专业的学生实习方法，首先需要做的就是立足于实际，明确"旅游+"人才培养模式的内容；明确以实习的方式去进行人才培养的目标，并根据目标形成体系；最后重视实训内容，强化实习教育效果[①]。学者杨婷（2021）探索了旅游管理专业实习教学体系的构建方法，其研究成果中认为目前旅游管理专业在进行实习教学过程中存在的问题有：（1）教学目标模糊性与旅游管理相关职业需求针对性存在矛盾关系；（2）旅游管理专业的实习内容与企业经营的综合性内容存在矛盾关系；（3）通过教育来培养学生能力的基础性和实习岗位所需学生能力的专向性存在矛盾关系。为解决上述问题，学者杨婷的实习教学体系的构建策略是：首先需要考虑到旅游管理专业的职业需求，去细化实习教学的目标；其次是推进高校和企业之间的嵌入互通，以学生的职业素质养成和职业能力培育作为出发点，来优化课程内容体系；三是要坚持以专业核心能力为导向，深化实践教学模式的创新；最后是去强化实习教学管理与考核评价，健全旅游管理专业实习教学的相关机制[②]。学者吴茜和朱向锋（2021）研究了在"2+1"的人才培养模式下如何去提升旅游管理专业学生的实习质量，其通过研究西安职业技术学院的顶岗实习案例后发现，目前旅游管理专业学生在进行实习的时候存在以下问题：（1）学生对于实习内容的心理预期过高；（2）学生容易对企业管理方式产生抵触情绪；（3）学生无法在实习过程中正确地处理人际关系；（4）目前高校的实习管理方式存在明显的局限性。那么之所以会出现这样的问题，最主要的原因是：（1）高校在安排学生顶岗实习的时候，没有明确的教学目标；（2）高校针对顶岗实习开展的教学内容不够完整；（3）负责学生实习指导的教师能力较为薄弱；（4）高校的顶

[①] 窦梓雯.新时代旅游管理专业校企合作"旅游+"人才培养模式分析[J].老字号品牌营销，2022（03）：167-169.
[②] 杨婷.高职旅游管理专业实践教学体系构建研究[J].辽宁经济职业技术学院.辽宁经济管理干部学院学报，2021（03）：115-117.

岗实习考核与评价体系不够规范。对于上述问题和困境，学者吴茜、朱向锋提出的提升旅游管理专业学生顶岗实习质量的有效措施是：（1）高校需要修订现有的顶岗实习方案，将旅游管理专业学生的实习教学培养计划更加细化；（2）在实施学生定岗实习工作时，可以与教师下企业跟岗实习工作相结合，同时锻炼学生和教师的专业能力；（3）在进行学生顶岗实习成绩考核和评价时，可以引入第三方进行评价，以保证顶岗实习成绩考核的公平公正；（4）坚持多维度管理学生顶岗实习，以提高人才培养管理效果[①]。

另外，还有部分学者会从学生实习与就业的角度展开研究。比如学者孙静宇和陈丹（2021）就基于权变理论研究了旅游管理专业的实习生的就业意向，其认为不同的实习生在面对不同企业管理者的领导风格或行为类型，都是高校在开展学生实习工作时不能控制的因素，而这些因素也将会影响到学生未来就业的意向，通过数据分析后发现关系取向型领导方式比任务取向型领导方式对实习生的就业选择有更好的影响效果；参与型和推销型的领导方式比授权型和指示型对实习生的就业选择有更好的影响效果；而忽视关系取向的领导方式并不利于学生在本专业就业；基于这一分析结果，两位学者也提出了旅游管理专业本科实习生的实习教学方式：首先高校方需要构建实习单位考察和淘汰制度，特别是需要关注基层管理者的素质，确保基层管理者能够对于学生产生正向影响，其次实习单位方需要提高企业的管理水平，优化人才管理模式，提高基层管理者的个人素质[②]。学者韩莎莎（2021）研究了进行专业实习对于旅游管理专业本科生择业意向的影响研究，其通过问卷调查后发现：旅游管理专业本科生专业实习与择业意向均处于中等水平；个别人口统计变量对专业实习和择业意向存在显著影响；专业实习对择业意向有着显著影响。针对这一调查结果，学者韩莎莎所提出的与学生实习相关的建议是：（1）学生个人要调整心态，端正实习态度；积极主动，做好实习准备工作；（2）高校要合理分配课程，提高实践课程比重；精心挑选实习单位；完善实习制度，全面跟进实习生管理；（3）实习单位要科学安排工作内容；改革实习薪资制度；实施轮岗制度，提高学生工作成就感；（4）家庭要注重培养孩子各方面能力；社会要加强观念政策引导[③]。

[①] 吴茜，朱向锋."2+1"人才培养模式下高职旅游管理专业群顶岗实习质量管理探索[J].技术与市场，2021，28（02）：164-165+168.
[②] 孙静宇，陈丹.基于权变理论的旅游专业实习生就业意向影响因素探究——以合肥学院旅游专业实习生为例[J].哈尔滨学院学报，2021，42（06）：128-131.
[③] 韩莎莎.专业实习对旅游管理专业本科生择业意向的影响研究[D].辽宁师范大学，2021.DOI：10.27212/d.cnki.glnsu.2021.000154.

三、毕业实习的组织实施

首先需要完善校企合作模式下的学生社会实习课程的教学体系设置。具体来说，完整的教学体系包括：教学的内容、方法、目标以及理念。其中，就教学内容来讲，教师在对学生授课的过程中要注重知识的更新，在不脱离课本知识的基础上，结合实际行业发展现状为学生进行教学知识的拓展，从而保证学生所获取的旅游相关的理论知识不会落于时代的发展，让学生能够从教师方获得与行业相关的最新知识。其次，在教学方法方面，传统的教学模式会更加注重理论知识的教学，因此在开展社会实习课程的时候，旅游管理专业的教学模式，应当去结合理论和实习，让学生既能够拥有与旅游管理相关的基本理论知识，也能够拥有一定的实习操作能力。关于教学目标，教师在进行旅游管理人才培养时，都应当根据旅游行业的需求以及社会需求去培养出高技术型、高质量的全面型人才，并把此目标落实在实习教学活动中，真正去提高学生在这方面的专业能力。而教学理念受到传统教学理念的影响，会存在部分实习指导教师的实习指导方法也比较传统，而这种传统的教学理念下的实习指导方法必然会去很难针对旅游管理专业的社会实习教学达到良好的效果，所以需要通过提高实习指导师资队伍的综合能力，以优质的师资队伍作为保障，让学生在接受教师的实习指导过程中能够感受到更为先进的教学理念[①]。另外，还可以就目前的校企合作模式下的社会实习课程进行创新，比如可以共同搭建旅游管理资源库，通过引入行业、企业在旅游管理方面的标准，让学生能够刚便于开展社会实习内容。同时还可以搭建合作企业与高校教师合作交流的平台，一方面是便于高校更加方便地获取行业第一手资讯信息，另一方面是加强高校与合作企业的联系，通过充分的交流去强化企业和高校对于实习学生的共同管理[②]。

而在开展以社区活动为主的实习课程时，为了保证实习的效果与价值，可以从宏观、微观两个角度去实行不同的问题改善对策。从宏观的角度来说，首先需要做到的就是健全高校社区，实习服务生态体系。其实目前来说，我国在社区志愿服务方面一直都有着一定的规模和发展历史，比如国家会每年都面向本科生开展"三支一扶""西部计划"等长期性志愿服务活动，同时国家也与国际公益组

[①] 徐凤，张伟.暑期"三下乡"大学生社会实践指导教师职能作用发挥的思考[J].教育教学坛，2014（02）：134-135.
[②] 代玉.加强社会实践指导 促进高校毕业生就业创业[J].中国成人教育，2012（15）：47-50.

织有交流合作，可让本科生去参与 Projects abroad，另外在我国民间也有自发的社区志愿活动，比如工作营旅行义工等。目前正是"五社联动"的时代。那么在这个时代背景下，参与社区志愿服务的主力必然是本科生，同时本科生也可以基于社区志愿服务，去完成自己的社会实习任务，获得双赢。因此有必要聚合各类志愿服务组织以及资源，从宏观的角度去形成社区实习服务的信息大模块，以加强高校联动、城乡联动、政府联动、医社联动、邻里联动，真正去推动高校与社区之间的合作关系，让高校的学生可以通过社区服务实习来拥有更加有效更有价值的实习教育效果。具体来说，其联动方式可以是。由高校与民间组织进行志愿者的相互交流学习，如果民间志愿者组织缺乏志愿者，便可以由高校提供学生，让学生到志愿者组织中参与社区服务实习活动，同时如果高校需要社区实习深度和实验田，志愿者组织也可以提供相关基地，让学生到这些基地进行社区服务实习，政府方也应当通过政策指引以及资金支持，去引导社会媒体为社区服务实习营造良好的舆论氛围，并指导高校与社区签订法律合作责任协议来，更加规范地开展社区服务实习活动。其次，还可以树立起"高校+社区"的开放大格局意识，对此代表着高校需要积极地向社区去传递"成长共同体""效益共同体"这类价值观以让社区拥有协同合作，互赢互惠的理念，并且通过上述理念去明确群体与个人共同进步的一致目标，从而努力实现社区与高校的双赢发展。同时还需要在政策的指引下，打通社区与高校之间的互通渠道，鼓励"高校+社区"的发展，并让两者之间形成共识，真正让高校与周边社区形成一对一或者一对多的定点服务圈，从而对于高校来说，能够在指引学生参与社区服务实习活动时，更有经验，而对于社区来说，也可以获得更加高质量的社会志愿服务。最后，为了保证社区实习活动的质量以及社区居民接受志愿服务的质量，政府方也应当去完善与志愿服务法相关的法律法规制度，以保障高校、社区、学生、志愿服务者等人的相关权益，并且明确社区实习活动的参与条件以及必须遵守的义务，保护学生以及其他志愿者的隐私权，名誉权的内容。同时通过志愿服务法律法规制度，以能够让高校的老师，学生，志愿者和社区居民互相尊重，彼此互相保障彼此的合法权益，在提高学生参与社区服务实习活动效果的情况上去，让学生了解更多的法律法规制度，提升学生的公民法制意识，让学生拥有公共事务程序和流程等法务常识。

那么从微观的角度来说，首先高校需要去加强学生的志愿精神教育以及社会实习素质的培养。因为在社区中可能会有一些世俗文化，会通过学生参与社区服务实习来渗透到高校的校园中，而高校中的一些浮躁风气，也可能会因此闯进社区，那么为了保证社区服务实习的词类弊端能够减少，就代表着需要加强学生的志愿者思想品德和信仰信念，对此，就需要通过教育去加强学生的志愿精神。同时高校还应当去完善学生的社区服务实习的激励考核机制，在加强师生双方的岗前服务道德教育培训的时候，还可以开展线上技能培训学习，让学生能够有更多的渠道，更多的方式去接受社会实习素质培养。在培养学生志愿者精神的时候，高校不应当只是把教育内容以理论的方式阐述出来，灌输进学生的思想中，更多的还是应当让学生在社区中，在专业的实训室中去接受社会实习，在实践过程中真正的理解志愿者精神的内涵和意义。其次高校再带领学生参与社区服务实习活动时，服务内容也应该更加注意专业性和多元性，而不是每一次去开展社区服务实习活动时，活动内容都是相同的内容，活动难度也是非常简单的难度。比如高校可以让学生参与的社区服务实习活动，不再仅限于到养老院照顾老人，或者是到福利院陪小孩子玩耍，也可以通过去参与社区的家政维修服务，政策咨询服务等方式，来让学生与社区服务实习的机会，向社区居民科普知识，传递关怀，同时也能够以此去锻炼学生专业的实习能力，而且这种科普教育形式的社区服务实习活动，相较于传统的社区服务实习活动会更加有趣，学生也更愿意参与进来，在满足新鲜感的同时提升了学识的获得感。

四、毕业实习的考核原则

高校在实施实习教学考核的时候，为了保证考核的科学性和合理性，需要根据共产党的教育方针和高校自身的培育目标，以及考虑到本科生身心发展的特征，因此需要符合以下进行实习教学考核的基本原则：

（一）以人为本原则

在科学发展观中最核心的内容便是以人为本，所以高校在开展学生社会实习的过程中，也应当去贯彻以人为本的原则。那么所谓的以人为本，本质上就是着眼于人的全面发展，让学生能够自由地在社会实习过程中进行表现和能力的舒展，通过社会实习给予学生足够积极的情感体验，从而激起学生个性的追求，让学生能够发自内心地认真做好自己的社会实习工作。同时以人为本原则也要求教师需要增强自身的教育服务意识，在带领学生开展社会实习任务的时候，对于学生需求的人文关怀要充分给予，要尽力为学生营造一个平等的、和谐的、公正的社会实习环境。所以对于社会实习这种体验式教育需要遵守以人为本的原则，通过该原则来调动学生参与社会实习的积极性和主动性[①]。

（二）以学生为主原则

对于高校来说，学生既是高校的管理对象又是高校的管理主体。而进行学生管理的最终目标，就是让学生能够通过高校管理去完成学生的自我管理，实现管理从外化转为内化。而在进行社会实习考核过程中去遵守以学生为主体的原则，更能够利于学生去形成自主意识，从而刺激学生去实现完成自我管理的目标。对于高校来说，开展社会实习课程是所有高校必须带领学生去完成的课程，是所有本科生的必修课，因此在开展社会实习课程时，需要去突出学生的主体地位，需要去了解学生的身心特点，培养学生对于社会实习的兴趣，这样才能够真正将社会实习的作用发挥到最大，让学生能够通过体验社会来更了解社会[②]。

（三）教育性原则

高校在进行学生管理的时候，需要以教育为前提，把教育视作学生各方面管理工作开展的根本目的，因此高校不管是进行学生的实习考核还是进行其他的教学内容考核，都应当去遵守教育性的原则。具体来说，高校在带领学生开展社会实习的过程中，一定要注意社会实习与教育的结合，千万要避免开展社会实习的时候忽略教育的意义，而让社会实习流于形式。对此，高校应当深入研究不同类型社会实习的教育机制和原理，通过优化完善社会实习的内容和方式，让学生能够通过社会实习得到教育，真正地去发挥出开展社会实习所具有的教育价值和教育作用[③]。

（四）实效性原则

在进行社会实习的过程中，高校还应当注重社会实施内容与理论课堂教学内容的对比性，通过分析出学生在进行社会实习过程中遇到的问题以及问题的本质，并从学生自身的身心发展规律和高校的实际教育目的出发，让社会实习做到有的放矢落到实处，真正地去体现出以社会实习展开教育的效果，突出社会实习的时

① 边水燕，葛莉.思想政治理论课社会实践的选题原则[J].学园，2021，14（21）：18-20.
② 刘雪霏.高校社会实践活动内容选择的原则与影响因素[J].文教资料，2021（13）：160-161.
③ 王苹.社会实践活动设计三原则[J].思想政治课教学，2020（12）：47-48.

效性原则。那么为了保证学生能够在进行社会实习的过程中，以真正有效高效率的方式展开，高校应当把教育效果放在社会实习的首位，并且从社会实习内容组织，环节设计，学生监督，参与奖励等各方面环节入手去加强社会实习，在培育人才方面的实效性[①]。

（五）疏导性原则

疏导性原则包括疏通原则和引导原则两个方面。高校进行社会实习，本质上是一种体验教育，就是要求社会实习的管理者，应当去注重其中的教育效果，对此，可以选择让学生在进行社会实习的过程中去畅所欲言，去发表自己的观点，从而可以让教师针对学生所发表出来的观点加以积极的引导，让学生能够在社会实习中去得到合理的疏导。这种方式，也能够形成社会实习管理者和学生之间的互动，提高高校开展社会实习的质量和效果[②]。

五、毕业实习的考核方法

社会实习是学生离开高校，初步了解社会的基本途径，也是学生在未来进行就业时积累经验的一种方法，因此社会实习对于学生来说是一件非常重要的事情，那么为了保证学生能够通过社会实习得到良好的教育，真正地去培养到他们的实践能力，就代表着高校在开展社会实习的时候，需要使用正确的教育方法。而目前高校经历过长时间的社会实习教育经验的积累，在开展社会实习的时候也形成了多样化的方法，对此具体来说，高校可以使用的方法有以下几种[③]：

（一）统筹兼顾法

所谓的统筹兼顾法是一种科学发展观的根本方法，高校在进行社会实习工作开展的时候，需要使用统筹兼顾法，而统筹兼顾法包括统筹和兼顾两个部分。其中统筹指的是统筹不同年级，不同专业不同性别，来让各个学生的社会实习效果都达到均衡；兼顾指的是需要兼顾社会经济增长和社会服务发展，兼顾发达地区和落后地区，让学生能够通过社会实习到不同的区域，去展开不同形式的社会实习内容。所以以统筹兼顾法去开展社会实习，能够大大地提高学生的社会实习，

---

① 崔睿.大学生社会实践的核心目标、基本原则、主要形式、工作内容和保障机制研究[J].科教导刊（下旬刊），2020（21）：7-8+26.
② 黄槐能.浅谈社会科学文献检索课实习、考核的命题原则和方法[J].大学图书馆学报，1993（06）：52-53.
③ 乔正明，季嘉溢.基于课程思政理念下大学生社会实践的育人方法探究[J].中国多媒体与网络教学学报（中旬刊），2021（07）：93-95.

效果还能够让学生身体力行地践行科学发展观，发挥出高校服务社会的功能，以促进和谐社会的建设。

（二）调查研究法

重视调查研究的意义一直都是共产党的优良传统，而调查研究法一般指的是通过收集实际的数据，实际的信息以及相关材料从而熟悉现状情况，并且从收集到的现象中去寻找问题的本质，从调查的经验中去推导出问题的解决办法。而对于高校来说，调查研究法一直都十分符合高校开展社会实习的意义，所以调查研究法也是高校社会实行的基本方法，能够通过调查研究法去体现出时效性原则，也能够通过该方法去满足本科生的身心发展规律和高校培育人才的实际需求。

（三）民主参与法

所谓的民主参与法，其实就是通过社会实习活动让学生能够参与到社会当中，甚至是在社会中去进行监督管理工作，以此来提高学生的社会参与度来，通过学生进行社会管理，提高自我管理意识的形成，去强化内化管理的效果。那么为了落实民主参与法的教学效果，高校应当通过与合适的社会机构进行对接，让高校和社会机构共同进行社会实习工作的管理，并且鼓励学生针对社会机构或者是针对社会上某些现象提出合理化的建议，来让学生在社会实习过程中发挥出自己的主观能动性。另外，也可以让学生自己设计出想要参与的社会实习方案，通过学生提交的方案，让学生去开展这类社会实习活动，这样既能够提高学生参与社会实习活动的积极性，又能够体现出民主参与法。

（四）典型激励法

典型激励法指的是通过他人的良好行为来作为模范榜样，从而以该榜样来启发本科生来激励本科生。在使用这种方法的时候，能够让某些社会行为规范获得准则，拥有具体的人格化，从而使得学生能够知道应该如何去执行社会准则和规范，所以这种方法具有明显的实效性，可以以此来让学生拥有良好的行为表现。那么一般而言，高校在使用典型激励法律进行社会实习活动的时候，首先需要有社会实习活动的指导教师去发挥出榜样作用，同时也可以用具体的人或事来感染本科生，让本科生也能够在社会实习过程中具有先进性和针对性。

（五）纪律约束法

纪律约束法具体来说就是通过建章立制，结合一定的奖惩措施，对学生进行管理，促使学生遵守相关的法律法规，对学生的行为进行约束和进行规范的方法。这一方法是当前大多高校在学生开展社会实习的时候所采取的较为普遍的方法。纪律约束法具有明显的强制性，所以大多数学生能够在纪律约束法的管束下去影响自身，从而让自身能够拥有正确的行为表现。那么为了保证纪律约束法能够对学生产生正向影响，在进行规章制度制定的时候，就需要注意规章制度的合理性和科学性，并且注重其内在的道德规范和先进价值，以此在潜移默化的约束下让学生养成良好的个人观念，还能够具有纪律教育和养成教育的效果。

（六）说理启迪法

说理启迪法就是通过直接向学生讲道理去以事实证明道理来启发引导学生，来达到以理服人。那么在进行说理启迪法开展社会实习活动的时候，一定要结合学生的实际情况，避免出现空洞说教的情况，因为空洞说教不能够让学生感受到其言语内容中的道理，反而会让学生感觉到无趣无意义。目前在使用说理启迪法进行社会实习时，主要的使用场合是在开展社会实习之前，对于需要进行社会实习的学生的动员、誓师以及事前培训等。

（七）人情感化法

人情感化法是通过进行情感交流来让学生的内心受到触动，从而让学生在进行社会实习过程中有着优质的情感体验，以此来让学生能够激发起参与社会实践活动的主动性，让他们能够在与其他同伴相互信任，相互尊重的基础上，去自觉地约束自己的行为。同时人情感化法除了可以通过情感交流以外，也可以通过一些具体的感人事迹或者某些振奋人心的故事，去引导学生去感化学生，去激励学生积极参与到社会实习当中去，去锻炼自己的能力。

第二节 毕业实习考核办法制定说明

一、毕业实习的考核程序

1、学生完成毕业实习后第一至第二周，学生向实习指导教师上交《毕业实习报告材料》、《毕业实习日记》、《毕业实习检查记录》、《毕业实习考核登记表》；实习指导教师对学生的毕业实习成绩进行评议，评价结果录入《实习考核成绩统计表》，并将收集到的《毕业实习报告材料》、《毕业实习日记》、《毕业实习检查记录》、《毕业实习考核登记表》汇总登记到《毕业实习记录及考核登记表》中；及时将《毕业实习记录及考核登记表》、《毕业实习记录及考核登记本》及学生实习报告提交结果汇总后报送至就业指导工作小组并归档保存。

2、毕业实习结束后第三至第四周，就业指导工作小组根据需要组织学生实习情况的抽查回访，抽查回访结果填入《毕业实习考核抽查回访记录单》，对抽查回访中发现的问题提出处理意见，对需要变更的考核成绩进行更正。《毕业实习考核成绩统计表》经3天公示无异议即可报送高校就业处。如公示有异议，学院就业指导工作小组须进行调查核实，对需要变更的考核成绩进行更正，再将《毕业人实习考核成绩统计表》报送高校就业处。

3、毕业实习结束后第五至第六周，高校就业处根据需要组织学生实习情况的抽查回访，抽查回访结果填入《毕业实习考核抽查回访记录单》，对抽查回访中发现的问题提出处理意见，对需要变更的考核成绩进行更正，确定最终考核结果，并将结果反馈给班级。各班级辅导员将最终结果汇总成《毕业实习考核成绩统计表》报送高校教务处，并在网上登记成绩。

二、毕业实习的考核指导

高校就业处直接负责学生毕业实习工作，并成立就业指导工作小组，小组成员教师应亲自到学生实习单位进行实习指导，并及时协调学生在实习工作的开展过程中遇到的各式各样的问题和困难，向学生分享传递自己的实习经验和工作经验，承担起学生实习过程中的相关纪律管理事宜，实习考核的评审以及实习文件的收集，并就学生的实习情况作出公平公正合理的评价。

（一）专业毕业实习的考核要求[①]

1、毕业实习的开展方式，原则上需要由高校统一组织实习，以便于高校统一就实习内容进行指导和管理，但是对于特殊情况下，无法接受高校统一组织集中实习的学生而言，则需要按照旅游管理专业学生分散自主实习申请与审批的流程进行规定执行，从而完成分散自主实习。选择自主参与毕业实习的学生，在与实习企业达成实习意向后，由学生本人向学院提出书面申请，家长签署意见，并递交申请材料附件"自主实习申请表"以方便学院的管理和检查。

2、为保障好各方的利益，在学生前往实习单位开展实习之前，学生个人、学校以及实习单位之间应当要签订实习协议，明确三方之间的权利和义务，对各自形成一定的约束作用，对劳动争议产生的可能性要进行做好相关的预案，和各方约定好争议的协商处理方式方法，避免学生在这一过程中发生权益受损。协议中必须从安全要求、安全制度、岗前培训、实习保险、事故赔偿等角度，规范安全防患、责任保险以及事故处理，强调实习全过程中的安全保障问题。

3、学生毕业实习时长原则上不得少于3个月，即12周，若因请假或其他不可抗力因素导致实习时间少于12周，则需要学生需要对应延长学年实习时长。如：毕业实习缺勤三天，该学年实习时长应为124小时。

4、学生在实习的过程中要做到遵纪守法，不违反国家的相关法律法规，不违反高校的相关规章制度，不违反实习单位的相关规章制度，坚决服从相关部门的管理；指导老师、高校以及实习单位要对在实习过程中违反相关法律法规、部门规章制度的学生予以批评教育；情节严重的，高校将按相关规定给予严肃处理，课程学分重修，不得参加毕业综合成绩鉴定。

5、学生必须认真严格的对待本次实习，并且针对自己在实习过程中遇到的各类问题和疑惑，需要从实践中求得真知，并对解决问题的过程进行思考，以培养个人发现问题，分析问题，解决问题的能力，若有难以解决的问题，可直接向上级领导或者向指导教师请示。

6、实习期间学生应主动与校内老师保持联系，保持通讯工具的畅通；学生在实习过程中应注意个人人身安全和财产安全，尽量杜绝任何意外事故的发生，

[①] 吴江洲，魏昕.旅游管理专业开设社会实践课程的探索——以中南林业科技大学旅游管理专业为例[J].科教导刊（上旬刊），2020（19）：60-61.

若发生重大问题要及时向实习单位和高校报告，但因为个人违法乱纪行为造成的意外事故，则应学生自行负责。

7、学生在实习期间必须严格遵守实习单位的工作制度和规定，同时也应按照高校要求进行自我约束。如遇突发情况，需按照实习单位的工作制度和规定办理请假手续，请假类别可分为事假，病假，公假，丧假等。请假时需先按照实习单位的请假制度和要求进行办理，如设计单位没有明确的请假制度，则按照高校请假制度进行办理。请假需提前填写请假申请单，并附上有关证明，经过实习单位人力资源部门批准之后才能生效；但突发情况而不能提前请假的学生，需在请假当天以电话的方式向自己的上级管理者进行报备，并在事情处理结束后尽快地补办请假手续，若没有补办请假手续的则同样以旷工论处。

8、若学生在实习期间，发现实习单位在工作安排上存在违反劳动法的规定，学生者可通过实习指导教师进行协商解决。

第三节　毕业实习成果撰写

一、实习报告内容的撰写

《专业毕业实习报告》的内容包括：实习时间、实习单位和岗位、实习经历、实习反思、实习总结，重点阐述个人在实习过程中的成绩表现、存在的不足和缺点，通过实习收获的经验以及教训，实习之后的打算如何。字数不少于5000字，可以提交电子版，格式要求为A4纸页面、页边距上2.5cm、下2.5cm、左3cm、右3cm、宋体小四号字体、1.5倍行距、首行缩进两个字符。

二、实习日记内容的撰写

《专业毕业实习日记》的内容需要真实具体、重点突出、条理清晰，即必须真实反应实习工作内容，且内容需要有选择性，不能把实习日记写成流水账。每学年至少完成十五篇实习日记，每篇实习日记字数不少于500字，可以提交电子版，格式要求为A4纸页面、页边距上2.5cm、下2.5cm、左3cm、右3cm、宋体小四号字体、1.5倍行距、首行缩进两个字符。

三、实习检查记录的填写

《专业毕业实习检查记录》需填写的内容包括有检查教师基本信息、实习学生基本信息、学生实习项目介绍、实习单位对实习学生的评议（出勤情况、遵守规章制度等方面、职业岗位能力评价、综合素质评议）、实习学生实习反映情况（对实习单位环境适应的情况、实习中最常遇到的问题、对高校人才培育的意见和建议、对实习单位的建议、对实习指导教师的建议）、学生实习资料检查情况。

四、实习考核登记表的填写

《专业毕业实习考核登记表》需填写的内容包括有基本信息、实习总结、实习单位负责人评语、实习指导教师评语、学院审核意见以及毕业实习成绩。

第四节 毕业实习考核成绩评定

在毕业实习考核中，可以评定为"优秀"等次需要满足以下条件：能够全面且优秀地完成实习单位给到实习任务，并且在实习过程中表现的态度十分认真严谨，能够严格遵守实习单位及高校要求的实习纪律和规定，实习所呈现出来的结果优秀，具有优秀的实践能力和动手能力。同时所提交的实习文件完整，文件中的内容阐述真实、具体、充分，实习报告主题突出，能够准确地写出个人在实习过程中的深刻体会和反思，就本次实习收获了较大的成效，并且对于旅游管理相关职业和企业有着独特的见解。

毕业实习考核成绩良好的条件：能够完成实习单位给到的实习任务，并且在实习过程中态度较为认真严谨，能够遵守实习单位及高校要求的实习纪律和规定，实习所呈现出来的结果较好，实践能力和动手能力一般。所提交的实习文件内容完整，文件中的内容阐述较为真实具体，实习报告文理通顺，能够对旅游管理相关职业和企业有着更加深入的的了解。

毕业实习考核成绩合格的条件：能够完成实习单位给到的实习任务，并且在实习过程中不存在不良态度，没有出现严重违反实习单位及高校要求的实习纪律和规定，实习所呈现出来的结果良好，实践能力和动手能力一般。所提交的实习文件内容完整，文件内容阐述通顺，基本理论正确，实习报告能对本次实习有一定的收获体会和见解。

　　有下列情况之一者，毕业实习考核成绩为不合格：（1）不服从高校的实习安排，拒绝参与毕业实习或者自行参与了毕业实习，但未提交"自主实习申请表"，也并未告知实习指导教师；（2）不按时提交毕业实习考核文件，或提交毕业实习考核文件填写不完整、虚假填写、填写不符合要求、由他人代为填写；（3）实习单位评价为极差者或者实习指导教师评价为极差者；（4）严重违反实习纪律，做出了有损高校形象的事情。（5）因事请假或无故旷工导致参与时长少于规定时间三分之一者，且后续未再次跟随其他班级参与毕业实习，导致毕业实习时长不够者。

第五章 旅游管理专业实习地导读

第一节 政府部门

一、文化和旅游行政管理部门

1、中华人民共和国文化和旅游部

中华人民共和国文化和旅游部是国务院组成部门，主要职责如下：

（1）贯彻落实党的文化工作方针政策，研究拟订文化和旅游政策措施，起草文化和旅游法律法规草案。

（2）统筹规划文化事业、文化产业和旅游业发展，拟订发展规划并组织实施，推进文化和旅游融合发展，推进文化和旅游体制机制改革。

（3）管理全国性重大文化活动，指导国家重点文化设施建设，组织国家旅游整体形象推广，促进文化产业和旅游产业对外合作和国际市场推广，制定旅游市场开发战略并组织实施，指导、推进全域旅游。

（4）指导、管理文艺事业，指导艺术创作生产，扶持体现社会主义核心价值观、具有导向性代表性示范性的文艺作品，推动各门类艺术、各艺术品种发展。

（5）负责公共文化事业发展，推进国家公共文化服务体系建设和旅游公共服务建设，深入实施文化惠民工程，统筹推进基本公共文化服务标准化、均等化。

（6）指导、推进文化和旅游科技创新发展，推进文化和旅游行业信息化、标准化建设。

（7）负责非物质文化遗产保护，推动非物质文化遗产的保护、传承、普及、弘扬和振兴。

（8）统筹规划文化产业和旅游产业，组织实施文化和旅游资源普查、挖掘、保护和利用工作，促进文化产业和旅游产业发展。

（9）指导文化和旅游市场发展，对文化和旅游市场经营进行行业监管，推进文化和旅游行业信用体系建设，依法规范文化和旅游市场。

（10）指导全国文化市场综合执法，组织查处全国性、跨区域文化、文物、

出版、广播电视、电影、旅游等市场的违法行为，督查督办大案要案，维护市场秩序。

（11）指导、管理文化和旅游对外及对港澳台交流、合作和宣传、推广工作，指导驻外及驻港澳台文化和旅游机构工作，代表国家签订中外文化和旅游合作协定，组织大型文化和旅游对外及对港澳台交流活动，推动中华文化走出去。

（12）管理国家文物局。

（13）完成党中央、国务院交办的其他任务。[①]

2、贵州省文化和旅游厅

贵州省文化和旅游厅是贵州省人民政府组成部门之一，主要职责如下：

（1）研究拟订文化和旅游政策措施，起草文化和旅游地方性法规、规章草案。

（2）统筹规划文化事业、文化产业和旅游业发展，拟订发展规划并组织实施，推进文化和旅游融合发展，推进文化和旅游体制机制改革。

（3）管理重大文化活动，指导重点文化设施建设，组织旅游整体形象推广，促进文化产业和旅游产业对外合作和国际国内市场推广，制定旅游市场开发战略并组织实施，统筹推进全域旅游。

（4）指导、管理文艺事业，指导艺术创作生产，扶持体现社会主义核心价值观、具有导向性代表性示范性的文艺作品，推动各门类艺术、各艺术品种发展。

（5）负责公共文化事业发展，推进公共文化服务体系建设和旅游公共服务建设，深入实施文化惠民工程，统筹推进基本公共文化服务标准化、均等化。

（6）统筹推进文化和旅游科技创新发展，推进文化和旅游行业信息化、标准化建设。

（7）负责非物质文化遗产保护，推动非物质文化遗产的保护、传承、普及、弘扬和振兴。

（8）统筹规划文化产业和旅游产业，组织实施文化和旅游资源普查、挖掘、保护和利用工作，促进文化产业和旅游产业发展。

（9）统筹推进生态旅游、乡村旅游发展，推进文化旅游扶贫开发工作，参与乡村振兴战略、"多彩贵州公园省"和"中国温泉省"建设工作。

[①] 文化和旅游部职能配置、内设机构和人员编制规定．中央人民政府

（10）指导文化和旅游市场发展，对文化和旅游市场经营进行行业监管，推进文化和旅游行业信用体系建设，依法规范文化和旅游市场。

（11）指导全省文化市场综合执法，组织查处全省性、跨区域文化、文物、出版、广播电视、电影、旅游等市场的违法行为，督查督办大案要案，维护市场秩序。

（12）指导、管理文化和旅游交流、合作和宣传、推广工作，组织大型文化旅游对外交流活动，推动地方文化走出去。

（13）拟订文物和博物馆事业发展规划，协调和指导文物保护、博物馆和考古工作，推进文物和博物馆公共服务体系建设。负责文物和博物馆监督管理。推进文物和博物馆信息化、标准化建设和文物保护科技成果转化。

（14）结合部门职责，做好军民融合、扶贫开发等相关工作；加大科技投入，提高科技创新能力，为推进创新驱动发展提供保障；负责本部门、本行业领域的安全生产和消防安全工作；按规定做好大数据发展应用和政务数据资源管理相关工作，依法促进部门政务数据资源规范管理、共享和开放。

（15）完成省委、省政府、文化和旅游部、国家文物局交办的其他任务。

（16）职责调整。1.将原省文化厅、原省旅游发展委的职责整合划入省文化和旅游厅。2.将所属事业单位承担的行政职责划入省文化和旅游厅。

（17）职能转变。紧紧围绕省委、省政府建设多彩贵州民族特色文化强省、"多彩贵州公园省"建设战略，大力弘扬民族精神和新时代贵州精神，传承发展提升农村优秀传统文化，健全乡村公共文化和乡村旅游服务体系，提升服务质量，打造文化旅游品牌。[①]

3、贵阳市文化和旅游局

贵阳市文化和旅游局是市人民政府工作部门，加挂贵阳市广播电视局牌子，主要职责如下：

（1）研究拟订文化、旅游和广播电视政策措施，起草文化、旅游和广播电视地方性法规、规章草案。

（2）统筹规划文化事业、文化产业、旅游业和广播电视业发展，拟订发展规划并组织实施，推进文化和旅游融合发展，推进文化、旅游和广播电视体制机

[①] 中共贵州省委办公厅贵州省人民政府办公厅 关于印发《贵州省文化和旅游厅职能配置、内设机构和人员编制规定》的通知．贵州省文化和旅游厅网

制改革。

（3）贯彻落实党的宣传方针政策，拟订广播电视、网络视听节目服务管理的政策措施，加强广播电视阵地管理，把握正确的舆论导向和创作导向。

（4）促进文化和旅游领域的对外开放，指导、管理文化和旅游对外交流合作和宣传推广工作，组织文化和旅游整体形象推广，组织指导大型文化和旅游活动，制定旅游市场开发战略并组织实施，打造旅游城市品牌。指导、推动航旅、铁旅、高速路网旅游协同发展。负责航线旅游产品线路、铁路旅游产品线路的开发培育。指导国内（含港澳台地区）、国际旅游航线、包机、专列的开发培育等相关工作。

（5）指导、管理文艺事业，指导艺术创作生产，扶持体现社会主义核心价值观、具有导向性代表性示范性的文艺作品，推动各门类艺术、各艺术品种发展。

（6）负责公共文化事业发展，推进文化和旅游公共服务体系建设，深入实施文化惠民工程，统筹推进基本公共文化标准化、均等化；指导重点文化旅游设施建设；组织实施广播电视公共服务公益工程和公益活动，指导监督广播电视基础设施建设。

（7）统筹推进文化、旅游和广播电视领域大数据应用和科技创新发展，推进文化、旅游和广播电视行业信息化、标准化建设。

（8）负责非物质文化遗产保护，推动非物质文化遗产的保护、传承、普及、弘扬和振兴。

（9）统筹规划文化、旅游和广播电视产业，依法拟订产业发展规划、产业政策，经批准后组织实施；组织实施文化和旅游资源普查、挖掘、保护和利用工作，促进文化和旅游产业发展。

（10）指导、推动文化和旅游产业结构优化升级，协调、推动重点旅游项目的招商引资工作，统筹协调旅游商品开发、推介工作，促进文化和旅游产业高质量发展和中高端消费。

（11）统筹推进生态旅游、城市旅游、乡村旅游发展，统筹推进全域旅游，推进文化旅游扶贫开发工作，参与乡村振兴战略，协调推进"世界旅游名城"建设工作

（12）指导文化和旅游市场发展，对文化和旅游市场经营行为、安全进行行

业监管，依法规范文化和旅游市场秩序，指导推动文化和旅游企业质量管理与品牌培育，推进文化和旅游行业精神文明建设和信用体系建设。组织协调文化旅游行业标准化工作。按照权限承担星级饭店、避暑度假精品酒店、民宿等住宿业等级评定、标准化建设和管理、提升工作。

（13）指导全市文化和旅游市场综合行政执法，组织查处全市性、跨区域文化、文物、出版、广播电视、电影、旅游市场的违法行为，督查督办大案要案，组织开展行政执法监督、行政复议和行政应诉、维护市场秩序。

（14）拟订文物和博物馆事业发展规划，协调和指导文物保护、博物馆工作，推进文物和博物馆公共服务体系建设。负责文物和博物馆监督管理。推进文物和博物馆信息化、标准化建设和文物保护科技成果转化。

（15）结合部门职责，做好军民融合、扶贫开发等相关工作；加大科技投入，提高科技创新能力，为推进创新驱动发展提供保障；负责本部门、本行业领域的安全生产和消防安全工作；按规定做好大数据发展应用和政务数据资源管理相关工作，依法促进部门政务数据资源规范管理、共享和开放。

（16）完成市委、市政府、省文化和旅游厅、省广播电视局交办的其他任务。

（17）职责调整。

将原市文化新闻出版广电局（市版权局）除新闻出版管理和电影管理以外的职责、原市旅游产业发展委员会的职责整合划入市文化和旅游局（市广播电视局）。

将市文化和旅游局（市广播电视局）所属事业单位承担的行政职能收回机关，涉及其他机构编制调整事项另行规定。

（18）职能转变。紧紧围绕市委、市政府大力实施高水平对外开放、加快推动经济高质量发展战略和打造以生态为特色的世界旅游名城目标，牢固树立以人民为中心的发展思想和工作导向，发挥生态优势、大数据先发优势，加快推进文化旅游产业融合发展，健全完善公共文化、旅游和广播电视服务体系，壮大文化、旅游和广播电视产业，促进行业实体经济发展，提升服务质量，打造文化旅游品牌，发挥文化和旅游带动作用，促进经济高质量发展。[①]

4、花溪区文体广电旅游局

花溪区文体广电旅游局拟定全区文化旅游市场开发总体规划并组织实施；组

[①] 贵阳市文化和旅游局（贵阳市广播电视局）职能配置、内设机构和人员编制规定．贵阳市文化和旅游局（贵阳市广播电视局）

织全区文化旅游整体形象宣传和重大文化旅游推广促销活动；组织、指导重要文旅产品的开发等。主要职责如下：

（1）研究拟订文化、体育、旅游和广播电视政策措施，贯彻落实文化、体育、旅游和广播电视地方性法规、规章。

（2）统筹规划文化事业、文化产业、体育产业、旅游业和广播电视业发展，拟订发展规划并组织实施，推进文化和旅游融合发展，推进文化、体育、旅游和广播电视体制机制改革。

（3）贯彻党的宣传方针政策，拟定广播电视、网络视听节目服务管理的政策，加强广播电视阵地管理，把握正确的舆论导向和创作导向。

（4）促进文化和旅游领域的对外开放，指导、管理文化和旅游对外交流合作和宣传推广工作，组织文化和旅游整体形象推广，组织指导大型文化和旅游活动，制定旅游市场开发战略并组织实施，打造旅游城市品牌。指导、推动航旅、铁旅、高速路网旅游协同发展。负责航线旅游产品线路、铁路旅游产品线路的开发培育。指导国内（含港澳台地区）、国际旅游航线、包机、专列的开发培育等相关工作。

（5）指导、管理文艺事业，指导艺术创作生产，扶持体现社会主义核心价值观、具有导向性代表性示范性的文艺作品，推动各门类艺术、各艺术品种发展。

（6）负责公共文化事业发展，推进文化和旅游公共服务体系建设，深入实施文化惠民工程，统筹推进基本公共文化标准化、均等化；指导重点文化旅游设施建设；组织实施广播电视公共服务公益工程和公益活动，指导监督广播电视基础设施建设。

（7）统筹推进文化、体育、旅游和广播电视领域大数据应用和科技创新发展，推进文化、体育、旅游和广播电视行业信息化、标准化建设。

（8）负责非物质文化遗产保护，推动非物质文化遗产的保护、传承、普及、弘扬和振兴。

（9）统筹规划文化、体育、旅游和广播电视产业，拟订产业发展规划、产业政策，经批准后组织实施；组织实施文化和旅游资源普查、挖掘、保护和利用工作，促进文化和旅游产业发展。

（10）指导、推动文化和旅游产业结构优化升级，协调、推动重点旅游项目的招商引资工作，统筹协调旅游商品开发、推介工作，促进文化和旅游产业高质量发展和中高端消费。

（11）统筹推进生态旅游、城市旅游、乡村旅游发展，统筹推进全域旅游，推进文化旅游扶贫开发工作，参与乡村振兴战略，协调推进"世界旅游名城"建设工作。

（12）指导文化和旅游市场发展，对文化和旅游市场经营行为、安全进行行业监管，依法规范文化和旅游市场秩序，指导推动文化和旅游企业质量管理与品牌培育，推进文化和旅游行业精神文明建设和信用体系建设。组织协调文化旅游行业标准化工作。按照权限承担星级饭店、避暑度假精品酒店、民宿等住宿业等级评定、标准化建设和管理、提升工作。

（13）指导全区文化和旅游市场综合行政执法，组织查处全区性、跨区域文化、文物、出版、广播电视、电影、旅游市场的违法行为，督查督办大案要案，组织开展行政执法监督、行政复议和行政应诉、维护市场秩序。

（14）拟定文物和博物馆事业发展规划，协调和指导文物保护、博物馆工作，推进文物和博物馆公共服务体系建设。负责文物和博物馆监督管理工作。推进文物和博物馆信息化、标准化建设和文物保护科技成果转化。

（15）组织指导全区社会体育活动，推行全民健身计划，健全完善全区体育健身服务体系；拟定实施社会体育工作发展规划和年度计划，推动高校体育、老年体育、农村体育及其他社会体育的发展；监督实施国家体育锻炼标准，实施社会体育指导员制度，开展并完成国民体质监测。

（16）结合部门职责，做好军民融合、扶贫开发相关工作。负责本部门、本行业领域的安全生产和消防安全工作。按规定做好大数据发展应用和数据资源管理相关工作。负责承担本单位网上名称管理工作。

（17）完成上级交办的其他任务。

（18）职责调整。

将原区文体广电局（新闻出版局〈版权局〉）除新闻出版管理和电影管理以外的职责、原区旅游局的职责整合划入区文体广电旅游局。

将原区文体广电局（新闻出版局〈版权局〉）的新闻出版管理和电影管理的职责划入区委宣传部。

将所属事业单位承担的行政职责划入或收回机关。

（19）职能转变。紧紧围绕市委、市政府，区委、区政府大力实施高水平对外开放、加快推动经济高质量发展战略和打造以生态为特色的世界旅游名城目标，牢固树立以人民为中心的发展思想和工作导向，发挥生态优势、大数据先发优势，加快推进文化旅游产业融合发展，健全完善公共文化、旅游和广播电视服务体系，壮大文化、体育、旅游和广播电视产业，促进行业实体经济发展，提升服务质量，打造文化旅游品牌，发挥文化和旅游带动作用，促进经济高质量发展。[①]

二、文化和旅游研究机构

1、中国旅游文化发展研究院

中国旅游文化发展研究院的宗旨是：顺应社会发展需求，整合精英研究力量，锁定社会热点难点，建设区域学术高地，打造品牌智库平台，加速文旅产业发展，促进跨界交流合作，该研究院的工作侧重于调查研究旅游文化发展的理论以及政策、调查研究当前的社会热点问题、社会难点问题，根据其研究得出一定的结论，并针对问题提出相关的建议和解决方案；对旅游文化规划的编制实施过程中，起到参与编制、论证和评审的工作；在专业技术支持方面，要负责对旅游文化发展项目的创意、咨询、设计和资源整合；组织旅游文化领域的相关人士进行学术交流，开展该领域的人才培养，做好该领域的宣传和推广工作。

中国旅游文化发展研究院的构成包括：旅游大省和民族文化大省云南的一批知名专家学者联合企业家，该研究院的性质是：专业研究机构，是打破行业界限、跨越旅游和文化学科、集中整合社会精英人才搭建起来的高端智库平台。研究院以旅游、文化两大朝阳产业及其内在融合规律为研究对象，重在对经济建设中跨界发展的复杂现象和潜在价值进行综合应用研究，并提出高质量的调研建议和创意策划解决方案。

中国旅游文化发展研究院的定位是：立足云南，面向全国，联系世界，借助云南建设旅游强省、民族文化强省和对外开放桥头堡的历史机遇，通过对政府部门、企事业单位和社会各界提供决策咨询、调查论证、创意策划、项目规划设计等综合智囊服务，打造一个扬名海内外的，品牌价值走向高端的现代化新型研究

[①] 花溪区文体广电旅游局机构设置 . 花溪区文体广电旅游局机构设置

机构。

　　该研究院致力于与文化部、国家旅游局、中国文联、中华文化促进会、国际旅游学会、各大媒体和海内外研究机构等建立多渠道的良性合作机制，并与云南省政府参事室、省旅游发展委员会、文化厅紧密合作，形成不可替代的产业支撑力量。

2、浙江省文化和旅游发展研究院

　　浙江省文化和旅游发展研究院于 2019 年 7 月 5 日成立，隶属于浙江省文化和旅游厅，是高端智库型研究机构，该研究院的建设宗旨是：推动浙江省全省的文化以及旅游发展的政府智库、行业智囊和学术高地，致力于文化和旅游研究及文旅数据分析、促进文化和旅游发展。浙江省文化和旅游发展研究院，重点开展应对文旅融合发展战略政策理论研究，围绕文旅发展前沿热点焦点问题的应用理论和学术理论研究，承接政府、行业需求的服务型实践研究；参与文化和旅游产业发展的相关规划研究、编制、论证，为地方政府报审的各类规划评审提供技术支持；组织智库专家开展有关文化和旅游的专项调研活动以及相关决策的咨询活动，为地方政府和行业企业文旅的发展提供决策依据和精准化服务；承担文旅统计数据的收集整理和分析监测，开展文旅发展研究的对外合作交流和学术研讨活动。

3、陕西文化和旅游研究院

　　陕西文化和旅游研究院适应国家特别是陕西省旅游业蓬勃发展的时代潮流，于 2013 年 10 月正式成立。它是由陕西省旅游局主导、依靠高校科研团队实力主办并吸纳业界精英广泛参与的专业研究机构，与西安外国语大学旅游学院人文地理研究所合署办公，陕西文化和旅游研究院本着基础与应用相结合、学术与产业相结合、专职与兼职相结合的方针，构建产、学、研良性互动的新型学术平台；认真贯彻省委省政府关于旅游业发展的战略决策，着眼全面协调可持续的发展要求和供给侧结构调整的改革思路，积极跟踪和主动引领旅游市场发展态势，着力打造陕西旅游业的"政府智库、行业智囊、学术高地"，积极为建设陕西旅游强省提供理论支撑和智力支持。

第二节 贵州省主要景区介绍

一、交通区位

贵州省地处我国的大西南，在云贵高原的东部，深居内陆，属于典型的喀斯特地貌。在新时代西部大开发的背景下，作为西南地区连接"一带一路"的重要组成部分，其特殊的地理区位条件有利于国家交通网络的深化建设。贵州是西南地区重要的交通枢纽，被称为"西南大十字"，也是西部陆海新通道的重要节点。贵州在"陆海新通道"中有着主通道和核心覆盖区的战略维度，这一通道目前已经实现了于中欧班列和长江黄金水道的联通，在与丝绸之路经济带和 21 世纪海上丝绸之路开展有机衔接的方面也已经达到了初步的实现。根据数据显示，2021年通过该走廊的货物运输量相较 2020 年增长了 57.5%，为中国的双循环发展模式建设增添了新动力。

根据贵州省政府规划，在"十四五"的末期，贵州省的铁路总里程将会达到4500 公里，其中高铁的总里程占到 2000 公里左右；贵州省的高速公路总里程将会达到 9000 公里以上，航道的总里程预计将达 4000 公里以上，其中高级航道的总里程预计占到 1000 公里；建成威宁、黔北、盘州等机场，形成"一枢十三支"机场布局。在贵广高铁、沪昆高铁、黔渝高铁、成贵高铁等线路投入使用，以及未来不久将要开通的贵南高铁的基础上，贵州省以及形成了以省会贵阳为中心的高铁客货运输通道体系，同时形成了向北到重庆、向西到成都、向西南到昆明、向南方到南宁及广州、向东到长沙的"3 小时米字型高铁经济圈"。此外，还有贵广高速、厦蓉高速等按照高标准进行建设的高速公路，贵州省的省会城市——贵阳已经成为中国西南地区的与外部相连的重要门户。

目前，贵州省在持续对数字丝绸之路国际数据港进行探索，巩固提升贵州省在西部陆海新通道中的地位。另外，贵州将积极推动贵阳航空口岸等开放口岸建设，积极对接融入粤港澳大湾区建设、长江经济带发展和成渝地区双城经济圈建设。

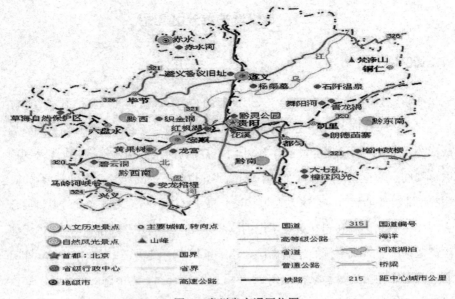

图 5-1 贵州省交通区位图

注：图片来源于网络。

二、资源类型

贵州苍山如海、万峰成林，全省面积的 92.5%都是山地和丘陵，大自然的浩瀚伟力，缔造了许多奇峰异景、美不胜收。梵净山是中国十大避暑名山之一，山上耸立了 10 亿年的"蘑菇石"阅尽沧海桑田、人世变迁。兴义万峰林连绵不断，施秉云台山峰峦林立、云雾缭绕，宛如仙境。

贵州银瀑飞流、碧水如练，河流、山溪、湖泊、涌泉星罗棋布，有"千瀑之省"的美誉。黄果树瀑布群是世界上最大的瀑布群，荔波小十孔水景千姿百态，秀美灵动，"度假到丹寨，看水到荔波"广受游客好评。

贵州别有洞天、鬼斧神工，是世界上喀斯特溶洞分布最广、发育最典型的地区。织金洞位列"中国最美六大旅游洞穴之首"，素有"黄山归来不看岳织金洞外无洞天"的美誉，被称为"人间绝景、地下天宫"。绥阳双河洞探测长度排名世界第四、亚洲第一，被称为"中国地心之门"。

贵州花繁叶茂、令人陶醉，百里杜鹃是"世界最大的天然花海"，享有"地球彩带、世界花园"之美誉。赫章韭菜坪是世界上面积最大的野生韭菜花带，山花烂漫、山峦叠嶂、日出日落、云卷云舒，令人难忘。盘州市妥乐村是世界上古银杏生长密度最高、保存最完好的地方，被誉为"世界古银杏之乡"。

贵州是一座多姿多彩的文化公园。各个历史阶段鲜活的文化遗存和原生文化形态，把贵州点缀成了"文化千岛"。

下面分别从自然旅游资源类和人文旅游资源类这两个方面来介绍贵州省景区资源类型：

（一）自然旅游资源类

自然旅游资源的别称是"自然风景旅游资源"，具体是指：可以使人们产生美感或者兴趣在某种主导因素的作用和其他因素的参与下，经过长时间的发育演变而来的，包括不同的地理环境以及生物构成的自然景观[①]。基于贵州省喀斯特地形地貌的特征，贵州省的风景不同于江南、塞北、青藏等地各自的秀丽、豪气、圣洁，它总体呈现出有别于这些地方的独特韵味美；此外，贵州的山峰也很多，形态各异，将大自然的鬼斧神工体现得淋漓尽致；贵州的水也十分具有特色，以其柔穿梭于山间、蜿蜒绵长；喀斯特溶洞也是贵州省内比较重要而且有特点的自然景观。石灰岩和白云岩在经过风化之后，挺拔林立，千姿万态。湖泊给这个山区省份增添了几分妩媚。下面主要按照自然旅游资源的形态特征和成因将贵州省自然旅游资源分为地貌景观旅游资源、水体景观旅游资源、气候旅游资源等三个类别进行介绍。

1. 地貌景观旅游资源类

地貌有多种多样的种类，是在地球内外力的共同作用下形成的。贵州省处于云贵高原，是我国喀斯特地貌的典型分布区。"喀斯特地貌"是对一些自然景观的统称，这些自然景观包括山峰奇特的石灰岩、具有数量较多的洼地和落水洞、具有许多地下洞穴和河流并且露出岩溶泉的自然景观。喀斯特地貌姿态万千、形态多样、美轮美奂。基于贵州省喀斯特地貌的自然条件，贵州省具有许多天然的地貌景观旅游资源。例如：贵州省兴义市的万峰林、织金溶洞、黄果树瀑布群、"中国天眼"景区、贵州思南乌江喀斯特国家地质公园、贵州荔波喀斯特等。

2. 水体景观旅游资源类

随着人们生活条件和质量的逐渐提高，人们旅游需求个性化和多样化得到持续发展，旅游活动的发展更加注重体验感和参与感，水体资源可以起到观赏作用，

[①] 百度百科。

同时又可以通过一定的开发利用让人们可以体验和参与。河流、洞溪、湖泊、瀑布、泉水，其有不同的特征，给人们在视觉上、触觉上带来不同的体验和享受。湖泊的一平如镜、洞溪的蜿蜒曲折、江河的滔滔奔流、瀑布的跌宕如飞以及泉水的澄碧晶莹，都令人充满了无限向往。

在贵州省，通过对不同水体资源的开发利用，产生了许多令人心驰神往的旅游景区资源。贵州省威宁彝族苗族回族自治县内有一个自然保护区，名为威宁草海自然保护区，该保护区的保护对象为黑颈鹤和高原湿地生态系统，"草海"虽然名中有"海"，但实际上它是一个淡水湖泊，是贵州最大的淡水湖泊。舞阳河系国家级舞阳河风景名胜区十大景区之一，位于贵州省黔东南州施秉县与镇远县之间，观光游览以船游和徒步为主，景区以高峡平湖、瀑布飞流、喀斯特地貌为主，山色水韵风光迷人。天河潭，原名天生桥，因这里有座由溶岩天然生成的大石桥而得名，桥旁是一个直径约50米，深70米的大地穴，穴底一泓潭水，碧绿幽深，这就是天河潭。潭壁陡峭如刀削，壁底有神秘的水洞龙潭洞和旱洞天河洞。旱洞分三层，每层景色各异，满布玲珑剔透、形态各异的钟乳石，犹如天上人间。除此之外，贵州省还有的水体旅游资源有：织金关、锦江、六盘水明湖、三江、清水江、乌蒙大草原、惠水涟江、三岔河、高原千岛湖、龙鳌河、双门峡、乌江山峡、奢香九驿等水利风景区。

3. 气候旅游资源类

气候旅游资源是一种气候条件，该气候条件可以达到满足人们正常的生理需求和特定的心理需求的目的。具体而言：气候旅游资源可以让人们在没有消寒避暑的硬件设施的辅助下，保证自身的正常生理状况运行的气候条件，俗称"宜人的气候"。气候旅游资源不仅存在于以优越的气候条件为主要吸引力的消寒避暑胜地，而且也是任何一个旅游环境必不可少的重要构成因素。[①]

避暑气候是贵州省最有优势的旅游气候资源，这是经过官方认定和消费者认可的，这可以从2022年8月份贵州省文化和旅游厅以及气象局联合发布的《贵州避暑旅游气候优势分析》（以下简称《分析》）一文中就可以明确得知。在每年的酷暑时节，全国各地都被高温磨炼时，据统计，贵州此时段的平均温度为23.6℃；而且，贵州所具备的气候资源中可用来开展避暑旅游的地区占贵州的四

---

① 百度百科。

分之三。《分析》指出，避暑旅游的需求越来越大，在避暑旅游火热的当下，贵州作为避暑旅游的热门省份，其市场发展空间是相当大的。贵州省避暑旅游气候具有气温适宜、凉爽舒适，雨量充沛、夜雨昼行，日照适中、微风送爽，低纬高原、海拔适宜，立体气候、资源丰富，空气清新、生态良好等特点。[①]

贵阳花溪国家城市湿地公园是贵州省首个国家城市湿地公园，具有较好的气候条件，常年的平均温度在14.9℃左右，植被覆盖面积较为广泛，具有较好的空气质量，生态"大氧吧"、天然"大空调"都是这个湿地公园所具有的美称，该湿地公园以花溪河为中心，与周边的十里河滩、花溪公园以及洛平至平桥的观光农业带等三个景区进行相连，这样的城市湿地在我国境内是比较少见的。

气候温和，降雨适中，且多夜雨，多微风，没有绝大多数大陆性气候所特有的极端温度。百花湖位于贵阳市清镇市朱昌镇，是贵州最美的湖泊之一，是贵阳的三大水源保护地之一。因酷似桂林漓江风光，故有"小桂林"之称。湖水和岛屿面积14.5平方公里，相当于两个西湖大小。湖中岛屿108个，错落有致，远山清淡，近水碧澄。走进百花湖，与微风作伴，把整个夏日都揽入怀中。六盘水市地处贵州西部乌蒙山区腹地，沟壑纵横，拥有乌蒙山、北盘江等气势雄厚的自然风光。具备对人较为友好的气候条件，中国气象学会将其称为"中国凉都"。此外，还有乌蒙大草原、北盘江峡谷、万峰林等远近闻名的避暑胜地。

（二）人文旅游资源类。

贵州汇聚了多个民族的居民，在贵州这片土地上一共生活着49个民族的人们，他们有的是世居于此、有的是迁徙而来，在历史发展的长河中逐渐形成了独具特色的民族文化和民族风俗。据不完全统计，各民族每年要进行庆祝和开展相关活动仪式的民族节日数量高达1000多个；同时，各民族还具有独具特色的民族歌舞，构成了贵州多样化的民族风情和艺术百花园中的奇观的一个不可或缺的部分。基于此本书主要从历史文化、民族文化、红色文化、科技文化等四个方面对贵州的人文旅游资源进行分类论述。

1.历史文化类

贵州文化的构成元素可谓是纷繁复杂，包含着原始部落遗存、民间自然崇拜、原始宗教文化、各个民族对本民族体系的传承、各民族分支之间文化的区别、中

[①] 贵阳日报。

原文化、荆楚文化、巴蜀文化、古越文化、滇文化乃至儒、释、道、巫、傩等诸多文化事象。在丰富的文化历史背景下，在人们的生活的传承和发展中，不断形成了其独有的形式，产生了丰富的 文化遗址和文物古迹。同时，在此基础上，贵州也开发出了许多相关的旅游资源。阳明祠、贵阳甲秀楼、安顺红崖天书、福泉古城垣、葛镜桥、茅台酒酿酒工业遗产群、新民古生物化石群遗址、飞云崖、普安铜鼓山遗址、桐梓陈公祠、镇远古城、旧州古镇、孔学堂、奢香古镇等的历史文化旅游资源。各地在其自有资源的基础上，通过不断地推陈出新，结合时代特点加以创新，使得其历史文化资源得以充分地利用，形成了更加吸引人的历史文化旅游资源。

2. 民族文化类

贵州是一个多民族的省份，主要民族有汉族、苗族、布依族、侗族、土家族、彝族、仡佬族、水族、回族、白族、壮族、瑶族、畲族、毛南族、仫佬族、蒙古族、满族等，各民族在贵州发展的历史进程中，传承和创新了形式多样、内容丰富的民族文化。各民族颇具其特色的服饰、习俗、礼仪和喜庆活动以及传统的民族节日，形成了贵州省独有的民族文化底蕴，同时也形成了贵州省独具特色的人文旅游资源。

西江千户苗寨以其依山而建的独具特色的木质结构吊脚楼和苗族文化吸引了广大的海内外游客。肇兴侗寨拥有"侗乡第一寨"的美称，地处贵州省黔东南苗族侗族自治州黎平县，是我国最大的侗族人民聚居的村寨，同时也是侗族民俗文化中心。岜沙苗寨位于贵州省从江县，由五个自然村寨组成，有"最后一个枪手部落"的称号，保留着佩带火枪、祭拜古树、镰刀剃头等古老的生活习俗。此外，贵州省还有阿妹戚托小镇、安顺市镇宁大寨布依风情旅游景区、关岭上甲布依古寨旅游景区、安顺市经开三合苗寨风情旅游景区、毕节市大方慕俄格古彝文化旅游景区、铜仁市玉屏侗乡风情园旅游景区、黔东南州麻江后坝民族民俗博览园景区、黔东南州剑河巫包红绣旅游景区、黔东南州黎平黄岗侗寨景区、黔东南州台江施洞苗族文化旅游景区、黔东南州锦屏瑶白侗寨景区、黔东南州台江交汪千年苗寨景区等民族风情浓厚的旅游资源。

3. 红色文化类

贵州在中国革命史上有着重要的意义，在红军长征途中见证了中国共产党的伟大转折，也因此，贵州具有丰富的红色文化资源。将红色文化资源和旅游事业联合起来对多个方面有着益处，从对革命历史的角度来看，旅游和红色文化资源进行联系起来发展，可以促进更多人了解红色故事，在那个觉醒年代为了后世人们的幸福而做出伟大贡献的先烈们更好地被人们所熟记；从经济发展的角度来看，对于红色文化资源的充分利用，结合旅游，为经济的发展提供一个更好的平台和手段。贵州省具有的比较典型的红色文化旅游资源有："遵义会议"会址、王若飞故居、邓恩铭故居、周逸群故居、黎平会议会址、娄山关战役、贵阳市息烽集中营革命历史纪念馆景区、四渡赤水纪念馆等。贵州省的红色文化旅游发展模式呈现出以遵义市为中心的区域辐射发展。长征文化是其红色旅游资源的重点，也以此具备较高的知名度。红色文化旅游资源结合贵州省良好的生态环境资源以及特色鲜明的少数民族文化，具有建设复合型旅游产品的先天优势，同时分布面较为广泛，具有较强的带动作用。

4. 科技文化类

进入"十四五"，贵州以高质量发展统揽全局，全力以赴在新时代西部大开发上闯新路。贵州的产业发展业态产生新变化的同时，也为贵州的旅游发展带来了新途径，科技文化在贵州省的发展中产生了愈发重要的影响和更为重要的战略地位，由此而形成的旅游文化资源也令人们心驰神往。

"中国天眼景区"位于贵州省黔南州平塘县，是一个围绕中国天眼，也即是FAST 建立的景区；广大游客能够在景区内近距离感受中国天眼"大国重器"的宏伟壮观、感受浓厚的科普氛围。贵州大数据综合试验区展示中心位于贵阳市观山湖区，内设数字中国、数化万物、云上筑梦、未来已来和智慧体验等五个展区，其目的是促使游客通过在景区内观察和游玩身临其境地体验互联网、大数据、人工智能等新一代的信息技术发展给人们的生活带来的巨大影响。此外，贵州省还有六盘水市盘州刺梨产研中心景区、黔南州都匀黔南职院研学旅游景区、贵阳市清镇乡愁贵州景区、贵阳市观山湖汽车乐园景区、贵阳市修文苏格兰牧场度假村景区、遵义市仁怀中国酒文化城旅游景区、遵义市新蒲奥林匹克公园景区等。

三、资源分布

（一）景区资源分布

贵州省的景区分布地域广泛，数量各有不同，景区特点也形式不一。下文主要根据贵州省不同行政区域介绍其景区数量情况。（数据信息截至 2022 年 3 月 20 日）

1.贵阳市（含贵安新区）

根据贵州省人民政府网站公布的贵州省 A 级旅游景区名录显示，贵阳市共有 41 处旅游景区。其中 5A 级景区 1 个，即为青岩古镇景区；4A 级景区 22 个，分别为：贵阳市乌当万象温泉景区、贵阳市白云泉湖公园景区、贵阳市乌当乐湾国际温泉旅游区、双龙多彩贵州风景眼文创园、修文黔贵六广温泉旅游景区、清镇乡愁贵州景区、贵安云漫湖休闲旅游景区、修文阳明文化园旅游景区、清镇时光贵州旅游区、双龙多彩贵州城旅游综合体、息烽集中营革命历史纪念馆景区、白云蓬莱仙界·白云休闲农业旅游景区、花溪湿地公园（孔学堂）景区、开阳白马峪旅游景区、修文桃源河旅游景区、乌当贵御温泉旅游景区、花溪天河潭景区、开阳南江大峡谷景区、乌当保利国际温泉景区、修文森林野生动物园景区、云岩黔灵山公园旅游景区、贵阳市乌当羊昌·花画小镇旅游景区；3A 级景区 17 个，分别为：贵阳市南明贵阳药用植物园景区、贵阳市观山湖汽车乐园景区、贵阳市花溪石门锦绣田园景区、贵阳市观山湖贵州省地质博物馆景区、贵阳市开阳猴耳天坑景区、贵阳市修文苏格兰牧场度假村景区、贵阳市乌当惠诚烘焙乐园景区、贵阳市云岩阳明祠景区、贵阳市清镇四季贵州景区、贵阳市乌当天海美术馆景区、贵阳市花溪龙井村景区、贵阳市花溪板桥艺术村景区、贵阳市花溪夜郎谷景区、贵阳市花溪高坡扰绕景区、贵阳市南明甲秀楼景区、贵阳市南明河滨公园景区、贵阳市双龙森林公园景区；2A 级景区 1 个，即为贵阳市云岩区文昌阁景区。

2.遵义市

根据贵州省人民政府网站公布的贵州省 A 级旅游景区名录显示，遵义市共有 130 处旅游景区。其中，5A 级景区 1 个，即为遵义市赤水丹霞旅游区；4A 级景区 26 个，分别为：遵义市播州太阳坪景区、赤水丙安古镇景区、绥阳清溪峡景区、桐梓水银河大峡谷旅游景区、播州苟坝红色旅游景区、正安桃花源记景区、汇川海龙屯旅游景区、绥阳红果树旅游景区、桐梓杉坪旅游景区、绥阳双门峡旅游景区、习水土城古镇景区、赤水四洞沟旅游景区、仁怀茅台酒镇旅游景区、绥阳双河洞旅游景区、习水中国丹霞谷旅游景区、习水四渡赤水纪念馆景区、湄潭茶海生态园景区、务川仡佬文化旅游景区、凤冈茶海之心景区、仁怀中国酒文化城旅游景区、新蒲水上大天门旅游景区、赤水竹海旅游景区、余庆飞龙寨景区、汇川娄山关景区、湄潭天下第一壶茶文化旅游景区、遵义市红花岗区遵义会议会址旅游景区；3A级景区103个，分别为：遵义市仁怀百年黔庄旅游景区、遵义市仁怀贵州酒仙洞景区、遵义市仁怀贵州美酒河景区、遵义市仁怀夜郎酒谷景区、遵义市赤水白云山景区、遵义市道真民族体育公园景区、遵义市道真玉龙谷田园综合体景区、遵义市凤冈茶寿山旅游度假景区、遵义市凤冈长碛古寨景区、遵义市红花岗区遵义盆景小镇景区、遵义市红花岗区贵州万胜药业工业旅游景区、遵义市红花岗区拓路士绳攀基地景区、遵义市湄潭乾艺梅园景区、遵义市湄潭石家寨传统村落景区、遵义市仁怀贵州国台酒业文化体验景区、遵义市桐梓南天门旅游度假景区、遵义市桐梓太白古镇景区、遵义市余庆玉河景区、遵义市余庆敖溪土司古镇景区、遵义市正安国际吉他产业园景区、遵义市播州同怡爱情文化主题园、遵义市正安九道水景区、遵义市习水箐山公园景区、遵义市习水文昌公园景区、遵义市播州古韵安村景区、遵义市播州水韵乌江风情小镇景区、遵义市播州花茂旅游景区、遵义市播州大发天渠景区、遵义市赤水戈千崖景区、遵义市赤水红石野谷景区、遵义市赤水曾氏晒醋景区、遵义市道真中华仡佬文化园景区、遵义市凤冈知青文化园景区、遵义市汇川泗渡生态休闲度假区、遵义市汇川林达美食城景区、遵义市汇川红色拓展园旅游景区、遵义市湄潭象山茶博景区、遵义市湄潭七彩部落旅游景区、遵义市仁怀国台酒庄景区、遵义市仁怀合马羊肉小镇景区、遵义市绥阳万佛洞旅游景区、遵义市绥阳卧龙湖旅游景区、遵义市桐梓盐道古镇景区、遵义市务川仡佬文化博物馆景区、遵义市务川桃符旅游景区、遵义市习水仙源天池公园景区、遵义市新蒲天鹅湖景区、遵义市新蒲贵州农博园景区、遵义市余庆第三地生态园景区、遵义市余庆坊•河滨旅游景区、遵义市仁怀红色长干山景区、仁怀神采八卦园景区、凤冈九龙景区、红花岗百草园景区、红花岗深溪莲池湿地公园景区、红花岗莲池新天地旅游区、汇川千果园景区、汇川岩底庄景区、湄潭八角山乡村旅游景区、湄潭万花源景区、湄潭月季苑旅游景区、桐梓夜郎水寨旅游景区、桐梓红苗风情旅游景区、桐梓官仓农旅养生旅游区、桐梓尧龙山旅游景区、桐梓枕泉翠谷旅游景区、习水女红军纪念馆景区、习水宋窖博物馆旅游区、习水土河荷塘苗乡景区、习水石门乡村休闲谷景区、习水中国杉王景区、习水梨园景区、正安北郊湖公园旅游区、播州花香龙泉旅游区、遵义市播州水泊渡景区、遵义市新蒲白鹭湖公园景区、遵义市新蒲奥林匹克公园景区、遵义市播州公园景区、遵义市赤水望云峰景区、遵义市赤水转石奇观景区、遵义市汇川奥特莱斯旅游区、遵义市汇川唯一国际旅游区、遵义市桐梓小西湖旅游景区、遵义市桐梓古夜郎旅游景区、遵义市桐梓圆满贯旅游景区、遵义市余庆红渡景区、遵义市播州鸭溪杨柳旅游区、遵义市正安水车坝景区、遵义市仁怀茅台金酱生态酒庄景区、遵义市仁怀高大坪金山银水景区、遵义市红花岗区思达·遵义乐园旅游区、遵义市绥阳鸣泉谷生态旅游区、遵义市汇川国际温泉旅游区、遵义市播州乡韵庄园景区、遵义市仁怀中国酒都酱酒文化纪念馆景区、遵义市余庆大乌江景区、遵义市绥阳观音岩生态景区、遵义市播州乌江渡旅游景区、遵义市仁怀盐津河旅游景区、遵义市红花岗遵义动物园景区、绥阳汇善谷养生温泉景区、播州枫香温泉旅游景区。

3.安顺市

根据贵州省人民政府网站公布的贵州省 A 级旅游景区名录显示,安顺市共有50 处旅游景区。其中,5A 级景区 2 个,分别是:黄果树旅游景区、龙宫景区;4A 级景区 12 个,分别是:安顺市平坝塘约旅游景区、安顺市关岭古生物化石群旅游景区、平坝小河湾美丽乡村旅游景区、镇宁高荡千年布依古寨旅游景区、西秀虹山湖旅游景区、平坝天龙屯堡旅游景区、紫云格凸河户外休闲旅游景区、经开贵州多彩万象旅游综合体、经开兴伟石博园、西秀旧州生态文化旅游古镇景区、西秀云峰八寨文化旅游区、镇宁夜郎洞景区;3A 级景区 32 个,具体为:西秀岚山旅游景区、安顺市普定猫洞阿龙谷旅游景区、安顺市普定普屯坝旅游景区、安顺市关岭顶云经验纪念园景区、安顺市关岭至野旅游景区、安顺市紫云同合旅游景区、安顺市紫云黄鹤营旅游景区、安顺市西秀九龙山旅游景区、安顺市普定沙湾旅游景区、安顺市镇宁山水茂良旅游景区、安顺市关岭花江大峡谷旅游景区、安顺市经开神骏生态文旅小镇景区、安顺市普定农耕庄园旅游景区、安顺市关岭九仙旅游景区、安顺市关岭木城丽水旅游景区、安顺市关岭永宁明清古镇景区、安顺市关岭落叶康养旅游景区、安顺市西秀龙青旅游景区、安顺市普定黔山秀水旅游景区、安顺市镇宁红旗湖公园旅游景区、安顺市经开娄湖旅游景区、安顺市西秀大西桥镇鲍家屯旅游景区、安顺市西秀药王谷旅游景区、安顺市平坝黎阳航空小镇旅游景区、安顺市关岭黄果树奇遇岭旅游景区、安顺市西秀苗岭屯堡古镇、安顺市西秀区大黑村旅游景区、平坝飞虎山旅游景区、镇宁马鞍山红色旅游景区、镇宁大寨布依风情旅游景区、关岭上甲布依古寨旅游景区、安顺市经开三合苗寨风情旅游景区；2A级景区4个，分别是：安顺市普定马官文昌阁旅游景区、安顺市镇宁新苑十九孔桥旅游景区、安顺市紫云海子民族文化园旅游景区、安顺市紫云羊场红色文化园旅游景区。

4. 六盘水市

根据贵州省人民政府网站公布的贵州省A级旅游景区名录显示，六盘水市共有54处旅游景区。其中，4A级景区13个，分别是：六盘水市盘州市胜境温泉旅游景区、六盘水市六枝瀑布源龙井布依风情景区、六盘水市六枝牂牁江景区、六枝迴龙溪康养休闲度假旅游景区、钟山贵州三线建设博物馆景区、水城百车河景区、钟山梅花山旅游景区、盘州乌蒙大草原景区、盘州娘娘山旅游景区、钟山韭菜坪旅游景区、盘州哒啦仙谷旅游景区、盘州妥乐古银杏旅游景区、水城玉舍森林旅游景区；3A级景区16个，分别是：六盘水市六枝郎岱古镇生态文化旅游景区、六盘水市六枝岩脚面博园旅游景区、六盘水市水城贵州初好农业园景区、六盘水市水城春康养旅游度假景区、六盘水市盘州西冲玉带景区、六盘水市盘州刺梨产研中心景区、钟山水城古镇景区、盘州大洞竹海旅游景区、盘州虎跳峡旅游景区、盘州九龙潭旅游景区、六盘水凉都高原比女街生态园旅游景区、六盘水钟山月照养生谷旅游景区、六盘水明湖国家湿地公园旅游景区、钟山大河堡旅游景区、盘州古驿胜境景区、水城米箩景区；2A级景区18个，分别是：六盘水市钟山三线文化长廊旅游景区、六盘水市钟山大河堡温泉旅游景区、六盘水市水城猴场补那布依风情园景区、六盘水市水城百果园文化旅游度假景区、六盘水市水城龙头山康养旅游景区、六盘水市水城北盘江畔桃花源景区、六盘水市水城天门传统古村落旅游景区、六盘水市六枝梭戛生态博物馆旅游景区、六盘水市六枝大用生态观光园旅游景区、六盘水市盘州红二红六军团盘县会议会址旅游景区、六盘水市盘州"盘县火腿"非遗博物馆旅游景区、六盘水市盘州671三线文化主题园旅游景区、六盘水市盘州岩博酒业基地旅游景区、水城真龙山景区、水城滴水岩景区、水城猴儿关景区、水城木城景区、水城玉舍转山景区；1A 级景区 7 个，分别是：钟山文化馆旅游景区、六枝记忆·三线文化产业园旅游景区、六盘水市水城东城花园景区、六盘水市水城红豆健康主题公园景区、六盘水市水城两江健康主题公园景区、六盘水市水城龙池公园景区、 六盘水市水城铁艺文化公园景区。

5.铜仁市

根据贵州省人民政府网站公布的贵州省 A 级旅游景区名录显示，铜仁市共有 29 处旅游景区。其中，5A 级景区 1 处，即为铜仁市江口梵净山生态旅游景区；4A 级景区 12 个，具体为：碧江大明边城旅游景区、德江武陵陶源旅游景区、江口亚木沟旅游景区、江口云舍旅游景区、石阡夜郎古泉旅游景区、思南石林旅游景区、万山朱砂古镇旅游景区、松桃苗王城旅游景区、万山九丰农业博览园旅游景区、沿河乌江黎芝峡旅游景区、铜仁市沿河南庄旅游景区、铜仁市玉屏侗乡风情园旅游景区；3A 级景区 15 个，分别为：铜仁市碧江百花渡旅游景区、铜仁市德江五彩洋山河旅游景区、铜仁市德江白果坨湿地公园旅游景区、铜仁市江口农夫山泉工业旅游景区、石阡楼上旅游景区、思南郝家湾旅游景区、松桃潜龙洞旅游景区、玉屏茶花泉旅游景区、铜仁市碧江中南门历史文化旅游景区、铜仁市碧江红董旅游景区、铜仁市印江大圣墩旅游景区、铜仁市印江博物馆旅游景区、铜仁市德江枫香溪会议会址旅游景区、铜仁市德江县黔北工委旅游景区、铜仁市石阡中国·石阡佛顶山温泉小镇旅游景区；2A 级景区 1 个，即为铜仁市玉屏凉庭寨旅游景区。

6.毕节市

根据贵州省人民政府网站公布的贵州省 A 级旅游景区名录显示，毕节市共有 55 处旅游景区。其中，5A 级景区 1 个，即为百里杜鹃景区；4A 级景区 11 个，分别为：百里杜鹃跳花坡景区、大方油杉河景区、大方九洞天景区、纳雍总溪河旅游景区、金海湖旅游区、黔西中果河旅游景区、大方奢香古镇景区、赫章阿西里西韭菜坪旅游景区、七星关森林公园拱拢坪景区、大方慕俄格古彝文化旅游景区、织金洞景区；3A 级景区 43 个，分别为：金海湖新区金海神泉景区、赫章阿西里西千年杜鹃景区、百里杜鹃汇镜花卉科技园旅游景区、毕节市金沙安底温泉旅游景区、毕节市七星关毕节酒厂文化旅游景区、毕节市黔西金街休闲旅游景区、毕节市威宁百草坪旅游景区、毕节市威宁龙河乡村生态旅游景区、毕节市威宁凤山旅游景区、毕节市织金乌蒙利民生态茶场景区、毕节市纳雍九洞十八河旅游景区、毕节市百里杜鹃花田酒肆景区、毕节市赫章阿西里西·二台坡景区、毕节市织金凤凰生态旅游区、毕节市七星关南山景区、毕节市七星关同心文化景区、毕节市大方童话五凤旅游景区、毕节市金沙酱酒文化旅游景区、毕节市百里杜鹃千年紫薇园景区、毕节市金海湖上小河村白族民俗旅游景区、毕节市金沙千鼓山景区、毕节市七星关山水园旅游景区、毕节市黔西鸭池河旅游景区、毕节市黔西大关盐号旅游景区、毕节市威宁黔韵紫海旅游景区、毕节市黔西水西泰丰园景区、毕节市黔西灵博山象祠景区、毕节市大方县凤山玫瑰谷景区、毕节市金沙"锦绣西洛·梦幻田园"旅游景区、百里杜鹃彝山花谷旅游景区、大方印象木寨旅游景区、大方清虚洞旅游景区、赫章九股水温泉旅游景区、金海湖青山玫瑰庄园景区、黔西月亮湾旅游景区、毕节市七星关砂锅寨乡村旅游景区、毕节市七星关盛丰农业科技示范园旅游景区、毕节市黔西柳岸水乡旅游景区、毕节市黔西林泉海子乡村旅游景区、毕节市纳雍枪杆岩红色生态旅游景区、毕节市威宁草海泰丰现代农业科技示范园景区、毕节市百里杜鹃米底河景区、毕节市纳雍大坪箐景区。

7.黔东南州

根据贵州省人民政府网站公布的贵州省 A 级旅游景区名录显示,黔东南州共有 91 处旅游景区。其中,5A 级景区 1 个,即为镇远古城旅游景区;4A 级景区 15 个,具体为:黎平翘街旅游景区、麻江蓝莓生态旅游区、黄平旧州古城旅游景区、黔东南州镇远下澥阳河旅游景区、丹寨万达旅游小镇景区、锦屏隆里古城旅游景区、黔东南州从江岜沙原生态苗族文化旅游景区、剑河温泉文化旅游景区、凯里下司古镇景区、雷山郎德旅游景区、凯里云谷田园生态农业旅游区、施秉杉木河景区、黎平肇兴侗文化旅游景区、施秉云台山旅游景区、雷山西江千户苗寨景区;3A 级景区 66 个,分别为:黔东南州雷山三角田茶园景区、黔东南州凯里文化创意产业园景区、黔东南州黎平佳所侗寨旅游景区、黔东南州黄平浪洞森林温泉景区、黔东南州麻江后坝民族民俗博览园景区、黔东南州榕江古州古街文化旅游景区、黔东南州天柱功夫村旅游景区、黔东南州从江党郎红景区、黔东南州从江大歹景区、黔东南州锦屏平鳌景区、黔东南州凯里青曼苗寨景区、黔东南州麻江瑶韵河坝景区、黔东南州麻江乌羊麻苗寨景区、黔东南州麻江药谷江村景区、黔东南州岑巩红豆杉景区、黔东南州岑巩木召生态休闲度假旅游区、黔东南州从江四联景区、黔东南州从江高华瑶浴谷景区、黔东南州施秉高碑田园旅游景区、黔东南州剑河巫包红绣旅游景区、黔东南州锦屏茅坪木商古镇景区、黔东南州凯里南花苗寨景区、黔东南州凯里千年岩寨景区、黔东南州台江世外桃源交宫旅游景区、黔东南州台江艺术之乡反排景区、黔东南州台江银饰之乡九摆旅游景区、黔东南州从江七星侗寨旅游景区、黔东南州锦屏龙池多彩田园景区、黔东南州锦屏文斗苗寨景区、黔东南州榕江七十二寨斗牛城景区、黔东南州黎平八舟河景区、黔东南州黎平黄岗侗寨景区、黔东南州黎平南泉山景区、黔东南州黎平四寨侗寨景区、黔东南州黎平滚正侗寨景区、黔东南州黎平铜关景区、黔东南州榕江苗疆古驿小丹江旅游景区、黔东南州岑巩玉门洞景区、黔东南州施秉都市森林康养基地旅游景区、黔东南州镇远高过河景区、黔东南州剑河仰阿莎文化旅游景区、黔东南州剑河革东镇屯州石板苗寨景区、黔东南州凯里桃李荷田·生态洛棉景区、黔东南州麻江马鞍山生态体育公园旅游景区、黔东南州三穗木良景区、黔东南州台江锦绣长滩景区、黔东南州台江红阳万亩草场景区、黔东南州天柱三门塘景区、黔东南州三穗寨头景区、黔东南州岑巩黔东南大峡谷景区、黔东南州丹寨石桥古法造纸文化旅游景区、黔东南州凯里民族文化园旅游景区、黔东南州台江施洞苗族文化旅游景区、黔东南州剑河昂英景区、黔东南州凯里乡村振兴产业示范博览园景区、黔东南州凯里碧波花诗园旅游景区、黔东南州雷山大塘景区、黔东南州麻江同龢状元府景区、黔东南州三穗贵洞景区、黔东南州榕江大利侗寨景区、黔东南州三穗颇洞农业体验园景区、黔东南州凯里苗侗风情园景区、黔东南州镇远青龙洞景区、黔东南州黄平野洞河旅游景区、黔东南州施秉上潕阳河旅游景区；

2A级景区9个，分别为：黔东南州岑巩周坪稻文化体验园、黔东南州锦屏瑶白侗寨景区、黔东南州黄平云上有山影视基地、黔东南州台江交汪千年苗寨景区、黔东南州台江巫脚交苗寨景区、黔东南州台江小河景区、黔东南州台江登鲁金丝楠木之乡景区、黔东南州台江五彩阳芳景区、黔东南州天柱地良旅游景区。

8. 黔西南州

根据贵州省人民政府网站公布的贵州省A级旅游景区名录显示，黔西南州共有48处旅游景区。其中，4A级景区12个，分别为：黔西南州晴隆阿妹戚托小镇景区、黔西南州义龙山地旅游运动休闲博览园景区、黔西南州普安茶文化生态旅游景区、安龙招堤旅游景区、兴义万峰湖旅游景区、兴义贵州醇景区、兴仁放马坪景区、晴隆史迪威·24道拐旅游景区、贞丰三岔河旅游景区、兴义马岭河峡谷景区、贞丰双玉峰景区、兴义万峰林景区；3A级景区36个，分别为：兴义玉皇顶景区、黔西南州兴仁东湖湿地公园、黔西南州安龙大秦金州农耕文化园景区、黔西南州安龙明十八先生墓景区、黔西南州普安马家坪古茶树景区、黔西南州普安白水瀑布景区、黔西南州册亨香蕉大数据产业园景区、黔西南州望谟郊纳·紫茶小镇景区、黔西南州望谟卡法连队遗址景区、黔西南州望谟油迈山脊上的瑶寨景区、黔西南州义龙甫安影视摄影基地景区、黔西南州兴义贵州龙地质公园博物馆景区、黔西南州北盘江热带果林景区、黔西南州普晴森林旅游区、黔西南州册亨板万布依古寨景区、黔西南州兴义泥凼石林景区、普安森林温泉景区、望谟蔗香滨湖康养小镇旅游区、义龙云屯生态体育公园旅游景区、义龙楼纳景区、兴义雨补鲁天坑景区、兴义马家河湿地公园景区、兴义山地旅游暨户外运动大会会址旅游景区、安龙山地户外运动示范公园景区、册亨福尧福寨景区、望谟新屯布依寨景区、兴仁绿荫河景区、黔西南州兴仁薏品田园食药康养小镇旅游区、黔西南州兴仁鲤鱼坝景区、黔西南州兴仁马金河景区、黔西南州兴义刘氏庄园景区、黔西南州兴义何应钦故居旅游区、黔西南州贞丰北盘江大峡谷景区、黔西南州贞丰古城景区、黔西南州册亨陂鼐古寨景区、黔西南州册亨万重山景区。

9. 黔南州

根据贵州省人民政府网站公布的贵州省A级旅游景区名录显示，黔南州共有73处旅游景区。其中，5A级景区1个，即为黔南州荔波樟江旅游景区；4A级景区11个，分别为：黔南州龙里油画大草原旅游区、黔南州贵定金海雪山景区、惠水好花红乡村旅游区、都匀茶文化影视小镇景区（秦汉影视城）、平塘中国天眼景区、福泉古城文化旅游景区、龙里中铁双龙镇巫山峡谷旅游区、都匀杉木湖景区、瓮安草塘千年古邑旅游区、平塘掌布"藏字石"景区、黔南州荔波瑶山古寨景区；3A级景区47个，分别为：黔南州都匀巨升影视旅游小镇景区、黔南州荔波水葩水寨景区、黔南州龙里云从朵花温泉景区、黔南州惠水百鸟河数字小镇旅游景区、黔南州都匀足球小镇景区、黔南州长顺广顺州署文化景区、黔南州长顺生态体育公园景区、黔南州平塘天空之桥景区、黔南州龙里水乡旅游生态城、黔南州惠水咕噜云岭景区、黔南州龙里摩都娱购景区、黔南州三都雪花湖马尾绣小镇景区、黔南州瓮安建中茶旅小镇景区、黔南州都匀市东方记忆景区、黔南州都匀黔南职院研学旅游景区、黔南州荔波万亩梅原景区、黔南州荔波布洛亚景区、黔南州龙里贾托山风景区、黔南州长顺神泉谷休闲旅游、黔南州长顺凤凰坝乡村休闲旅游区、黔南州贵定阳宝山文化旅游区、黔南州荔波恩铭故里景区、黔南州荔波寨票渔隐民宿景区、黔南州平塘甲茶景区、黔南州龙里十里刺梨沟景区、黔南州荔波瑶麓青瑶古风园景区、黔南州平塘六硐景区、黔南州独山天洞景区、黔南州贵定云雾茶乡旅游景区、黔南州荔波佳荣大土苗寨景区、黔南州荔波梦柳布依风情小镇景区、黔南州龙里孔雀寨景区、黔南州瓮安朱家山景区、黔南州都匀市青云湖国家森林公园、黔南州福泉双谷生态体育公园、黔南州龙里大草原景区、黔南州罗甸高原千岛湖休闲旅游区、福泉黄丝旅游度假景区、黔南州贵定金海雪山四季花谷旅游景区、黔南州荔波古镇景区、黔南州惠水连江公园景区、黔南州三都咕噜景区、黔南州龙里龙架山景区、黔南州独山深河抗日文化园景区、都匀市文峰公园、都匀市斗篷山景区、长顺杜鹃湖景区；2A 级景区 14 个，分别为：黔南州三都高硐景区、黔南州三都万户水寨景区、黔南州罗甸麻怀景区、黔南州惠水百年原址酒文化旅游景区、黔南州贵定苗姑娘工业旅游景区、黔南州贵定民族文化大观园景区、黔南州罗甸上隆寓农山谷旅游景区、黔南州长顺姆丽迷奇景区、黔南州平塘天坑群景区、黔南州平塘县牙舟陶文化产业园景区、黔南州平塘县卡蒲毛南风情园景区、黔南州独山奎文阁景区、黔南州瓮安映山红景区、黔南州都匀市东山公园。

四、主要景区介绍

　　贵州省位于中国西南的东南部，其地貌属于喀斯特地貌，其省境内又有多条河流流经，素有"八山一水一分田"之说，故而省内风景旅游景区颇多[①]。本章节通过对旅游景区质量等级划分的角度来介绍贵州省内景区大体情况。

（一）5A 级景区

1. 梵净山景区

　　梵净山地处贵州省铜仁市，梵净山的名字来源于"梵天净土"，它曾用过的名字为"三山谷"，作为武陵山脉的主峰。梵净山素有"武陵正源，名山之宗"

---

① 百度百科。

的美誉，曾多次获得"中国十大避暑名山"的称号。梵净山是全国著名的弥勒菩萨道场，是与山西五台山、四川峨眉山、安徽九华山以及浙江普陀山齐名的中国第五大佛教名山，在佛教史上具有重要的地位[①]。

梵净山占地面积一共是 567 平方千米，遗产地占地面积为 402.75 平方千米，缓冲区的占地面积为 372.39 平方千米。梵净山对一些植物和生态系统做出保护，具体是：以黔金丝猴、珙桐为代表的珍稀野生动物和植物，原生的森林生态系统。其森林的覆盖率高达 95%，植物的数量更是高达 2000 多种，其中包括国家保护植物 31 种；动物的数量高达 801 种，其中国家保护动物占 19 种，素有"地球绿洲"、"人类宝贵遗产"、"动植物基因库"等美誉。梵净山区域保存着 60 万亩大面积的原始森林，动植物种类繁多。1983 年，经过中科院梵净山联合考察组经过一系列综合性的考察后鉴定，梵净山中所具有的动物的种类数量共计 801 种，其中包括了兽类、鸟类、两栖类和爬行类；其中有 17 种珍稀动物被列为国家一类保护动物和国家二类保护动物；在梵净山中最宝贵的动物是黔金丝猴，全球仅分布在梵净山自然保护区，被誉为"地球独生子"。梵净山的植物大概有 1800 多种，其中有珙桐、钟萼木以及冷杉等 14 种国家一类保护植物，是世界所罕见的生物资源基因库以及举世瞩目的生物多样性研究基地，被誉为"地球和人类之宝"以及"自然基因宝库"。

梵净山在 2008 年 6 月 30 日被授予了"中国十大避暑名山"这个荣誉，梵净山被评为 5A 级景区的时间和其被评为国家级自然保护区的时间都是相同的，是在 2018 年 10 月 17 日；此外，梵净山还具有许多美称美誉，例如：梵净山是在国内有名的弥勒菩萨道场，国际"人与生物圈保护网"（MAB）的成员；梵净山是世界自然遗产，这是经过第 42 届世界遗产大会认定的。梵净山还被列入了世界自然遗产名录中，列入的时间为 2018 年 7 月 2 日，当时的世界遗产大会是在巴林麦纳麦举行。

[①] 梵净山景区官方网站

注：图片来源于网络（https://image.baidu.com）

2.黄果树景区

黄果树瀑布，即黄果树大瀑布。古称白水河瀑布，亦名"黄葛墅"瀑布或"黄葛树"瀑布，贵州民间自古以来就流传有黄果树瀑布的神话故事，黄果树瀑布的名称就来自这个神话故事中结"黄果"的树。黄果树是瀑布的王者，是贵州一张闪亮的名片。它气势磅礴，在这贵州高原，流淌着心底最温暖的血液①。

黄果树大瀑布的成因要上溯至 2 亿多年前的中三叠纪，那时黄果树一带沉积了一套巨厚的碳酸盐岩。黄果树瀑布发育在一套"中三叠世中统关岭二段中厚层夹少量薄层状云灰岩"中，位置在翁寨小背斜东翼。黄果树瀑布形成时期的白水河，是一条发育于距今 10 万—50 万年之间，第四纪中、晚更新世时期由"宽谷期"向"峡谷期"演化中的地上河流，后因"喜马拉雅运动"时期地壳多次间歇抬升，引起河流侵蚀基准面下降，导致河流的侵蚀、溶蚀等下切作用加强，在该处形成"裂点"（河床因地壳抬升、侵蚀基准面下降及构造、岩性等因素的影响而发生较大转折处），这个裂点处的裂隙、溶洞、暗河非常发育。白水河先是形成了一个喀斯特侵蚀裂点型的落水洞型瀑布，后来随着河流侵蚀、溶蚀、侧蚀作用在地壳间歇抬升及晚更新世后期温湿气候中，水动力逐渐加大等因素影响下，

---

① 黄果树景区官方网站

落水洞的洞顶逐步坍塌，黄果树大瀑布终于呈现，已经有 5 万年的历史。

　　贵州黄果树瀑布是世界最著名的瀑布之一，也是世界喀斯特地区罕见的巨型瀑布，它位于东经 105°41′，北纬 25°55′，在贵州省的安顺市。在打邦河流域的白水河段上，河水由北向南，到达黄果树时，河床出现一个大的纵坡裂点，进而形成黄果树瀑布，水流经瀑布后向西绕行一个近似半圆的弧形，弦长 500 米，向西凸出 300 米，到达水刮冲以下的螺丝滩头，恢复由北向南的流向。黄果树瀑布以其雄奇壮阔的大瀑布、连环密布的瀑布群而闻名于海内外，十分壮丽，并享有"中华第一瀑"之盛誉。

注：图片来源于网络（https://image.baidu.com）

3. 青岩古镇

　　青岩古镇是贵州四大古镇之一，位于贵阳市南郊 29 公里，是花溪区南郊中心集散地，贵州省的历史文化古镇。地处东经 106°37′-106°44′、北纬 26°17′-26°23′，南北长约 10 公里，东西宽约 8 公里，总面积为 92.3 平方公里。建于明洪武十年（1378 年），原为军事要塞。古镇内设计精巧、工艺精湛的明清古建筑交错密布，寺庙、楼阁画栋雕梁、飞角重檐相间。镇人文荟萃，有历史名人周渔璜、清末状元赵以炯。镇内有近代史上震惊中外的青岩教案遗址、赵状元府第、平刚先生故居、红军长征作战指挥部等历史文物。周恩来的父亲、邓颖超的母亲、李克农等革命前辈及其家属均在青岩秘密居住过。青岩古镇还是抗战期间浙江大学的西迁办学点之一。

2005 年 9 月青岩古镇景区被建设部、国家文物局公布为第二批中国历史文化名镇。2013 年在顶峰国际非物质文化遗产保护与传承旅游规划项目中被誉为中国最具魅力小镇之一。2010 年青岩古镇荣获中华诗词学会授予的"中华诗词之乡"荣誉称号,率先成为全国的诗词之乡。2016 年被住建部列为首批中国特色小镇。 2017 年 2 月 25 日,青岩古镇被评为国家 5A 级旅游景区。

注: 图片来源于网络(https://image.baidu.com)

4. 百里杜鹃景区

百里杜鹃风景名胜区位于贵州省西北部,总面积约 125.8 平方公里。因天然原始林带宽 1 至 3 千米,绵延 50 余千米而得名,是国家级森林公园。公园内有马缨杜鹃、露珠杜鹃、团花杜鹃等 41 个品种,囊括了世界杜鹃花 5 个亚属的全部。这里被誉为"世界上最大的天然花园",享有"地球彩带、世界花园"之美誉。暮春 3 月下旬至 5 月各种杜鹃花竞相怒放,漫山遍野,千姿百态,铺山盖岭,五彩缤纷。百里杜鹃实为一座规模宏伟的天然花园,以天然的杜鹃花海而得名。历史名词曾有过"杜鹃花似海,穿山留异香"之美称。因以大面积原生杜鹃林为主要特色,杜鹃林带绵延百里,故称"百里杜鹃"。百里杜鹃景区囊括了黄坪十里杜鹃、花海、百里杜鹃大草原、云台岭、移山湖、醉九牛、米底河、千年一吻、白马坡、五彩路、支戛阿鲁神山、览胜峰、初水花源、奢香岭、数花峰、龙场九驿、花底岩、画眉岭、锦鸡箐、马缨林、花海神龟、落英台、百里杜鹃湖等自然景观。百里杜鹃景区的主要景点有：红军广场、健身道、奢香道、祭祀花神主题园、杜鹃花神庙、黄家祠堂、杜鹃花神、卷洞门水库等。同时，百里杜鹃景区还具备许多颇具民族风情的节日和文化要素，例如：彝族歌舞、火把节、插花节、民族服饰、跳花节等。国家旅游局在 2013 年 10 月 11 日授牌百里杜鹃风景名胜区，使其跻身为贵州省旅游发展史上的第三个国家 5A 级旅游景区。

注：图片来源于网络（https://image.baidu.com）

5. 龙宫景区

山林幽深、泉水叮咚、野鹿出没、瀑布如帘，龙宫的传说以及神奇牵引着无数人的好奇心。龙宫有着全国最长、最美丽的水溶洞，还有着多类型的喀斯特景观，被游客赞誉为"大自然的大奇迹"。2007 年 5 月 8 日，龙宫景区经国家旅游局正式批准为国家 5A 级旅游景区。

龙宫风景名胜区位于安顺以南 27 公里，以山奇水奇洞奇见长。龙宫风景区是以暗河溶洞为主称奇、并集旱溶洞、峡谷、瀑布、峰林、绝壁、溪河以及石林等多种喀斯特地质地貌景观为一体的国家重点风景名胜区。龙宫总体面积达 60 平方公里，分为中心、漩塘、油菜湖、仙人箐等四大景区。

龙宫有着中国最美丽的水溶洞、中国最大的洞穴佛堂、中国最大的洞中瀑布、全世界最低的天然辐射剂量率、全世界最为集中的水旱溶洞等高品位风景资源，构成一幅怡然自得的人间仙境画图。龙宫景区拥有两项大世界吉尼斯之最——最大、最多的水旱溶洞群——"龙宫溶洞群"、天然辐射率最低的地方——"贵州龙宫风景名胜区"，拥有世界纪录认证世界最大的植物汉字景观——"龙"字田等瑰丽奇特的景观。

注：图片来源于网络（https：//image.baidu.com）

6. 赤水丹霞旅游区

　　赤水丹霞旅游区位于世界自然遗产地赤水，由赤水丹霞旅游区·大瀑布、赤水丹霞旅游区·燕子岩、赤水丹霞旅游区·佛光岩组成，以丹霞地貌、瀑布群、竹海、桫椤、原始森林为主要特色。国内外专家皆评价赤水丹霞旅游区同其他同等地貌相比，有杰出的表现，保护区和提名地中的核心区保护得很好，生态和生物多样性丰富。发现丹霞面积最大，发育最完整、最具典型性和代表性、最年轻的地貌，是中国丹霞地貌最美的地方。2020 年 12 月 25 日评为国家 5A 级旅游景区。

　　赤水市位于贵州省西北部，赤水河中下游，与四川省南部接壤，历为川黔边贸纽带、经济文化重镇，是黔北通往巴蜀的重要门户，素有"川黔锁钥"、"黔北边城"之称。赤水山川秀丽，风景优美，全市森林覆盖率达到 76.2%，居贵州省第一位。赤水风景名胜区是国务院唯一以行政区命名的国家级风景名胜区，素有"千瀑之市"、"丹霞之冠"、"竹子之乡"、"桫椤王国"的美誉。赤水因美丽而神秘的赤水河贯穿全境而得名，更因中国工农红军"四渡赤水"以及赤水丹霞世界自然遗产而扬名中外。

　　已对游人开放有：赤水大瀑布、转石奇观景区、四洞沟、五柱峰、红石野谷、中国侏罗纪公园、燕子岩国家森林公园、竹海国家森林公园等自然景区；以及大同古镇、丙安古镇、复兴古镇、红军长征遗址等人文景区。另外，天台山、九角洞、月亮湖、九曲湖、长嵌沟、仁友溪、月台、宝源、盘龙等景区正在开发建设之中。

　　赤水地处云贵高原向四川盆地过渡的大斜坡地带，海拔从 1730 米急剧沉降至 221 米，谷深坡陡，沟渠纵横。经亿万年风化侵蚀，形成了 1200 多平方公里全国面积最大、发育最美丽壮观、最具典型性和代表性、最年轻的丹霞地貌。特殊的地理气候，又成为国家一级保护植物、侏罗纪残遗种——"桫椤"的天然避难所，仅赤水桫椤国家级自然保护区内就有 4.7 万株（赤水境内其余各处还有共计 2 万余株），是全世界分布最集中的区域，被誉为我国最大的古生物博物馆。赤水水系极为发达，352 条河溪遍布各处，加上数量众多的高原湖泊，以及 129 万亩浩瀚无垠的竹海（全国十大竹乡第一）、43 万亩地球同纬度保存最完好的中亚热带常绿阔叶林等丰富植被涵养水源，更形成无数的飞瀑，据统计，3 米宽以上的瀑布达 4000 多条，是亚洲最大的瀑布群。

注：图片来源于网络（**https：//image.baidu.com**）

7. 镇远古镇

　　镇远古镇是贵州省黔东南苗族侗族自治州镇远县下辖镇，位于舞阳河畔，四周皆山。河水蜿蜒，以"S"形穿城而过，北岸为旧府城，南岸为旧卫城，远观颇似太极图。两城池皆为明代所建，现尚存部分城墙和城门。城内外古建筑、传统民居、历史码头数量颇多。镇远古镇交通方便区位优越，湘黔铁路、株六复线、320 国道、沪昆高速公路穿境而过，距铜仁机场、湖南芷江机场和贵阳机场分别为 90 公里、170 公里和 270 公里。县境东界湖南新晃，南临三穗、剑河，西毗施秉，北接岑巩和铜仁地区的石阡，素有"滇楚锁钥、黔东门户"之称。

这座拥有 2000 多年悠久历史的古城地处入黔要道，旅游资源极为丰富，人文古迹众多，自然风光旖旎。仅镇远古城就遗存有楼、阁、殿、宇、寺、庙、祠、馆等古建筑 50 余座，古民宅 33 座，古码头 12 个，古巷道 8 条，古驿道 5 条。其中国家级重点文物保护单位 1 处，省级重点文物保护单位 7 处。镇远古城素有"东方的威尼斯"之称，在这座古城里，每一座建筑，甚至每一块砖、每一片瓦上，都寻找到贵州人心底的柔情和贵州文化的根。镇远是一座"以军兴商"的城市，是一座"移民"的城市，是一座多元文化交融的城市。2000 多年的历史赋予了镇远不只是厚重的历史文化，还有多彩的地方少数民族文化。2020 年 1 月 7 日，被文化和旅游部确定为国家 5A 级旅游景区。

注：图片来源于网络（https://image.baidu.com）

8. 荔波樟江景区

荔波樟江景区位于贵州省黔南布依族苗族自治州荔波县境内，总面积 118.8 平方公里。2015 年，荔波樟江景区正式被评为国家 5A 级旅游景区。荔波县，隶属于贵州省黔南布依族苗族自治州，地处贵州省最南端，云贵高原向广西丘陵过渡地带，东南与广西壮族自治区的环江毛南族自治县、南丹县毗邻，总面积 2431.8 平方千米。荔波是中共一大代表邓恩铭烈士的故乡，境内生态良好，气候宜人，拥有国家 5A 级樟江风景名胜区、国家级茂兰自然保护区、水春河漂流、黄江河国家级湿地公园、瑶山古寨景区、四季花海和寨票、水浦、大土民宿等景区景点。

荔波樟江景区由大、小七孔景区、水春河景区和樟江风光带组成。景区内以丰富多样的喀斯特地貌、秀丽奇特的樟江水景和繁盛茂密的原始森林、各类珍稀品种动植物为特色，集奇特的山水自然风光与当地布依族、水族、瑶族等民族特色于一身，是贵州首个世界自然遗产地。

荔波县属于中亚热带季风湿润气候区。气温分布的总趋势是南高北低。地势每升高 100 米，气温大致下降 0.55℃；河谷地带比同高度的山地，东西向槽谷比南北向槽谷，南坡比北坡，封闭型谷盆地比同高坡地气温高。全县年平均气温 18.3℃。全县常年最热月为 7 月，最冷月为 1 月。7 月平均气温为 27.0℃以下，极端最高气温不超过 40.0℃；1 月平均气温各地均在 5.5℃以上，极端最低气温在 -10.0℃以上。荔波县内霜期少，无霜期在 270 天以上。平均初霜日期和平均终霜期分别在 12 月中旬及 2 月上旬。县境内冬季降雪较少，且多为冰粒，其次为雪花，平均每年降雪日数在一个月左右。冰雹在荔波也较少出现，一般一年 1—2 次，大部分出现在 3—5 月，且都为小冰雹，降雹的时间短，范围也不大。降水主要集中在夏季。6—8 月各月雨量在 2000 毫米以上，占全年总雨量的 50% 左右；冬季（12—2 月）仅占全年总雨量的 5% 左右；秋季（9—11 月）占 15% 左右；春季（3—5 月）海洋季风逐渐增强，降水占全年雨量的 30% 左右，但 3 月份降水量只有 50 毫米左右，4 月份增至 100 毫米以上。常年于 4 月下旬进入雨季，4—10 月份水量占全年总降水量的 81%。10 月份以后，海洋季风减弱，逐渐为南下的大陆季风取代，降水量显著减少。荔波境内河流均属龙江水系归珠江流域。全县较大的河流水系有：打狗河水系（包括樟江干流和方村河支流）、三岔河水系和甲料河水系。全县集雨面积大于 20 平方千米，或河道长于 10 千米的河流共 30 条。县内河道总长 1048 千米，其中各河流主河道长 483.95 千米，河道密度 0.47 千米/平方千米。全县总面积中属上述三条水系的县内流域面积为 2375.1 平方千米。

荔波的八大自然景区主要为：荔波小七孔风景区、荔波大七孔风景区、荔波水春河风景区、樟江风光带、荔波茂兰喀斯特原始森林保护区、观音峰休闲度假区，联山湾休闲度假区以及万亩梅园。五大红色景区由中共一大代表邓恩铭故居及其纪念馆、红七八军板寨会师纪念馆、黎明关抗日战争遗址、坤地红军休整地、穿洞抗战遗址等组成。

注：图片来源于网络（**https://image.baidu.com**）。

（二）4A 级旅游景区

根据贵州省人民政府网站公布的贵州省 A 级旅游景区名录显示，截至 2022 年 3 月 20 日，贵州省 4A 级旅游景区数量为 141 家，本书主要选取相对具有代表性的景区进行介绍。

1.西江千户苗寨

西江千户苗寨位于贵州省黔东南苗族侗族自治州雷山县东北 36 千米处。这里居住的是苗族西氏支系。苗寨以青石板路串联，枫树成林，枫香扑鼻。西江位于贵州凯里市的东南，从雷山路口折向东北，是凯里周围规模最大的苗寨，约有 1000 多户人家，所以称为"千户苗寨"[①]。

西江千户苗寨境内河流长度为 16.8 公里，流域面积为 65.39 平方公里，平均比降 45.7%，最大洪水流量 455 立方米/秒，最枯流量 0.25 立方米/秒，年平均流量为 1.84 立方米/秒。探明的矿点：开觉和白水河硅矿各 1 个，主要含砷、

[①] 西江千户苗寨官方网站

铅、锌等。开觉矿点可供开采 50 年以上。其他自然资源有森林资源和水资源等，境内森林覆盖率 85.15%，有植物杉树、松树、枫香树、板栗树、青杠树、樟树、茶子树、映山红等居多。桂皮、木姜、杞木、杜仲、五倍子等几百种树种和药材、果树、茶树等。西江千户苗寨是一个保存苗族"原始生态"文化完整的地方，由 10 余个依山而建的自然村寨相连成片，是中国乃至全世界最大的苗族聚居村寨。它是领略和认识中国苗族漫长历史与发展之地。西江每年的苗年节、尝新节、十三年一次的牯藏节等均名扬四海，西江千户苗寨是一座露天博物馆，展览着一部苗族发展史诗，成为观赏和研究苗族传统文化的大看台。西江有远近闻名的银匠村，苗族银饰全为手工制作，其工艺具有极高水平。

千户苗寨四面环山，重峦叠嶂，梯田依山顺势直连云天，白水河穿寨而过，将西江苗寨一分为二。寨内吊脚楼层层叠叠顺山势而建，又连绵成片，房前屋后有翠竹点缀。吊脚楼多为三层，基座以青石、卵石垒砌，一层圈养牲畜，二层住人，三层为粮仓。居住层有长廊，围有木栏，设有长凳，苗家姑娘多在此挑花刺绣，人称长廊木凳为"美人靠"。

注：图片来源于网络（https：//image.baidu.com）

2. 肇兴侗寨

肇兴侗寨，位于贵州省黔东南苗族侗族自治州黎平县东南部，占地 18 万平方米，居民 1000 余户，6000 多人，是全国最大的侗族村寨之一，素有"侗乡第一寨"之美誉。肇兴侗寨四面环山，寨子建于山中盆地，两条小溪汇成一条小河穿寨而过。寨中房屋为干栏式吊脚楼，鳞次栉比，错落有致，全部用杉木建造，硬山顶覆小青瓦，古朴实用。肇兴侗寨分内姓外姓，对外全为陆姓侗族，分为五大房族，分居五个自然片区，当地称之为"团"。分为仁团、义团、礼团、智团、信团五团。

肇兴侗寨是黎平侗乡风景名胜区的核心景点，2005年被《中国国家地理》评选为"中国最美的六大乡村古镇"之一，2007年被《时尚旅游》和美国《国家地理》共同评选为"全球最具诱惑力的33个旅游目的地"之一。肇兴侗寨全为陆姓侗族，分为五大房族，分居五个自然片区，当地称之为"团"。分为仁团、义团、礼团、智团、信团五团。肇兴不仅是鼓楼之乡，而且是歌舞之乡，寨上有侗歌队、侗戏班。

在西方的游客心目中，中国西南地区少数民族地区有两处独特的民族文化和特征异常凸显的旅游资源，那就是云南丽江地区和贵州凯里地区的少数民族风情。当发现神奇的肇兴侗族风情可与丽江媲美时，肇兴一定成为又一首选旅游目的地。

注：图片来源于网络（https://image.baidu.com）

3.万峰林

万峰林，长200多公里，宽30-50公里，仅兴义市境内就有2000多平方公里的面积，占兴义市国土面积三分之二以上，是中国西南三大喀斯特地貌之一。

从地质学的角度看，北部为峰林盆地，中南部为峰林洼地和峰丛山地，峰林峰丛大多为呈锥形，部分为钟状、平顶状和马鞍状，堪称一座"中国锥状喀斯特博物馆"。2005年，中国《国家地理》评定万峰林为"中国最美的五大峰林"。明代地理学家、旅行家徐霞客就曾到过万峰林，赞叹这片连接广西、云南的峰林："磅礴数千里，为西南形胜"，相传还发出这样的赞叹："天下山峰何其多，唯有此处峰成林"。

注：图片来源于网络（https：//image.baidu.com）

4.乡愁贵州

乡愁贵州地处清镇职教城乡愁校区，距清镇市区3.8公里，距贵阳市区约23公里，距机场30公里，是以乡村良好生态环境为肌理，以阳明文化为哲学精神内核，以乡愁文化、贵州文化为产品打造原型，集农耕体验、户外活动、生态自然休闲观光、生态科普教育等于一体的农耕文明国际休闲度假区。

乡愁贵州分为南北两区打造，总规划用地4570亩。南区占地1991亩，以"贵山"为主题，通过坝、屋、场、田、粮、人六大核心要素，表现山地民族和谐共生，天人合一，道法自然的"贵州山地文明"。北区占地2579亩，以"秀水"为主题，通过"桥、井、渔、寨、馆、镇"六大核心要素，倾情演绎贵州独特的"水文化、水生态、水文明"，以及以"河边村，半坡寨，谷底人家"为特点的居住文化。

园区内自然山水、稻田、树林等生态优势，"乡愁贵州"打造出澜乡山野奢稻田酒店、树屋木屋酒店，森林温泉、星空营地等多种极富吸引力的业态，并聘请当地村民为酒店员工，为农民增收提供持续稳定的渠道。基于对贵州农耕智慧、文化的传承，"乡愁贵州"精心打造"稻鱼鸭"系统，并将稻鱼鸭系统分为养殖区和体验区，既是对传统农业文化的传承，又形成园区内一大文化及景观亮点，养殖的稻田鱼、稻田鸭更可用作特色农产品出售。而"乡愁贵州"打造的百家宴，不仅让人们在这里品味小时候的美好，还让村民入股百家宴、联合经营，或以低价出租店面给村民开店，为村民持续增收创造有利条件……"乡愁贵州"通过独具乡愁特色的业态打造，整合农业、文化、旅游产业链，让"资源变资产、资金变股金、农民变股东"，将"三变"模式为己所用，为村民持续增收、乡村产业兴旺、农业创新发展创造了切实可行的乡村振兴之道。

注：图片来源于网络（https：//image.baidu.com）

5.平塘县中国天眼景区

中国天眼景区是国家4A级旅游景区，地处贵州省黔南州平塘县，是一个围绕中国天眼建立的景区。在该景区内有观景台、天文体验馆、游客接待中心等可游玩项目。同时，在天眼景区所处的平塘县内，还有许多风景值得欣赏，例如：六硐河风景区、掌布风景区、天坑群风景区、甲茶国家风景名胜区。

观景台一共分为三层，站在观景台上可以一览山间的风光，目睹世界上最大的单口径射电望远镜"中国天眼"的真容。天文体验馆是宣传"中国天眼"、普及天文学常识的自然科学展馆，该体验馆常设的有：高科技特种影院、科学艺术长廊、主题活动区和临时展区等四个不同风格的展区，同时在体验馆内可以亲身体验 3D 技术、VR 技术以及体感互动技术等。游客接待中心颇有置身于星辰大海、遨游广袤宇宙的身临其境之感。六硐河边上的大坝种植的有油菜花，在花开之际泛舟河上，颇具美感。掌布风景区拥有清澈的流水、茂密的植被、参天的大树、垂吊的藤萝，同时还可参观两亿七千万年前形成的掌布"藏字石"、二三百万年前形成的甲青"冰臼群"。打岱河天坑是天坑群风景区中最大的一个天坑，南北走向长度约 1800 米。打岱河天坑四面绝壁险峻，地下河穿境而过，坑底有洞穴，珍稀动物植物种类繁多，是举世罕见的地质遗址，更是开展悬崖"速降"和"攀岩"等现代探险与极限运动的最佳场所。甲茶风景名胜区位于平塘县摆茹镇甲茶村，这里的景物景观共有 20 个，包括瑶家河峡谷、沙漠河、牛织峰、甲茶瀑布、清恬园、竹溪、拉七峡谷、燕子洞等。[1]

注：图片来源于网络（https://image.baidu.com）

6. 织金洞

织金洞原名打鸡洞，位于贵州省织金县城东北 23 公里处的官寨乡，距省城贵阳 120 公里。1980 年 4 月，织金县人民政府组织的旅游资源勘察队发现此洞。它是一个多层次、多类型的溶洞，洞长 6.6 公里，最宽处 175 米，相对高差 150

[1] 百度百科。

125

多米，全洞容积达 500 万立方米，空间宽阔，有上、中、下三层，洞内有 40 多种岩溶堆积物，显示了溶洞的一些主要形态类别。根据不同的景观和特点，织金洞分为迎宾厅、讲经堂、雪香宫、寿星宫、广寒宫、灵霄殿、十万大山、塔林洞、金鼠宫、望山湖以及水乡泽国等景区，有 47 个厅堂、150 多个景点。洞内有各种奇形怪状的石柱、石幔、石花等，组成奇特景观，身临其境如进入神话中的奇幻世界。它以"大、奇、全"为特点，是中国目前发现的一座规模宏大、造型奇特的洞穴资源宝库，它拥有 40 多种岩溶堆积形态，被称为"岩溶博物馆"。

织金洞的规模宏大，景色壮观。它的长度，已探明为 13.5 公里，据说，这可以算得上是世界冠军。这么大的跨度而不坍塌，反映了自然界的神奇的力量。织金洞里的各种钟乳石、石笋、石帘，千姿百态，造型奇特；还有间歇水塘、地下湖泊。真是一个奇妙的地下世界，各种堆积、结晶达 120 多种形态，这也是所知的世界纪录。有一种生长在钟乳石上的灌丛状卷曲石，呈细条状，其中心为一密封储水的空心管道，管壁很薄，通体透明，它不受地心吸力的束缚，自动回避障碍物的阻拦，自由地向空间卷曲发展。这种卷曲石极为罕见，因此被视为溶岩中的珍品。"银雨树"也是一种十分罕见的开花状透明结晶体，高 17 米，冲天而立，披金洒银，美丽无比。

"织金归来不看洞"，织金洞是大自然赋予人类溶洞之中的精品[①]。

① 织金洞景区官方网站

注：图片来源于网络（**https：//image.baidu.com**）

7.天龙屯堡

　　天龙屯堡古镇位于贵州省西部平坝县，喀斯特地貌大山深处，有天台山、龙眼山两山脉，距贵阳市 72 公里。天龙原名饭笼，本世纪初，天龙的几位有名乡儒感觉饭笼铺的"饭笼"二字不雅，经提议，取天台山的"天"，龙眼山的"龙"二字为村寨之名，这就是天龙屯堡镇"天龙"二字的由来。这里地处西进云南的咽喉之地，聚居着一支与众不同的汉族群体－－－屯堡人，他们的语音、服饰、民居建筑及娱乐方式与周围村寨截然迥异，这一独特的汉族文化现象被人们称之为"屯堡文化"，其中最有代表性之一的就在天龙屯堡。在元代就是历史上有名的顺元古驿道上的重要驿站，名"饭笼驿"。明初时，朱元璋调北镇南，在这里大量屯兵，兵来自江浙汉族，本世纪初被当地儒士改名为"天龙屯堡"。

　　天龙屯堡文化旅游区下设 2 个主要旅游景区——天台山风景区和天龙屯堡景区，分布在平坝县天龙镇境内 6 平方公里的范围内。天台山如一岭石立田畴，山虽不高，其势陡峭，直插蓝天。似一座登天高台，故名。明万历年间，白云寺僧卓锡天台，依山形地势，以木石架建五龙寺，被誉为"石头的绝唱"，今为全国重点保护单位。天台山建筑奇特，多是石块砌成的城堡，建造之初，有着极强的军事性，后随着岁月的流逝，军事性淡化，天台山形成了佛、儒、道三教合一的香火圣地。走进天台山，就仿佛走进了一座神奇的植物王国，它有着三千余种的植物，蔓萝遮日，灵樟冲霄。天台山传说甚多，吴三桂拜望其叔吴风，曾带着陈圆圆宿于伍龙寺，现在还有宝剑一把，朝服一件，朝匾一块，存于伍龙寺内。当您站于山峰，有天台揽胜，群峰来朝之感叹；在天龙屯堡景区，随处可见身穿大襟宽袖，蓝色长袍的人，他们是地地道道的汉族人！在当地，他们被称作"屯堡人"，屯堡人是明朝洪武年间的屯军后裔，其历史可以追溯到明朝，明太祖朱元璋为加强其在西南的统治，在这里垒墙筑堡，驻军屯垦。现今的屯堡人都是数百年前从内地迁来的军士的后代。六百余年来，他们仍保留继承着明代的生活习俗、文化习俗。屯堡人的屯堡二字，实是两个概念——"屯"是指军屯，是军队传递书信，接待来往官员和部队家属居住的地方，"堡"是指商人和普通老百姓居住的地方。在那里可以见到构筑坚固的屯堡群和高耸的碉堡。在碉堡的不同方向留三角形的观察窗眼。现在依旧保存完好，岿然屹立。至今，在古城堡上仍依稀可见一见旧时战乱留下的痕迹。屯堡村庄，大多沿袭了具有江南水乡风韵的石头村落建筑形式。数百年来，更朝迭代，世事变幻，而屯堡人却在这黔境一隅顽强地坚守着他们祖先的传统保持着大明朝文化。他们的服饰被称为明代服饰的活标本。农历正月，村民坐冷板凳欢天喜地地耍灯、舞龙、划旱船，老年人照旧要去庙里上香拜佛——都是__的汉族文化。

注：图片来源于网络（**https://image.baidu.com**）

8.遵义会议纪念馆

遵义会议纪念馆是为纪念中国共产党历史上具有伟大历史意义的遵义会议而建立的，是中华人民共和国成立后最早建立的 21 个革命纪念馆之一①。

1951 年 1 月，为庆祝中国共产党诞辰三十周年，中共遵义地委成立了"遵义会议纪念建设筹备委员会"，1954 年 8 月调查落实了 1935 年 1 月中共中央在遵义召开政治局扩大会议的会址是遵义老城柏辉章私宅。1955 年 10 月，遵义会议会址正式对外开放。1958 年 11 月，遵义会议参加者中共中央政治局常委、中共中央总书记邓小平，中央办公厅主任杨尚昆等参观遵义会议会址。1961 年 3 月国务院公布遵义会议会址为全国第一批重点文物保护单位。1964 年 11 月，毛泽东主席题写了"遵义会议会址"六个大字 1983 年 12 月，国家文物局批复同意将遵义会议期间毛泽东、张闻天、王稼祥住处，"红军总政治部旧址"列入全国重点文物保护单位"遵义会议会址"的组成部分。

遵义会议纪念馆是为纪念遵义会议而建立的，是新中国成立后最早建立的 21 个革命纪念馆之一，于 1955 年 10 月开放。遵义会议纪念馆由遵义会议会址等十一个纪念场馆组成 ，1964 年 11 月，毛泽东主席为纪念馆题写了"遵义会

① 遵义会议纪念馆官方网站

议会址"六个大字 。截至 2008 年 11 月 28 日，该馆馆藏文物 1551 件。其中原物 726 件，复制品 667 件，仿制品 158 件。截至 2019 年 5 月 14 日，遵义会议纪念馆新征集到 2000 多件革命文物及历史资料，纪念馆收藏的革命文物中，有 11 件国家一级文物及 30 件国家二、三级文物。

注：图片来源于网络（**https://image.baidu.com**）

9. 天河潭景区

天河潭风景区，位于贵阳市花溪区石板镇境内，距贵阳市 24 公里内，天河潭兼具黄果树瀑布之雄、龙宫之奇与花溪之秀，集飞瀑、清泉、深潭、奇石、怪洞与天生石桥于一身，浑然天成。天河潭风景区，自古山清水秀，气候宜人，曾经是明末清初吴中蕃隐居之地，并留下了许多赞美的诗篇①。

天河潭是典型的薄层碳酸盐岩裸露地块，褶皱频繁，断裂交错，河谷拐曲，纵横深切，河床上堆积的二十多处钙化滩坝，串连着二十余个溶洞但由于水患问题，一直没能很好地开发利用。天河潭旅游度假区具有河谷曲拐，沟壑险峻的地貌特征，融山、水、洞、潭、瀑布、天生桥、峡谷、隐士为一体。山中有洞，洞中有水，洞行山空，空山闻水声，碧潭衍飞瀑，纵横密布，形态各异。有贵州山水浓缩盆景的美称，被谷牧誉为"黔中一绝"。"最怕乌龙吹海螺，洪水灌满木

---

① 天河潭景区

鱼壳；牛马冲进阴潭河，狗哭狼嚎鬼闹坡。"这首民谣似乎已经慢慢远去，但作为天河潭附近的村民对它仍然心有余悸，它是天河潭 1990 年水利改造以前的真实写照。

进入景区，呈现在你眼前的是 210 米的钙化滩瀑布，也是目前国内最宽的钙化滩瀑布。瀑布下游这一段河叫香粑沟。瀑布飞泻而下，在香粑沟河段那星罗棋布，奇形怪状的石灰溶岩洞，或迂回婉转，或奔腾跳跃，形成美水、浣沙洲、绾髻园、仙女出溶等景点。丰水时，瀑布如脱缰的野马轰鸣而下，势不可挡，在冲坑溶潭下溅起漫天水雾，蔚为壮观。枯水季节，瀑顶上挂下滴的瀑布如丝如缕，在微风吹拂下，洋洋洒洒，连接钙化滩的是卧龙湖，长长的龙脊——百步石桥浮现在湖中，湖水清澈如镜，湖岸上桃红柳绿，犹如世外桃源。

注：图片来源于网络（**https：//image.baidu.com**）

10. 花溪国家城市湿地公园

贵阳花溪国家城市湿地公园，位于贵阳市花溪区中心城区的北部，距离贵阳市中心仅 12 公里，是第六批国家城市湿地公园之一。

贵阳花溪国家城市湿地公园是贵州省首个国家城市湿地公园，平均海拔1140M，年平均气温 14.9°C，冬无严寒，夏无酷暑，气候温和湿润，空气清新宜人，具有生态"大氧吧"、天然"大空调"的美称。面积为 4.6 平方千米，并将 3.9 平方千米的大将山景区纳入统一管理。花溪公园以花溪河为纽带，串联起十里河滩、花溪公园、洛平至平桥观光农业带三个景区，是全国罕见的城市湿地。在环境上它属于亚热带湿润气候下的高原岩溶丘陵区，是以喀斯特地貌为特征的城市湿地公园，其独特的地理位置和地质结构形成丰富多样的风景地貌资源。

花溪国家城市湿地公园面积大，南北长达 6.5 公里，但景区禁止私家车进入，提供了三种慢行系统供游客选择。湿慢行系统以低碳、环保为主要设计理念，包括电瓶车运行系统、自助自行车系统和步行系统，让游客以一种生态、低碳的出行方式游览湿地公园。十里河滩是目前已开放的核心景区。十里河滩南起牛角岛、北至龙王村，紧邻花溪大道，是一条风景优美的自然山水观光带，同时拥有宜人的田园风光。花溪国家城市湿地公园距离花溪公园很近，但是分别为两个不同的景区，初来贵阳的游客请勿弄错。目前已开放的十里河滩景区，景区内由南至北设有湿地游赏区、湿地科普区、花圃展示区、生态核心区、民俗文化体验区，并有清水芙蓉、牛角岛、花圃果乡、水乡流韵、溪山魅影、月潭天趣、蛙鼓花田、梦里田园等许多景点。

注：图片来源于网络（https：//image.baidu.com）

11. 娄山关

娄山关位于遵义、桐梓两县交界处，两次娄山关战役保证了遵义会议的顺利召开，是我国重要的"红色"基地。娄山关景区为国家级 4A 景区，入选《全国红色旅游经典景区名录》、全国一百个"红色旅游经典景区"名单，是贵州著名的红色旅游景区。

娄山关亦称太平关，原名娄珊关、娄关，后称太平关。位于汇川区与桐梓县交界处，是川黔交通要道上的重要关口。关名的来历，源于古代对娄山山脉的称谓。它是大娄山脉的主峰，海拔 1576 米，南距遵义市 50 公里，在汇川区与桐梓县的交界处，北拒巴蜀，南扼黔桂，为黔北咽喉，兵家必争之地。古称天险。关上千峰万仞，重峦叠峰，峭壁绝立，若斧似戟，直刺苍穹，川黔公路盘旋而过。据《明史纪事本末》载，万历年间，总兵刘与播州土司杨应龙曾激战于此。人称黔北第一险要，素有"一夫当关，万夫莫开"之说。

注：图片来源于网络（https：//image.baidu.com）

12. 威宁草海

威宁草海，长江支流横江上游洛泽河源头湖泊。位于云贵高原中部、贵州省威宁县城西。常水水面 31 平方公里，水深最大达 9 米，海面呈佛手形。是贵州最大的天然淡水湖泊。

草海是一个受地质构造影响而形成的典型岩溶湖泊。它原为平缓山丘间盆地，耕地集中，人烟稠密，溪流靠北部黑岩洞一带溶洞消水，清咸丰七年七月（1857年 8 月），淫雨为灾，山洪暴发，抱木夹泥沙堵塞消水洞，南北两海子合而为一，积水成湖，曾称松坡湖，后因湖中水草茂盛而称草海。

草海的形成，断层构造活动起着主导作用。北面的孔家山断层活动，造成羊角山（2519 米）一黄梅大山（2384 米）断块上升；南面么站断层、白岩箐断层，造成大龙槽梁子（2490 米）、鸬鹚梁子（2559 米）、石岗梁子（2783 米）断块上升；西面得胜坡断层、水朝山一付家山断层，使乌蒙山（2854 米）断块上升。而草海断块又相对下陷，四周被高山环绕，变成一个封闭型的断陷毓地。据钻探，草海沉积物厚达 85.80 米，证明中更新世以来，草海大幅度下降，在这下降过程中生成草海。草海生成的外部条件是河流的作用。草海原是一条较大的河流，发源于梅花山西坡，顺威水背斜轴部发育，由东向西流经金钟，南屯、六洞桥、陈选屯、保家、卯家营、朱戛等地，然后向东北进入乌木屯谷地，汇入羊街河，长约 40 公里。几十万年以来地质地貌及古水文网的变迁，已成干谷。河道遗迹的证据是河谷地貌形态及沉积物：金钟至威宁县城为一完整的河谷形态，谷宽约 500 米，深 100～120 米，两岸坡上有很多石灰岩溶洞，这些溶洞的发育方向与干谷方向一致，夸都河近期湖源侵蚀加剧，袭夺上源水流，破坏河流的原来形态；沿着这条古河道有很厚的泥炭沉积，长达几十公里，草海中央沉积物向两岸变薄，草海剧烈下降，沉积物沿河谷堆积，反映原始河谷地貌特征。因此，草海的雏形是一条古河道。中更新世后，得胜坡断层复活，西凉山上升，阻断了古草海河，就积水成湖。岩溶作用在草海的生成和消长过程中也起到一定的作用。草海北面为下石炭统大塘组上司段、摆佐组、中石炭统黄龙群、上石炭统马平群碳酸盐岩地层，地势较低，断层发育，溶岩作用强烈。羊街河溯源侵蚀速度快，地下水便顺着小海一周家营断层溶蚀发育地下通道，成了草海外流的途径。平时多余的湖水沿通道外泄，地下河起着调节湖水的作用。在地壳处于活动时期，地壳上升，地下水流速度加快，溶蚀加强，湖水大量外流；当外流量超过补给量时，湖水干枯，湖泊消亡。从草海的沉积物可以看出草海曾多次经历这种过程。

草海由于成湖历史悠久，所处地理位置特殊，日照充分，水质清净，气候温凉，水热条件优越，因而生物资源十分丰富。"草海细鱼"驰名省内外。草海的鸟类数量大，种类多，各种鸟类有百多种，其中属于国家保护的第一、二类珍稀动物有黑颈鹤、白头鹤、白琵鹤、灰鹤等十一种之多。春末夏初，草海周围杜鹃花争奇斗艳，给草海增添了一幅绚丽多彩的画面，是国内外人士考察研究鸟类和旅游避暑的理想胜地。草海，有着"高原明珠"的美誉。暮春时节，草海周围开放着大面积千姿百态、绚丽动人的杜鹃花。秋天的草海最美，湖中的水草在碧水中开出一朵朵、一串串、一片片的黄花、红花和白花，船行其中，花随水波浮动，如入仙境。

不管春夏秋冬，去草海，在它这"海"里，撑一支长篙，荡一条小船，你在这景里，景就在那幅画里。

注：图片来源于网络（**https：//image.baidu.com**）

13. 马岭河峡谷

马岭河峡谷距兴义市约 4 公里左右，峡内：河水清澈，晶莹透锡，客人漂流，乐此不疲；峡侧：彩崖峡迎风而立，灰色的石崖布景中分布着一道道橘红、灰白、绛紫、果绿各种色彩或粗或细或长或短的线条，故名曰：彩崖峡。好似一幅巨大的彩色画屏，彩崖倒映水中，又形成一道彩虹水纹顺水而移，美不胜收。有"地球最美的伤疤"的美誉。马岭河峡谷集雄、奇、险、秀为一体，谷宽 50—150米、谷深 120-280 米。马岭河峡谷是一条在造山运动中剖削深切的大裂水地缝，谷内群瀑飞流，翠竹倒挂，溶洞相连，两岸古树名木点缀其间，千姿百态。万峰林景区东峰林层峦叠嶂、西峰林山寨田园交相辉映，万峰湖景区则有上万个岛屿。如今，马岭河峡谷漂流吸引了大批中外游客。

马岭河峡谷位于整个景区的东北部，系湍急河水和地下将地表切开的一条裂谷，由上往下看是一道地缝，由下往上看是一线天沟。马岭河发源于乌蒙山系白果岭，上游叫清水河，中游因两岸有马别大寨和马岭寨而称马岭河。从河流至河口长约 100 千米的流程内，落差近千米，下切能力强，在海拔 1200 米的坦荡平川上切割出长达 74.8 千米的马岭河峡谷。

两岸众多支流因下切速度滞后于主流，形成了上百条高逾百米的瀑布坠入深谷之中。峡谷平均宽度和深度都在 200－400 米之间，最窄处仅 50 米，最深处达 500

米，如此之窄，又如此之深，实属罕见。

喀斯区的河水含碳酸钙很重，在跌落过程中迅速释放出二氧化碳，将碳酸钙附在崖壁上。随着时间的推移，碳酸钙物质越帖越厚，面积越来越大，遂在峡谷两壁孕育出规模宏大、气势磅礴的钙化瀑布群，仅天星画廊景区的嶂谷绝壁上，就悬挂着面积达 30 余万平千米的钙化瀑，与气势磅礴的瀑布峰林相交织，构成极为珍奇的稀世景观。

马岭河峡谷自上而下，还可分为东栏温泉、五彩长廊、天星画廊、赵家渡景区。

注：图片来源于网络（https://image.baidu.com）

14. 榕江苗山侗水

榕江苗山侗水风景名胜区面积 84 平方公里，景点 12 个。榕江苗山侗水风景名胜区是以历史悠久、特征鲜明的侗族、苗族文化及其赖以生存的良好自然生态环境为核心资源，兼有都柳江河流、高密度瀑布集群和古榕树群等自然资源，具有观赏游览、休闲旅游、文化体验、科普学习功能的国家级风景名胜区。

榕江古榕风景名胜区主要集中分布在两大片区，其一是乐里片区，包括侗族七十二寨侗族的侗族风情和龙塘奇观，资源分布相对集中，以古朴浓郁的苗族侗族风情和风格独具的侗族建筑、村寨、服饰为景观特点；其二是县城古州、车江乡、忠诚镇、栽麻乡片区，以古榕群和千户侗寨为景观特征，是风景名胜区的重点片区，具有邻近县城，交通方便等优势。榕江苗山侗水规划分为四个景区，分别是：三宝千户侗寨景区，宰荡侗族大歌景区，七十二寨侗乡景区以及龙塘奇观景区，景区之外规划有 39 处独立景点。景区共规划有景物 67 个，其中一级景物 10 个，二级景物 38 个，三级景物 15 个，四级景物有 4 个。

榕江共有 15 个少数民族，其中以侗、苗、水、瑶四大主体少数民族占总人口 84。4%，构筑了榕江县独具地域文化色彩的民族文化。同时，各民族支系众多，独具特色，个性鲜明，其中侗族有 8 个支系，苗族有 15 个支系，水、瑶民族乡有 6 个，加上长期封闭，没有受到外来文化的冲击，民族文化保存完好，形成了榕江独特绚丽多彩的民族文化。榕江是苗、侗文化祖源地。苗族先人沿江而上到达黔东南的第一站是古州榕江，然后再分化到各县，这在苗族史学研究中已是不争的事实。无论从苗族古歌、黔东南州志及有关县志中都有印证，榕江城内的苗王庙为苗族独一无二的祭祖庙都说明这一事实。2000 年，北京、上海等地研究民俗学和旅游的专家、学者、教授在认真考察了榕江月亮山后，一致认为榕江月亮山苗族的历史文化是世界苗族中最古老、最原始的。侗族于苗族之后进入榕江，现有八个支系，是黔南州侗族支系最多的县，50 年代中期国家民委创造的侗文都是以车江章鲁村的语言作为标准音而创建的。早在 1997 年湖南师大的旅游资源专家考察了榕江资源后，就得出"榕江是苗侗文化祖源地"的结论。

注：图片来源于网络（https：//image.baidu.com）

15.四渡赤水纪念馆

四渡赤水纪念馆位于贵州省习水县土城镇，是全国爱国主义教育示范基地，全国青少年教育基地，国家国防教育示范基地，国家 4A 级旅游景区，是贵州著名红色旅游景点。

景区包含四渡赤水纪念馆主馆、中国女红军纪念馆、红军医院纪念馆、红九军团陈列馆、赤水河航运历史展览馆、赤水河盐文化陈列馆以及土城古镇博物馆等馆群，还包含毛泽东、周恩来住居，朱德住居，红军总司令部驻地等遗址。四渡赤水纪念馆是全国爱国主义教育示范基地，全国青少年教育基地，国家国防教育示范基地。四渡赤水，是红军长征中最精彩绝伦的军事行动之一。

注：图片来源于网络（**https：//image.baidu.com**）

16. 黎平纪念馆

黎平会议纪念馆坐落在贵州省黎平县城德凤镇二郎坡 52 号，是一座清代的古代建筑物。占地面积近 1000 平方米，外有高约 20 米的封火墙围绕，森严幽静。这所普通的民房，因"黎平会议"而成为重要革命文物，1982 年被列为贵州省级文物保护单位，2006 年升格为全国重点文物保护单位。这里曾是中央红军长征途中的第一次政治局会议旧址，入选《全国红色旅游经典景区名录》、全国一百个"红色旅游经典景区"名单，还被评为全国重点文物保护单位名单、全国爱国主义教育示范基地、全国青少年爱国主义教育基地等荣誉，是黔东南乃至贵州著名红色旅游景点。

中央政治局"黎平会议"会址在黎平县城（德凤）东二郎坡（旧称翘街）52 号。原为城东翘街胡荣顺店铺。会址为晚清建筑，前低后高，分为三进，是黎平城建筑十分讲究的古式木楼。第一进为店铺；第二进为住宅，有明间、次间、稍间；第三进为后院花园。会址有大小天井 8 个，四周为青砖空斗封火墙，高约 20 米。会址总面积 800 余平方米。第一进门面左墙壁书有"锅鼎瓷器"四个行书大字。第二进有一较大的天井，正堂雕塑"二龙戏珠"，左右窗边书有"绸缎布疋"，"苏洋广货"，"京果杂货"，"各种名酒"等行书大字。正堂对面雕塑二只大凤，雕刻精美。墙顶有一屏峰台，塑有狮、鸟、兔类。左右为格扇门书

139

房，房后为小天井，置有青石水缸。墙壁上绘有以历史故事为题材的壁画。整个建筑高大、宽敞、森严，为黎平县城内屈指可数的老式民房。

注：图片来源于网络（**https：//image.baidu.com**）

（三）3A 级旅游景区

根据贵州省人民政府网站公布的贵州省 A 级旅游景区名录显示，截至 2022 年 3 月 20 日，贵州省 3A 级旅游景区数量为 376 家，本书主要选取相对具有代表性的景区进行介绍。

1. 阳明祠景区

阳明祠，位于贵阳市城东扶风山南麓，与扶风寺、尹道真祠共处，占地约 43700 平方米，是为纪念明代著名的教育家、哲学家王守仁而建的。

贵阳阳明祠始建于明嘉靖十三年（1534 年），地址在白云庵旧址，隆庆五年（1571 年）迁建于城东抚署左，清雍正时改为贵山书院。扶风山阳明祠的来历是，清嘉庆十九年（1814 年），贵州巡抚庆保重修扶风寺时，曾在寺南新建阳明祠，未竣中辍。嘉庆二十四年（1819 年），贵州提学使张韬会同贵山、正本、正习三书院院长等续修竣工，至此，祠址始定。光绪五年（1879 年），贵阳唐炯、罗文彬等重修，四川总督丁宝桢等捐资襄助。

阳明祠建于高低错落的台地上，主建筑为享堂，享堂位于最上一级台地，堂前有桂花树二株。享堂为单檐硬山顶建筑，面阔五间，进深三间，前带廊。屋面盖小青瓦，正脊中央塑万字几何图案及宝瓶，两端塑卷草图案。前金柱间装雕花隔扇及槛窗。堂前的"正气亭"、"桂花厅"与两侧游廊相通，游廊护壁上嵌有诸多名家的诗文碑刻。1982年2月23日，经贵州省人民政府批准公布为省级文物保护单位。1995年10月，中共贵阳市委、市人民政府将阳明祠列为贵阳市爱国主义教育基地。2000年2月，中共贵州省委、省人民政府列为贵州省爱国主义教育基地。2006年5月25日国务院公布为第六批全国重点文物保护单位。

　　景区内一片苍松翠柏，掩映着一群建筑风格古朴典雅，颇具明、清建筑风格和独特民族特色的亭台楼阁。辟有花圃、绿地，间设石桌、石凳；参天的古银杏、古松、翠柏，清澈见底的放生池等，更增添了景区内的清淡、幽雅的气氛。长期吸引着众多的文人雅士到此吟诗作赋，因此留下了不少佳作，这些佳作不仅书法艺术高超，石刻工艺精湛，且具有历史、文物、学术价值。祠内还有古建木雕构件、民间木雕及傩面展，花卉盆景展，琴、棋、书、画活动室，松巅阁、尹道真祠内有品茶室，印社设有奇石展。另附设工艺品、旅游产品、棋牌娱乐、餐饮等服务项目，为游人提供了更全面的服务。游人至扶风山顶扶风亭，贵阳全景尽收眼底。①

注：图片来源于网络（**https：//image.baidu.com**）

2.清镇四季贵州景区

　　清镇四季贵州景区位于贵州省贵阳市清镇市。景区由"山地温泉区"、"室

---

① 贵阳市人民政府网站。

内海洋游乐区"、"室内休闲水会"、"海洋主题酒店"及"半山温泉汤苑"五大板块构成。以温泉康养、四季体验为设计核心，传承传统温泉文化之精髓，融合现代温泉养生新模式，竭力打造贵州产品种类最丰富、规格档次最高端的新一代特色温泉休闲养生综合体。2019 年 11 月四季贵州·山地温泉水世界荣获了拥有温泉届"奥斯卡"之称的"金汤奖·最佳新锐温泉奖"，源自地下 3000 米的四季贵州温泉水，以其优异的水质，高达 70℃的水温及高含量"偏硅酸"、"氟元素"等优质矿物质，被"金汤奖"授名为"四季贵州温泉·优质珍稀氟硅泉"。是贵州首家集大型室内海洋游乐园、露天半山温泉、室内休闲水会"三合一"的四季亲水游乐基地。

注：图片来源于网络（https：//image.baidu.com）

3. 夜郎谷景区

夜郎谷景区位于贵州省贵阳市贵安新区花溪大学城斗篷山脚的小峡谷里，景区全称为"贵阳花溪夜郎谷喀斯特生态公园"，思丫河由北向南贯穿全景，全长2.5 公里，距花溪南大街约 3 公里。这座集山、水、林、洞等自然景观于一体，兼容"古屯堡"、"爱鸟园"、石板房等人文景观在内的生态园林，是贵州著名艺术家宋培伦经过独具匠心的构思和创意而完成的。园内松林密布的"爱鸟园"中造型各异的石雕和石艺术品令人浮想联翩；原始古朴的石屋、错落有致的院落，还有铺满松针的山间小路，一切都很和谐自然。

夜郎谷谷主宋培伦，是旅美归来的艺术工作者，曾在美国生活时创作过"夜郎古堡、夜郎图腾、夜郎脸谱"，在国内也创作了大型夜郎国作品"魔鬼城、夜郎谷"，还有众多关于夜郎文化的艺术品。他用20年的坚持，把中国人的侠客梦和田园情都照进了现实。夜郎谷是石林艺术文化融为一体的自然生态的幽雅融合，青石堆就的城门在阳光下散发出独特的光芒。[①]

注：图片来源于网络（**https://image.baidu.com**）

4. 甲秀楼景区

甲秀楼位于贵州省贵阳市南明区翠微巷8号，地处南明河上，始建于明万历二十六年（1598年），以河中一块巨石为基设楼宇，历代屡加修葺，现存建筑为清宣统元年（1909年）重建遗存。甲秀楼是贵阳市历史文化的地标性建筑，是贵阳市的城市名片。甲秀楼分上下三层，均以白石为栏，层层收进，由桥面至楼顶高约20米；南明河从楼前流过，汇为涵碧潭；楼侧由石拱"浮玉桥"连接两岸，桥上有小亭名"涵碧亭"；整体朱梁碧瓦，三层三檐四角攒尖顶。甲秀楼是贵阳历史的见证，文化发展史上的标志。2008年03月28日，甲秀楼作为"文

[①] 贵阳都市报。

昌阁和甲秀楼"的组成部分被国务院确定为第六批全国重点文物保护单位。[①]

5.贵州省地质博物馆景区

贵州省地质博物馆位于贵州省贵阳市观山湖区云潭南路与兴筑路交汇处，其建筑面积达4万平方米，展陈面积1.6万平方米，是贵州建筑面积最大的国有自然科学类博物馆，与贵阳市奥体中心隔街相望。

贵州省地质博物馆前身为始建于1957年的原地质部贵州省地质局全省地质资料处，承担地质资料馆、地质陈列馆、地质图书馆职能；2008年1月，贵州省地质资料馆成立；2020年8月，贵州省地质资料馆正式更名为贵州省地质博物馆，加挂"省地质资料馆"牌子；2021年8月，贵州省地质博物馆正式对外开放。贵州地质博物馆外景：融合了贵州梵净山"蘑菇石"、沉积岩地层等地质元素，曾获2020年中国建筑工程"鲁班奖"

贵州省地质博物馆的馆藏藏品10余万件，分为古生物化石、矿石矿物矿晶、岩石、近现代文物、地质资料五大类，设有6个展厅和1个互动展区，分别为厅、4个常设展厅和1个临时展厅。其中，常设展厅主题分别为"神秘贵州""多彩

[①] 百度百科。

贵州""富饶贵州""奋进贵州"。馆内展陈内容丰富，异彩纷呈，步入其中，浓缩的地球历史和生命起源，从贵州拉开序幕，逐一呈现。[1]

注：图片来源于网络（https：//image.baidu.com）

6.大发天渠景区

大发天渠旅游景区位于平正仡佬族乡团结村，"时代楷模"、"感动中国十大人物"黄大发的家乡，是贵州省重点旅游项目。大发渠气势雄浑、蜿蜒曲折悬挂于山间，奇峰怪石挺拔峻秀，峰林谷地深幽静寂，暗河溶洞神秘莫测，涌泉飞瀑奇奥瑰丽，高山草场苍翠欲滴，日出日落霞光万道，山间云海烟波浩渺，梦幻山水如诗如画。大发天渠景区以黔北高山地形为躯体，以原乡村落淳朴民风为肌理，以雄浑壮阔的水利奇观——大发渠为血脉，打造为集文化、教育、休闲、旅游、度假、康养于一体的绿色生态度假旅游综合体，并有75%森林覆盖率的生态环境、悬崖峭壁、溶洞、飞瀑、温泉，是自然景观和人为景观和谐共生的旅游区。[2]

[1] 中国民族文化资源库。
[2] 播州区融媒体中心。

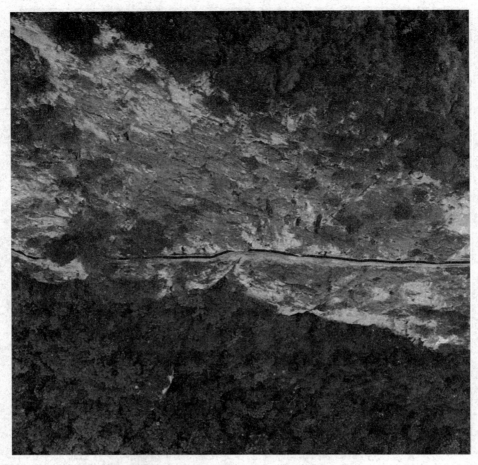

注：图片来源于网络（https：//image.baidu.com）

7. 盘州刺梨产研中心景区

盘州刺梨产研中心位于盘州市两河街道经济开发区，距沪昆高铁盘州站2.6公里、普安站40公里、水兴高速盘州东站3公里，交通极为便利，景区极具现代工业气息，以生产线参观为主要特色，是六盘水境内少有的工业型景观。产研中心建设得有一号厂房、二号厂房及泡腾片生产线参观通道、刺梨品牌展示中心、刺力王电商运营中心购物区、科研展示中心、党建宣传教育中心，通过科研展示区、产品展示区使景区充满了科学文化氛围，丰富了旅游业态，提升了游客的体验度，使游客在参观游玩的过程中了解刺梨"金果果"的发展历程。[①]

① 盘州发布。

注：图片来源于网络（https://image.baidu.com）

8.黄平野洞河旅游景区

野洞河位于黄平县野洞河镇的野洞村，距黄平县城 28 公里，是重安江的主要支流，发源于黔南州的瓮安县与黄平县交界的朱家山原始森林，流经瓮安、福泉、黄平三县。

这里河水清澈见底，两岸峰峦叠翠，河道全长 18 公里，全流域有上下两座天生桥（溶洞），其中上野洞天生桥位于翁卡西家寨与福泉懂炳交界处，桥高 80 米，洞长 100 多米，河水穿洞而过，洞中有瀑、有天窗、有奇形独特的钟乳石、千丘田等十分壮观。

黄平野洞河景区于 2022 年 4 月份进场动工，预计总投入 1.25 亿元，项目包括游客接待中心、综合楼、钢结构玻璃滑道、游客集散地等配套设施建设等。野洞河峡洞瀑布漂流景区全长约 7 公里，由玻璃滑道、水帘瀑布、河湾峡滩、地下溶洞、幽邃深潭等观光景点共同形成，它最大的特色在于有玻璃滑道与河道漂流相结合，中国首创的、前后座的新的漂流船，体验溶洞峡谷瀑布漂；下游有银滩烧烤、餐饮、美食、农户体验、渔湖体验等野趣生活。[①]

① 黄平微讯。

注：图片来源于网络（**https：//image.baidu.com**）

五、贵州省景区旅游资源保护情况

贵州省具有较丰富的旅游资源，为贵州省的旅游市场带来极大发展空间的同时，贵州省对于资源的开发和保护也面临着极大的压力。"如何保护？"这个问题不仅要必须回答，而且还要回答得好。因为旅游资源存在一定程度的不可再生性，所以为了实现旅游产业的可持续发展，就势必要对旅游资源采取行之有效的保护措施。对于旅游资源的保护要牢记可持续发展和保护为本的原则，对资源利用与保护要取舍得当，对于经济、环境和社会效益的追求要做到合理合法；同时，要结合时代发展的特点和抓住科技发展的手段，利用信息技术对旅游资源进行保护，强化对旅游资源进行的相关管理，促进旅游资源在可持续发展的道路上行稳致远。基于此，要从以下三个方面抓好旅游资源的保护工作：

（一）重视对民族村寨的保护

贵州属于少数民族聚居的地区，目前，在贵州的土地上生活的有 49 个民族，他们或是迁徙所来，或是世居于此，在长期的生产生活活动开展的过程中，各民族之间相互影响又不断地传承自己民族的文化，进而发展成了各民族自己独特的文化和风俗。基于贵州省内民族文化和各族人民聚居的情况，促进了贵州传统村落的形成，也因此，贵州省内传统村落的数量是比较多的，不同民族聚居地的建筑样式十分丰富，并且具有浓厚的民族文化特色，彰显了不同的民族特色。在贵州省的这些传统村落中，不乏具有数十年乃至数百年历史的民族建筑或者是民族村寨，基于其渊远的历史概括，其建筑大都是就地取材。例如：贵州省黔东南地区居住的苗族和侗族的少数民族，他们的建筑是颇具特色的吊脚楼，且为木制的，以及其修建的风雨桥和鼓楼等都是木制的，在经过数十年乃至上百年的使用之后，这些经历了许多风雨、承载着许多历史的建筑大都老化了，在稳定性和防火性等方面存在经受着较大的考验。

基于此，针对传统村寨中传统建筑年久失修、存在一定的安全隐患等问题，为进一步做好传统村落建筑的保护工作，相关部门深入传统村寨进行调研，并制定相关切实可行的发展规划和保护计划，划拨一定资金进行专项保护工作，对村寨需要维护的建筑进行及时的维护和修缮；同时在维护和新建的过程中要注意保持原有的建筑风格和文化特点，维护好传统村寨的特色和原始的美感；规划建设民族生态博物馆，对具有代表性的民族风情和民族文化进行收藏展览，并且注入一定的资金量进行发展和维护。

经过多年的努力，贵州在民族村寨建设上做出了显著的成绩。

1. 村寨保护与发展的顺利推进

近年来，贵州省在少数民族特色文化村寨方面进行了重点规划，以规划为基础来进行发展。提出"一村一品""一村一景"的少数民族特色文化村寨建设基点，对少数民族特色文化村寨进行深入的、全方位的发掘，促进民族地区人们的居住环境得到更加好的改善，使得民族特色村寨的保护工作和建设工作可以得到扎实有效的推进。贵州省具有的少数民族特色村寨的数量较多，其中被国家民委命名的为"中国少数民族特色村寨"的数量就高达213个，在全国排名第一。

2. 民族村寨丰富的资源条件为保护提供了原始动力

贵州省的少数民族特色村寨在建造的过程中极大的利用和配合周围的环境的实际情况，也即是因地制宜，所以这些少数民族特色村寨的有的是靠山靠水、山水环绕，有的是坐北朝南、视野开阔，有的是靠近交通要道，有的是背靠峡谷、朝着溪流，有的是周围环山、地处平原，有的很隐秘、有的很明显。其建筑的形式和类型不一，表现出较强的民族性和区域性的特征，具有扑面而来的古朴感，民族文化气息较足，总体呈现出人与自然和谐相处的居民，是对一个地方或是一个民族的物质文化遗产或者非物质文化遗产的缩影。

3. 民居建筑特色鲜明，风格多样

民族特色村寨的建筑在家庭私人环境和公共活动区域方面有着很好的距离感和融合感，对于家庭生活的开展和民族社会文化活动的开展可以实现互不牵扯，总的来说，民族特色村寨在建筑的整体布局、材料的选取、整体的设计、工艺的选择以及建筑的功能等方面进行了较为全面的考虑，进而促使其建筑也达到多方的效果，具有很珍贵的价值。就苗侗地区的吊脚楼、鼓楼以及风雨桥等建筑来说，这些建筑很好地将地区的气候、地理环境和民族的文化进行有效地结合，民族特色鲜明，风格多种多样，具有较高的实用性。

4. 民族文化积淀深厚

贵州省由于其具有的丰富的民族文化和少数民族传统节日的加持，素有"文化千岛""百节之乡"的美称，这是生活在贵州的各个民族历史文化沉淀之后的产物，是它们的缩影，蕴含了人们世代奋斗的内涵，具有较高的价值和较为深远的意义。

5. 保护与开发潜力巨大

贵州省的少数民族村寨所在地大都属于亚热带季风气候，所以，这些村寨所在地有较好的水资源，生态环境有较大的优势。民族地区在农业资源方面也是十分丰富的，例如：茶叶、野菜等；此外，还具有丰富的生态旅游和休闲旅游方面的资源，例如：天然的峡谷、温泉等；当丰富的旅游资源、颇具特色的古朴村寨以及民族文化结合之后，其所蕴含的发展潜力是巨大的，可以带来的价值也是巨大的，其所可以开发出来的带有原生态性质的旅游环境是符合当下的人们对于旅游的需求的。

6. 推进特色民族村寨保护与发展正面临民族政策与乡村发展政策的空间叠加机遇

当前，宏观大环境也是十分有助于开展相关的而民族村寨保护工作的。乡村振兴是国家为了促进农村地区的发展而出台的战略，要抓好政策的机遇，做好民族村寨发展规划的顶层设计，充分利用和争取人才、资金对民族村寨进行建设，促进其发展迈上一个更加好的台阶，走向一个更好的未来。

（二）重视对无形的非物质文化遗产的保护

贵州省是多民族聚居区，少数民族在历史发展过程中，形成了自己独特的文化，例如服饰、饮食、歌舞、节庆、婚俗、祭祀等都是作为旅游开发不可缺少的文化内涵，但是如果不重视对这些文化的保护，很容易在旅游开发以及经济发展中逐渐消失以及同化。贵州省十分重视非物质文化遗产的保护。

1.遗保护的法规建设正逐步加强

贵州省各级党委、政府非常重视对非物质文化遗产的保护。自 2002 年以来，相关部门逐年增加保护管理经费，建立健全工作制度，完善保护措施，落实国家政策，并强调"保护为主，合理开发，政府主导，社会参与"的非遗保护原则，积极引导非遗走上法制化、规范化和标准化的道路。在这一过程中，贵州省结合国家大量有关于非遗保护的法律法规，出台了许多行之有效的政策、法律法规。如：2011 年 10 月通过的《中共贵州省委关于贯彻党的十七届六中全会精神推动多民族大发展大繁荣的意见》以及 2012 年 3 月 30 日公布的《贵州省非物质文化遗产保护条例》等。

2.积极开展非物质文化遗产资源的挖掘以及整理

贵州少数民族非遗的普查、挖掘以及整理工作，得到了各部委的大力支持，集中体现以下几个方面：一是根据全国文化工作的部署，得到了相关部委资金和政策的扶持，出版了大量介绍贵州少数民族非遗的图书资料。如：《中国十大文艺集成志书·贵州卷》编撰出版工作。且针对民间艺人和民间文化研究机构，也给予大量的政策和资金支持，对非遗保护相关著作的形成和民间艺人的培养，起到了非常重要的作用；二是非遗的名录建设工作。贵州省在国家非遗名录建设的带动下，先后形成了 4 个批次的《贵州省非遗名录》。贵阳市、遵义市、六盘水市等地区以行政区域为界限，大力加强普查和名录建设工作，逐渐形成了国家到地方的 4 级非遗名录体系。

3.采取多种方式进行非遗保护

为了满足文化多样性的需求，展现非遗民族特色文化的独特魅力，贵州省各级政府在加大资金投入的同时，拓展和运用多种方式筹措资金、开放市场，进行多元化的非遗保护和开发利用。在坚持保护的前提下，进行了科学合理的开发建设，实现社会效益、经济效益、生态效益以及环境效益的共同发展。一方面，遵循民族文化形式和民俗习惯，对少数民族地区开展大量的基础设施建设，如：民族村寨道路等公共基础设施建设；少数民族民居建设等，实现民族文化的集群，重现古老的民族村寨；同时，维持对古城的修复，如对青岩古城、西江苗寨等古城镇的修葺和翻新。这在一定程度上是对非遗的留存性保护，同时推动了民族文化旅游的发展。　另一方面，依照非遗项目的特征，开展大量的艺术之乡的评选和命名活动。到目前为止，贵州非遗项目和地区入选 "中国民间艺术之乡" 称号的达 50 余个入选 "中国民间文化艺术之乡" 称号，不但为少数民族非遗项目 "正名"，有利于非遗项目的保护。而且有助于鼓励民族文化艺术的创新和发展，挖掘民间文化蕴涵的价值，推动文化产业建设，带动当地经济社会发展。

4. 打造 "多彩贵州" 驰名商标，带动了少数民族非遗的发展壮大。

2005 年，贵州首届 "黄果树" 杯 "多彩贵州" 歌唱大赛举行，成为贵州 "多彩贵州" 品牌建设的先行军。在这之后，分别于 2006、2007 年举办了 "多彩贵州" 旅游形象大使选拔大赛和 "多彩贵州" 舞蹈大赛。"多彩贵州" 系列活动的成功举办，推动了贵州少数民族非遗的传承、保护和发展，带动了贵州旅游经济的发展，促进了贵州产业结构的调整。也为贵州少数民族非遗的发展推开了一扇窗，打响了贵州少数民族风情文化的知名度，拉开了贵州少数民族非遗大发展的序幕。　在 "多彩贵州" 驰名商标的带动下，贵州丰富的少数民族非遗资源得到了整合和展示，赢得了 "民族之都" "文化千岛" 的美誉，极大地鼓舞了该地区民众对非遗的保护热情，推动了区域经济的发展。

（三）加大对自然风光的保护力度

贵州省的自然资源同时也是可开发的旅游资源，贵州省主要从以下几个方面加大对自然风光的保护力度：

首先是加大对森林资源的保护力度，严禁乱砍乱伐，严禁捕杀野生动物，并加强森林的防火、防病虫害、防乱砍乱伐的 "三防" 体系的建设；其次是加强对河流的保护，保护沿岸的林木及山体景观，对 市、县及城镇人口居住密集的地方污水进行处理后再排放，在重要水 域附近禁止建设污染企业；再次是严禁无证乱挖山体，需要挖山采石的 应避开重要景观及公路、河流两岸并在取得相关证件后方可进行 ，严禁破坏岩溶洞穴，盗挖钟乳石等；最后是严格按照划定的三级保护区及核心景区内的自然资源和人文资源分别按保护级别进行 保护，严格限制建设各类建筑物。符合规划要求的建设项目，要严格按照规定的程序进行报批，手续不全的，不得组织实施。

第三节 实习主要考查景区

贵州是中国旅游资源极为丰富的省份，正如世界旅游组织所称赞的贵州是"生态之州、文化之州、歌舞之州、美酒之州"。贵州省的景区主要分为自然风光、人文景观以及红色旅游，下面对一些景区做详细地介绍。

一、自然风光

贵州省位于中国大陆的西南部，总面积 17.62 万平方公里，东西相距 595 公里，南北相距 500 公里，地势东高西低，地貌属中国西部高原山地的一部分。山地和丘陵占总面积的 92.5%，其中岩溶面积约 10.9 万平方公里，占 61.9%，是世界上喀斯特地貌发育最典型的地区之一。贵州被誉为喀斯特王国，喀斯特地貌占全省总面积达到 73%，除了东南部的天柱、三穗，西南部的望谟，北部赤水、习水一带少数县市为常态地貌和丹霞地貌之外，其余地区均为喀斯特地貌。

贵州的岩溶面积由于岩溶发育三维空间的不断扩展，导致地形演进过程的变化十分复杂，发育于地表的石芽、漏斗落水洞、竖井、洼地、峰林、峰丛、天生桥、岩溶湖、瀑布、跌水，与发育于地下的溶洞、暗河、暗湖、伏流等纵横迭置，形成了一个极富地域特色的自然"岩溶博物馆"。漫长而奇妙的地质结构过程，孕育了全省千姿百态的奇山秀水、飞瀑异洞，形成了无数地上地下贯通，动态静态结合的自然奇观。著名的黄果树大瀑布、龙宫、织金洞、马岭河、小七孔等，就是这个喀斯特王国的典型代表。2007 年，荔波被列为"中国南方喀斯特"世界自然遗产地。

下面对贵州省喀斯特地貌的主要自然风光做详细地介绍。

（一）黄果树景区

1. 基本介绍

黄果树风景区位于黄果树镇的西北面，西接镇宁扁担山乡，北接镇宁县城关镇，南接白水镇，东接黄果树新城，桂家河、六枝河穿流整个园区。旅游区集"雄、奇、险、秀、幽"于一体，拥有雄奇险峻的飞流瀑布，幽深曲折的河谷，清澈蜿蜒的河流、清秀茂盛的植物群落、古朴自然的乡村风貌、雄伟壮丽的山水画廊和神秘朴素的布依族文化、石头文化、民俗风情。黄果树风景区是具有多种形象、色彩、音响、状态、意境等形成交融和谐的美的空间综合体，是安顺市区附近幽美的乡村生态旅游区。 黄果树景区由黄果树瀑布景区、天星桥景区、陡坡塘景区、滴水滩瀑布景区、霸陵河峡谷三国古驿道景区、郎宫景区、以石头寨为首的黄果树布依族十大村寨等几大景区组成，以黄果树大瀑布为中心，分布着雄、奇、险、秀风格各异的大小 18 个瀑布，形成一个庞大的瀑布"家族"[①]。

2.景区介绍

（1）黄果树瀑布景区

黄果树瀑布景区是黄果树景区的核心景区，占地约 8.5 平方公里，内有黄果树大瀑布、盆景园、水帘洞、犀牛滩、马蹄滩等景点。黄果树大瀑布高 778 米、宽 101.0 米，是中国最大的瀑布，也是世界著名大瀑布之一。

在三百多年前，中国著名的地理学家、旅行家徐霞客描述其"水由溪上石，如烟雾腾空，势其雄厉，所谓珠帘钩不卷，匹练挂遥峰，具不足拟其状也"。奔腾的河水自 70 多米高的悬崖绝壁上飞流直泻犀牛潭，发出震天巨响。黄果树瀑布还有大水、中水、小水之分，常年流量中水位每秒 20 立方米，时间在九至十个月。流量不同，景观也不一样。

大水时，流量达每秒 1500 立方米。瀑布激起的水珠，洒落在上面的黄果树街市，即使晴天，也要撑伞而行，故有"银雨洒金街"的称誉。中水时瀑布分成四支，各有形态和个性，从左至右，第一支水势最小，又撒得开；第二支水势最大，上下一般粗；第三支水势居二，上大下小；第四支水势居三，上窄下宽。小水时瀑布分成的四支，铺展在整个岩壁上、黄里树混布独有奇特之外就是隐在大瀑布半腰上的水帘洞，水帘洞位于大瀑布十米至四十七米的高度上，全长一百三十四米，有六个洞窗、五个洞厅、三股洞泉和六水帘洞个通道。在水帘洞，从各个洞窗中观赏到犀牛潭上的彩虹，这里的彩虹不仅是七彩俱全的双道而且是动态的，只要天晴，从上午九时至下午五时，都能看到，并随人的走动而变化和移动。前人说："天空之虹以苍天作衬，犀牛潭之虹以雪白之瀑布衬之"，故题"雪映川霞"。

[①] 黄果树景区官方网站

注：图片来源于网络（https://image.baidu.com）

（2）天星桥景区

天星桥景区是黄果树风景区中已全部开发的景区，景区规划面积7平方公里，开发游览面积45平方公里，分为三个相连的片区即：天星盆景区、天星洞景区和水上石林区。

这里石笋密精被茂盛水到成水林洞为一体、天星盆暑区长约800米，位于500米长伏流表面和河岸西侧，有大大小小的天然山石及水石盆景。一条三公里的石板小道，穿行于石壁、石壕、石缝之中，逶迤于盆景之上。近处石林，远处群山、倒映碧水之上。有的还可撑上竹筏，穿行于峡谷、石林之中。

天星盆景区有美女榕、仙山群堂、歪梳石、熊猫抱竹、雄鹰展翅等天然景观。天星洞景区在天星景区中段，除游览观赏洞内的钟乳石外，洞外景观也很特别，一线天高长均在二十多米而且狭窄；冒水潭是暗河出口，大水时，凭伏流冲击的压力，水可以冲起五六米高，其为壮观。水上石林区，此段河床宽阔达400米，面积约0.4平方公里的石林就长在河床之中，任河水常年冲刷，石林间长着大片的仙人掌和小灌木，终年点着绿荫，所谓"石上流水，水上有石，石上有石，石上女有树"。水上石林区有很多暑观，如群榕聚会、根王根墙屏障、盘根画壁、仙女飞天等，银链坠潭瀑布和星峡飞瀑也分别处在水上石林的左右三侧。银链坠潭瀑布，位于天星景区水上石林左上方。这个瀑布只有十余米高，上面成漏斗形，底部是槽状溶潭。在潭沿面上降起的石包，交错搭连，河水在每一张叶面上均匀铺开。

注：图片来源于网络（https：//image.baidu.com）

（3）陡坡塘景区

陡坡塘瀑布位于黄果树瀑布上游 1 公里处，瀑顶宽 105 米，高 21 米，是黄果树瀑布群中瀑顶最宽的瀑布。陡坡塘瀑布顶上是一个面积达 1.5 万平方的巨大溶潭，瀑布则是形成在逶迤 100 多米长的钙化滩坝上。

陡坡塘瀑布还有一个特殊的现象：每当洪水到来之前，瀑布都要发出"轰隆、轰隆"的吼声，因此又叫"吼瀑""遥闻水声轰轰，从陇隙北望，忽有水自东北山腋泻崖而下，捣入重渊，但见其上横白阔数丈，翻空涌雪，而不见其下截，盖为对崖所隔也。"这是徐震客在《徐霞客游记》中对陡坡塘瀑布的描述。

注：图片来源于网络（https://image.baidu.com）

（4）滴水滩景区

滴水滩瀑布位于黄果树瀑布以西8公里，总高度和个体都为黄果树瀑布群之首。这里两山对峙，东为大坡顶，西为关索岭，中间是深达700米的霸陵河峡谷，瀑布就挂在关索岭大山上。滴水滩瀑布总高410米，为黄果树瀑布的五倍，最下层134米，雄伟磅礴。滴水滩瀑布由三个瀑布组成，最上面叫连天瀑布，中间为冲坑瀑布，下面为高潭瀑布。瀑布总高316米，其中冲坑瀑布高160米高潭瀑布高130米。形态多有奇特之处，最上一级瀑布顶仅是一个三点五米宽的峡谷岩道，而最下一级瀑布顶宽则有四十五米，由于它是深切于峡谷之中，多处为山崖遮掩。

注：图片来源于网络（https://image.baidu.com）

（5）神龙洞景区

黄果树神龙洞位于黄果树风景名胜区的核心位置，距黄果树大瀑布上游 3
公里外，已探明的洞底面积约 38 万平方米，全长 4640 米，平均高度 21 米，现
开放游道 1600 米，游程约 70 分钟，底层暗河与黄果树大瀑布相连。

神龙洞风光神龙洞洞内厅厅相连，溶洞纵横交错，各类溶洞景观层出不穷，
洞内分上、中、下三层，底层暗河与黄果树大神龙洞风光湿布相连、神龙洞曾作
为当地十著少数民族抵抗官匪的军事要塞，军事设施至今尚有保存，被当地十著
少数民族首为"袖洞"神龙洞得到了很好的保护，并向游人开放。

注：图片来源于网络（https://image.baidu.com）

（6）郎宫景区

郎宫景区是黄里树风景区六大暑区之一，距离黄果树主景区大瀑布景区 8
公里，天星桥景区 48 公里，距省会贵阳仅 120 公里，乘车只需 90 分钟左右。景
区三面环水、河滩宽广、水流平缓、四周高山耸立、田园开阔。错落有致的村舍
中古榕树、芭蕉、木棉等掩映其间，具有亚热带的河谷田园风光。

注：图片来源于网络（https：//image.baidu.com）

3.门票价格

2018年9月20日，贵州省发改委发布了《关于降低部分重点国有景区门票价格的通知》。自2018年10月1日起，黄果树风景名胜区旺季门票价格由180元/人降为160元/人，淡季门票价格由160元/人降为150元/人。

景区观光车票：50元/人（车内有景区讲解员沿途讲解）。

大瀑布景区自动扶梯：双程50元/人、单程30元/人。

天星索桥价格：10元/人。

黄果树神龙洞景区：70元/人。

2020年2月，为向广大医务工作者致敬意，在贵州省文化和旅游厅的统筹指导下，九个市（州）和贵安新区文化和旅游部门向全国医务工作者发出邀请：疫情结束后至2020年12月31日止，全国医务工作者凭有效证件（医师证或者护士证）享受贵州省内420家A级旅游景区旅游门票免费政策（不包括温泉景区和景区内特许经营性项目）。

4.开放时间

陡坡塘、大瀑布景区开放时间：07：00-18：00

天星桥景区开放时间：07：00-17：30

5.交通

航空：安顺黄果树机场已经通航机场位于市区南部、距离市中心六公里，开通了北京、大连、青岛、昆明航线。

可坐飞机到贵阳再转车至安顺。贵阳火车站有"黄果树"号旅游列车，每日往返于贵阳市和安顺市。在贵阳火车站附近，还有开往黄果树和安顺的客车、旅游空调客车。安顺市有开往黄果树大瀑布、龙宫以及附近景区的客车。

铁路：通过川黔、湘黔、黔桂铁路，安顺与省外各地相连，来自北京、上海、重庆、广州的列车均在这里停靠。贵昆铁路贯穿安顺全境，旅游专列"黄果树"号每日往返于贵阳和安顺之间。安顺火车站位于南华路，离汽车南站尽5分钟路程。

公路：贵黄公路、沪昆高速公路、302国道、水黄高等级公路、关兴高等级公路可直达景区。

6. 路线

黄果树景区特意推出步行前往大瀑布的路线。

具体路线为：新城票务中心——石牌坊——白陡路——湿地公园——陡坡塘瀑布——大瀑布——商品街——新城公交车乘车点。

该路线全程步行时间约为5小时。此步行线路不到达天星桥景区，由于到达天星桥景区无人行道，故需购买观光车票，方可到达。

7. 节日活动

（1）黄果树瀑布节

黄果树景区至2004年成功举办中国贵州黄果树瀑布节以来，至今每年都举办，扩大贵州的对外影响，提高贵州旅游的知名度和美誉度，促进自然生态旅游、民族风情旅游和红色旅游的有机结合，推动贵州红色旅游加快发展。

注：图片来源于网络（https：//image.baidu.com）

（2）"六月六"布依文化节

"六月六"是布依族人民的传统佳节，由于居住地区不同，过节的日期也不统一，有的地区六月初六过节，称为六月六；有"六月六"文化节开幕式的地区六月十六日或农历六月二十六日讨年，称为六月街或六目桥、布依族人民十分重视"六月六"这个节日，有过"小年"之称。节日来临，各村寨都要杀鸡宰猪，用白纸做成三角形的小旗，沾上鸡血或猪血，插在庄稼地里，传说这样做"天马"（虫）就不会来吃庄稼，节日的时候，由村寨几位德高望重的老人，率领青年举行传统的然盆古，扫赛赶"鬼"的活动。除参加祭祀的人外，其余男女老少，按布依族的习惯，都要穿上民族服装，带着糯米饭、鸡鸭鱼肉和水酒，到寨外山坡上"躲山"（当地汉族人民称为赶六目场），祭祀后，由主祭人带领大家到各家扫塞驱"鬼"、而"躲山"群众则在寨外说古唱今，并有各种娱乐活动。黄果树暑区至 2007 年开始举办黄里树"六月六"布依文化节，目的在于通讨节庆活动挖掘和传播布依文化，并为黄里树暑区的文化品牌构建、文化旅游的发展服务。

注：图片来源于网络（https：//image.baidu.com）

（二）梵净山景区

1. 基本介绍

梵净山是国家 AAAAA 级旅游景区，国家级自然保护区，中国十大避暑名山，中国著名的弥勒菩萨道场，国际"人与生物圈保护网"（MAB）成员，同时也是第 42 届世界遗产大会认定的世界自然遗产[①]。

梵净山得名于"梵天净土"，位于贵州省铜仁市的江口、印江、松桃交界处，海拔 2493 米，系武陵山脉主峰，森林覆盖率为 95%，是中国少有的佛教道场和自然保护区，与山西五台山、浙江普陀山、四川峨眉山、安徽九华山齐名中国五大佛教名山。

原始洪荒是梵净山的景观特征。云瀑、禅雾、幻影、佛光四大天象奇观，为梵净山添上了神秘的色彩。梵净山有植物 2000 余种，国家保护植物 31 种，动物 801 种，国家保护动物 19 种，被誉为地球绿洲、动植物基因库、人类的宝贵遗产。有华山之气势，泰山之宏伟，兔耳岭之奇石，是旅游胜地。

2. 景点介绍

（1）新金顶

新金顶海拔 2336 米，垂直高差达百米，是三座金顶中最险的一座。晨间经常被红云瑞气围绕，因此也被称为红云金顶，谐音"鸿运金顶"，有鸿运当头的

---

① 梵净山景区官方网站

162

寓意。新金顶上半部分被"金刀峡"隔成两座孤峰——南面建有释迦殿，供奉释迦佛；北面建有弥勒殿，供奉弥勒佛。中间由天桥连接，状若飞龙。红云金顶从不同角度观看，分别似佛手二指禅，也像生命的图腾，因此又被称为"天下第一峰"。

注：图片来源于网络（https：//image.baidu.com）

（2）蘑菇石

蘑菇石，石如其名，高约十米，上大下小，形似蘑菇。得佛家"平常心"之真谛，历 10 亿年屹立不倒。许多画家、摄影家都以它为题材，创作出各色各样的艺术杰作。现在蘑菇石作为梵净山标志性代表形象，已经走向全世界为世人熟知。

注：图片来源于网络（https：//image.baidu.com）

（3）万卷书

相传唐僧玄奘西天取经归来，曾专程到梵净山拜谒弥勒大佛。将至红云金顶时，却因白龙马偶失前蹄，撒下一叠佛经，经书落地生根，便成就了今天的梵净山一绝——"万卷书"。

注：图片来源于网络（https://image.baidu.com）

（4）观瀑亭

唐僧当年从西天取经回来经过梵净山时，便率众徒弟在此停马歇息。白龙马此　　时早已汗流浃背，他就此山水秀丽，乃人间美景，世外桃源。清澈见底的泉水让它忍不住一跃而进，好生凉快。可这一洗就洗出了祸端，佛山乃清净之地怎能裸身洗浴。于是天庭对白龙马做出了惩罚，罚他送师傅回大唐后立刻返回此地化身白瀑永守此潭。看这瀑布从上往下，是不是像极了观音菩萨的侧像，上面是观音的头部，下面一点是观音的肩，右下角有一处铺满青苔呈瓶状，裸露在外面的便是观音的圣水瓶，据说这是白龙马的化身。后来这便成了梵净山一道风景，朝山拜佛的信众便在此修了凉亭子，取名观瀑亭。

（5）万米睡佛

前往便是由红云金顶和凤凰山组成的天然佛像——万米睡佛。它仰卧在这梵净山顶，绵延长逾万米，为世界之最。千百年来各地百姓把梵净山当作大佛山朝拜，山即一尊佛，佛即一座山。

世界上最大的天然佛中佛--梵净山万米睡佛

注：图片来源于网络（https：//image.baidu.com）

3.门票价格

（1）价格

旺季成人 110 元/人；半票 55 元/人；

淡季（12 月 1 日至次年 2 月底）票价：成人 90 元/人；半票 45 元/人；

往返观光车票价（单程减半）：成人 20 元/人；

索道票价：成人往返 160 元/人；成人单程上 90 元/人；成人单程下 90 元/人；

（2）优惠条件

门票免票范围：现役军人（凭军官证、士兵证等有效证件）；残疾人（凭残疾证等有效证件）；高龄老人（年龄在 70 周岁以上的老人，凭老年证、身份证等有效证件）；14 周岁以下未成年人（凭身份证等有效证件）；身高 1.1 米以下儿童。

门票半价范围：学生（在读大、中专院校本、专科学生凭学生证等有效证件）；老人（年龄 60 至 69 周岁的老人，凭老年证、身份证等有效证件）；14 周岁-18 周岁未成年人（凭身份证等有效证件）。

观光车免票范围：身高 1.1 米以下的儿童免票，但须监护人陪同。

观光车半价范围：身高在 1.1-1.4 米之间的儿童。

索道票优惠：身高 1.1 米以下的儿童免票，但须监护人陪同。（江口方向有索道，印江方向暂无索道待建中）。

（3）优惠信息

2020 年 2 月，为向广大医务工作者致敬意，在贵州省文化和旅游厅的统筹指导下，九个市（州）和贵安新区文化和旅游部门向全国医务工作者发出邀请：疫情结束后至 2020 年 12 月 31 日止，全国医务工作者凭有效证件（医师证或者护士证）享受贵州省内 420 家 A 级旅游景区旅游门票免费政策（不包括温泉景区和景区内特许经营性项目）。

4. 开放时间

游客入园后须乘坐观光车到达索道下站，14 点以前可选择从索道下站步行上（行程约 4 小时左右），为了保障游客的安全 14 点以后登山步道禁止通行，15 点停售当日票。

日常开放时间：旺季（3 月 1 日至 11 月 30 日）8：00—19：00；

淡季（12 月 1 日至次年 2 月 28 日）8：00—18：00。

5. 交通

火车：华东方向的上海、杭州、宁波每天都有始发火车经过铜仁市；华南方向的广州、长沙、桂林每天有始发火车经过铜仁市；西南的成都、重庆方向每天发往铜仁方向的始发火车非常多；到了铜仁火车站出站口就有前往梵净山的巴士。北京、武汉、郑州方向，昆明、贵阳方向坐火车必须先到株六铁路线的玉屏站下车，再转乘巴到铜仁汽车站，转乘巴士至江口汽车站，再转乘去梵净山的巴士。湖南怀化市坐火车到铜仁火车站 1 小时。

汽车：贵州省外湖南的长沙、张家界、常德、吉首、凤凰每天都有客运班车发往铜仁，旺季在铜仁汽车北站每天有多班客运车辆发往梵净山。淡季需先坐车到江口县汽车站，再转车去梵净山。

贵阳、凯里、都匀、遵义每天均有多班客运车辆发往印江，印江上梵净山有直达的班车，到站后可乘坐观光车上棉絮岭之后步行上金顶，在棉絮岭还可观看万米睡佛。

飞机：铜仁凤凰机场。

6. 路线

根据不同的上山地点，通常游览梵净山有南线和西线两种选择，如需乘坐索道只能选择由南线上山。

A. 南线——从江口上下山，由景区南大门上山，乘坐全长 9 公里的环山观光车，换乘高空观光索道至万宝岩，再步行约 20 分钟即可到达核心景区普渡广场。游览结束后可选择由印江方向步行下山，行程约 3 小时，或者由原路乘坐索道返回。

B. 西线——由印江经张家坝到西线山门约 2 小时车程，再换乘观光车约 30 分钟至棉絮林，再步行约 3 小时可到达核心景区普度广场。游览结束有后沿 8000 级石阶或乘坐索道往江口下山。这样可走完全程主要景点，且不走重复路。但是铜到印江比到江口远很多，路也不太好走。

梵净山是贵州最独特的一个地标，是黔东灵山，是生态王国，是风景胜地，是一方净土，是一个返璞归真、颐养身心、令人遐思神往的人间仙境和天然氧吧！著名诗人王心鉴《过梵净山》一诗"近山褪俗念，唯有竹声喧。栖心皈净土，推云步梵天。禅雾入幽谷，佛光上苍岩。海内循道者，多来续仙缘。"即印证了梵净山风景优美，让人忘却尘世烦恼的美丽景色。

二、人文景观

贵州是一个多民族聚居的省份，全省有 49 个民族，其中有布依族、苗族、侗族以及水族等 17 个世居民族，有"一山不同族，五里不同俗，十里不同风"的多民族文化奇观，被誉为民族节日文化竞放的"百花园"、非物质文化的天然"展览馆"以及民族服饰的"大观园"等。

由于贵州省地处山区，地形地貌复杂，拥有多种类型的生存环境，即使同一个民族由于生活在不同的地域，其文化也各具特色。而且，不同民族生活在同一空间、其文化也相互影响，在悠久的历史长河中共同创造出丰富多彩的民族文化，他们都是贵州民族文化传承、传播与创新的根源。在贵州多民族的大家庭中，各个民族的民俗文化交相辉映，构成一个绚丽的民族文化艺术长廊。

社会发展已经进入大数据时代，贵州民族文化资源丰富，各民族独具特色的民族文化使贵州文化丰富多彩，贵州之所以"不同于东部"也"有别于西部其他省份"，一个重要特征就是民族文化的丰富性以及多彩性。贵州民族文化的丰富性、多彩性，是我们建设特色民族文化强省的基础和依托，是我们的宝贵财富。

下面对贵州省主要的人文景观做详细地介绍。

（一）西江千户苗寨

1. 基本介绍

西江千户苗寨现有住户 1432 户，5515 人，是苗族第五次大迁徙的主要集结地，被誉为苗族的大本营。距雷山县城 36 公里，距黔东南州州府 33 公里，距省府贵阳市约 280 公里，由十余个依山而建的自然村寨相连成片，四面环山，重连叠嶂，梯田依山顺势直连云天，白水河穿寨而过，将西江苗寨一分为二。由于受耕地资源的限制，生活在这里的苗族居民充分利用这里的地形特点，在半山建造独具特色的木结构吊脚楼，千余户吊脚楼随着地形的起伏变化，层峦叠嶂，鳞次栉比，蔚为壮观。西江每年的苗年节、吃新节、十三年一次的牯藏节等均名扬四海，西江千户苗寨是一座露天博物馆，展览着一部苗族发展史诗，成为观赏和研究苗族传统文化的大看台[①]。

西江千户苗寨境内河流长度为 16.8 公里，流域面积为 65.39 平方公里，平均比降 45.7%，最大洪水流量 455 立方米/秒，最枯流量 0.25 立方米/秒，年平均流量为 1.84 立方米/秒。探明的矿点：开觉和白水河硅矿各 1 个，主要含砷、铅、锌等。开觉矿点可供开采 50 年以上。其他自然资源有森林资源和水资源等，境内森林覆盖率 85.15%，有植物杉树、松树、枫香树、板栗树、青杠树、樟树、茶子树、映山红等居多。桂皮、木姜、杞木、杜仲、五倍子等几百种树种和药材、果树、茶树等。

2. 景点介绍

（1）吊脚楼

西江千户苗寨的苗族建筑以木质的吊脚楼为主，为穿斗式歇山顶结构。分平地吊脚楼和斜坡吊脚楼两大类，一般为三层的四榀三间或五榀四间结构。底层用于存放生产工具、关养家禽与牲畜、储存肥料或用作厕所。第二层用作客厅、堂屋、卧室和厨房，堂屋外侧建有独特的"美人靠"，苗语称"阶息"，主要用于乘凉、刺绣和休息，是苗族建筑的一大特色。第三层主要用于存放谷物、饲料等生产、生活物资。

西江苗族吊脚楼源于上古居民的南方干栏式建筑，运用长方形、三角形、菱

---

① 西江千户苗寨官方网站

形等多重结构的组合，构成三维空间的网络体系，与周围的青山绿水和田园风光融为一体，和谐统一，相得益彰，是中华上古居民建筑的活化石；在建筑学等方面具有很高的美学价值。反映苗族居民珍惜土地、节约用地的民族心理，在我国当前人多地少的形势下具有积极的教育意义。上梁的祝词和立房歌，具有浓厚的苗族宗教文化色彩。是苗族传统文化重要的承载者。

注：图片来源于网络（https://image.baidu.com）

（2）风雨桥

出于改善村寨风水条件和方便居民生活考虑，多数苗寨在村寨附近建有风雨桥，以关风蓄气和挡风遮雨。西江以前有风雨木桥，主要有平寨通往欧嘎的平寨风雨桥和南贵村关锁整个西江大寨风水的南寿风雨桥。由于是木质结构，几经修复又被洪水冲毁。2008年西江修建的风雨桥有五座，是连接大寨和西江中学的弓形水泥风雨桥、主道一号弓形水泥风雨桥、连接大寨对面的也薅寨二号及四号弓形水泥风雨桥、连接南贵弓形水泥风雨桥，由于以前的风雨桥的建造属全木式结构，容易被大水冲垮，现所修建的风雨桥全采用水泥和木材的混合结构，使得风雨桥的坚实性和抵御洪水的能力大大增加。

（3）千户灯夜景

每到黄昏时分，千家万户就亮起了灯。随着天色越来越暗，西江千户苗寨变成了灯的海洋，可以看到苗寨呈现那牛头的形状。为使游客更好地观赏西江千户苗寨夜景，景区在山坡高处的路边修建了观景台，还开通了观光车。

（4）苗寨歌舞

每天上午和下午各有一场由当地苗族同胞表演的民族歌舞节目，苗族人自己表演的歌舞节目有当地的色彩，华丽的服饰、欢快的歌舞和美丽的爱情故事能使你更加了解苗族的人文风情。

苗族古歌演唱，演唱者全是寨中的老人，用苗族古语演唱其史诗般宏大的古歌（苗族古歌有四部分，涵括万物起源、天地洪荒及辛酸迁徙史等）能就此传承下去，也是一大功德。遇到特别活动或是有重要人物出现，还是能够看到掌坳的铜鼓舞、方祥的高排芦笙、反排的木鼓舞等。

注：图片来源于网络（https://image.baidu.com）

3. 开放时间

全天开放

4. 门票信息

免费

5. 交通

（1）凯里客车站乘坐往西江镇的中巴，车费20—25元，45分钟左右即可到达，交通顺畅，中班车次不多。或者在凯里花20元打的士直达西江。

（2）凯里客车站坐雷山车，半小时一趟，一个小时路程，12.5元/人，然后在雷山车站换乘到西江的中巴，10元/人，早上七点到下午五点四十，每小时一班。雷山到西江包车，面的70元。

6. 路线

（1）快游线路概览

十二道拦门酒 → 原生态歌舞表演（11：30） →长桌宴→ 博物馆 → 嘎歌古巷→ 田园观光区 → 观景台（苗寨全景）→景区直通车（至荔波、至郎德、至镇远、至高铁站）

（2）慢游线路概览

第一天：十二道拦门酒 → 长桌宴 → 也东寨 → 银饰坊 → 农民画家 → 米酒坊 → 鼓藏堂 → 守寨树 → 蜡染坊 → 博物馆 → 田园观光区 → 小吃街 → 《美丽西江》大型歌舞晚会 → 观景台（苗寨夜景）→ 吊脚楼客栈（梦回西江度假酒店）

第二天：观景台（苗寨晨景）→ 嘎歌古巷 → 景区直通车（至荔波、至郎德、至镇远、至高铁站）

（二）青岩古镇

1.基本介绍

青岩古镇位于贵阳市南郊 29 公里，是花溪区南郊中心集散地，贵州省的历史文化古镇。地处东经 106°37′—106°44′、北纬 26°17′—26°23′，南北长约 10 公里，东西宽约 8 公里，总面积为 92.3 平方公里。

青岩古镇有着深厚历史背景的建筑。爬上镇边一侧不算太高的山坡可以鸟瞰小镇的全景，小镇并不是建造在一个平面上而是建造在高低不平的山坡面上，从高处望去，整个小镇的格局给人一种在别的古镇中难以看到的立体美感。青岩古镇中除了众多的寺庙，竟然还保留着一座基督堂和一座天主堂，多种宗教和谐共处，形成其独特风格。

青岩镇是省级文物保护单位、历史文化名镇，国家级文明市场。具有历史文化、建筑文化、宗教文化、农耕文化、饮食文化、革命传统文化底蕴，是多民族聚居的地区。

2.景点介绍

（1）石牌坊

历史上，青岩古城四门内外有八座牌坊，现保存的只有南门外的"周王氏媳刘氏节孝坊"、南门内的"赵理伦百寿坊"和北门外的"赵彩章百寿坊"三座。三座牌坊的建筑造型基本相同，均呈四柱三间、三楼四阿顶式，高 9.5 米，宽 9 米，面北背南，属清朝石牌坊建筑风格。惊奇的是，三牌坊都没有基槽，靠 4 个长方形柱基直接立在地面上，且一竖就 100 多年。其中"赵理伦百寿坊"距定广门仅几步之遥，创意独特，被艺术大师刘海粟称赞为是"实属罕见而不可多得的艺术精品"，三座石牌坊也成为摄影发烧友的挚爱。

注：图片来源于网络（https：//image.baidu.com）

（2）状元府

状元府是贵州第一个文状元—赵以炯的故居，坐落在小镇状元街1号，状元街与北街交接，靠南边那一截叫"下院街"，北街干道上有指示路牌比较容易找到。大院门前是一副简单的对联"琴鹤谱志，论语传家"，显示了主人一生的志愿。府第坐南朝北，为两进四合院，府第坐南朝北，为两进四合院，均为一正两厢，风格是歇山式，总占地面积700平方米左右。现存前殿、正殿、两厢和朝门，朝门内墙上有许多不同"寿"字残迹，据说这是赵以炯曾曾祖父赵理伦百岁时所留。建筑是以木质结构为主的，气派而不张扬，宁静恬淡，一派书香风范。

（3）背街

背街是青岩最具特色的一条石巷，路面的青石板经过几百年的冲刷、磨砺，已光可鉴人，如镜面般泛着青黑的光芒，给街巷带来一种独特的时空感与神秘感。街边都是层层片石垒起的院墙，路窄而幽静，沿山势起伏，是摄影的绝佳地点。背街附近也是景点比较集中的地方。

（4）万寿宫

位于西街 3 号，毗邻慈云寺。清康熙年间建，嘉庆三年（1798 年）重修，最早并不是一座道观，而是江西会馆，为南来北往的商贾之所，后来改造为道观。整座宫院由正殿、配殿、西厢、戏楼和生活区组成，坐东向西，总占地 1000 多平方米，但建筑大都在"文革"中被毁，多是后来重建。宫内最有看头的便是戏楼，其中的木雕精美绝伦。在戏楼右侧的木质横梁上，一组高浮雕人物图案最为著名，内容为"鸿门宴""十面埋伏""四面楚歌"等，很有军旅文化特色。

注：图片来源于网络（https://image.baidu.com）

（5）名人故居

抗日战争期间，青岩城墙完好，四座城门依旧，偏僻安全，接纳了很多的"避难者"。八路军贵阳交通站在青岩建立安宣点，把许多革命干部家属疏散到这里来，周恩来的父亲、邓颖超的母亲、李克农和博古（秦邦宪）的家属都曾经在青岩住过。李克农亲属曾居处：位于青岩镇北街 10 号，1939～1941 年李克农等中共领导人的亲属曾居于此，现仍为民居；邓颖超之母曾居处：位于南街 75 号，邓颖超之母杨振德女士 1939～1941 年曾居于此，现仍为民居，经营快餐；周恩来总理之父曾居处：位于青岩背街 2 号，1939～1941 年，周恩来父亲周懋臣老人曾在此居住，已对外开放。

注：图片来源于网络（https://image.baidu.com）

3.开放时间

全天

4.门票信息

套票：60/人

5.交通

（1）贵阳市延安西路 32 号客运总站到青岩的车，行车时间约 50 分钟。

（2）花果园湿地公园乘贵阳到青岩的公交车（210 快巴），行车时间约一小时。

（3）贵阳火车站乘 203 路直达青岩。

（4）金阳客车站，乘 220 路/223 路公交车到金竹镇换乘 210 路。

（5）贵阳龙洞堡国际机场有花溪、青岩专线，青岩首班 10：30 末班 19：00。

6.路线

状元府第一天主教堂—李克农曾居地—周恩来父亲居住地—慈云寺—迎祥寺—百岁牌坊—节孝牌坊—定广门—古驿道和古城墙。

7.民间习俗

每年正月间的舞龙、跳花灯、正月初九至二十的苗族跳场，正月十五的龙、灯活动，还有农历五月初五的"游百病"，农历二月十九、九月十九的观音会等，场面都十分热闹。

（1）放"孔明灯"

孔明灯的燃放时间一般在放完宝鼎后。孔明灯灯罩呈圆柱形，高约五尺，上面封顶。恰似一只倒扣着的大屯箩。灯罩的底部糊在直径为三尺左右的圆形竹圈，竹圈上捆着一十字形细铁丝架，铁丝架中央绑着用菜油炸透的纸捻。在燃放孔明灯时，先用一捆稻草燃烧，让其热气将又软又长的灯罩充壮，再点燃纸捻，保持罩中空气的热度。

注：图片来源于网络（https://image.baidu.com）

（2）放"水耗子"

"水耗子"是一种在水上放的特制小型烟花，一般节日都可燃放。它是用草纸一层层地卷糊，再用各种颜色画卜眼睛、瞄巴、耳朵等。帚后用石蜡化油包封耗子体。内装两层火药，一层格药，以导火线依次连接。燃放时，选择一个平静宽阔的水面，将水耗子点燃放入，水耗子便会一会儿钻入水中，一会儿又浮出水面，好像一只活鲜鲜的真耗子，非常有趣。

（3）放"宝鼎"

放"宝鼎"，也叫"放盆景"。宝鼎，是一种大型焰火体，它的燃放一般在正月十五晚上"亮灯"后进行。青岩的"宝鼎"高六尺许，直径约三尺，"宝鼎"下部呈圆柱形，上部似锥形。"宝鼎"用竹条编扎框架，白棉纸裱糊外表，鼎内按程序安装各种焰火和各种人物或飞禽走兽造型，有"火箭"、"滴滴花"、"地牯牛"、"火花筒"以及类似今日的魔术弹之类的各种"礼花"，造型内容根据各地喜爱的故事而定。青岩的有：《仙女散花》、《白蛇传》、《十八相送》等古剧目中的形象。宝鼎由一根总引线把宝鼎内各种烟花装置和各层造型依序串连为一体。

同时，喷出的焰火又向天空喷出无数闪烁的"金花银柱"、有"地老鼠"跃出鼎盖，在人群中"活蹦乱跳"，到处乱窜；"火箭"一支接一支嗖嗖地射向天际，像一道道拖着火光的流星划破天空；有无数条"火龙"在空中飞舞；"滴滴花"滴滴答答地洒下无数闪亮的"珍珠"。最后现出"五谷丰登"、"国泰民安"这一类的吉利条幅，以示百姓的美好愿望。

注：图片来源于网络（https：//image.baidu.com）

三、红色旅游

（一）遵义会议纪念馆

1.基本介绍

遵义是国内首批历史文化名城，是中国革命历史的转折之城。在这片土地上，红军书写了遵义会议、四渡赤水、娄山关大捷等长征史上光辉的篇章，在中国红色记忆中留下了浓墨重彩的一笔。

遵义旅游呈现以下四大特色：以遵义会议为代表的红色长征文化，以国酒贵州茅台为代表的国酒文化，以习水（飞鸽林场、中亚热带常绿阔叶林三岔河景区、中国杉王）为代表的生态文化以及以海龙囤军事古城堡地域文化。依托丰富的长征文化资源，遵义市大力发展红色旅游，目前已初步形成以"遵义会议"为龙头，以娄山关、四渡赤水渡口等重要历史遗址为支撑，以重走长征路、长征文化、爱国主义教育为延伸的多样化产品体系。

遵义会议会址在遵义老城子尹路（原名琵琶桥）东侧，原为黔军25军第二师师长柏辉章的私人官邸，修建于30年代初。建筑为砖木结构，中西合璧的两层楼房[①]。

2.场馆组成

遵义会议纪念馆管理遵义会议会址、红军总政治部旧址、遵义会议期间毛泽东张闻天王稼祥住处、中华苏维埃共和国国家银行旧址、遵义会议期间李德秦邦

[①] 遵义会议纪念馆官方网站

宪（博古）住处旧址、红军警备司令部旧址、遵义会议期间邓小平住处、红军干部大会会场、遵义会议陈列馆、遵义红军烈士陵园等纪念建筑，总占地面积 40000 多平方米，总建筑面积 18457 平方米，展室面积 6083 平方米。

（1）遵义会议会址

遵义会议会址位于贵州省遵义市红花岗区老城子尹路 96 号，会址房屋原为国民党军第 25 军第二师师长柏辉章的私邸，建于 20 世纪 30 年代初，建筑物由主楼和跨院两部分组成。主整栋主楼道面阔 25.19 米，通进深 17.01 米，通高 12 米，占地面积 528 平方米，建筑面积 428.48 平方米。

遵义会议会议室在二楼（一楼作战室的楼上），是一间长方形的房间，面积 27 平方米。墙上有挂钟和两个壁柜，壁柜上有一面穿衣镜。屋子正中是长方桌，四周围有一圈木边藤心折叠靠背椅，桌下有一只古老的木炭火盆。

1935 年 1 月 15 日至 17 日，中国工农红军第一方面军长征到遵义，中共中央在这里召开了政治局扩大会议，纠正了王明"左"倾冒险主义的错误，确立了毛泽东在红军和党中央的领导地位，使红军和党中央得以在极其危急的情况下保存下来，是中国共产党历史上的一个生死攸关的转折点。

遵义会议期间，红军总司令朱德，总政委周恩来，总参谋长刘伯承住二楼，彭德怀、杨尚昆、刘少奇、李卓然等住一楼，总司令部一局作战室设在一楼。会址主楼各室的墙壁上有许多墨写的红军标语，大多是红军再占遵义时，驻扎在楼内的红三军团战士写的。红军离开遵义后，泥水工人用石灰加以覆盖，使这些标语得以保存。解放后，经过清理，字迹还清晰，经恢复原状后，镶嵌在各室原位上。跨院在主楼的南面，是柏辉章未建主楼前的老屋。遵义会议期间，红军总司令部的警卫人员、机要人员在这里办公和住宿。红军总司令部与一、三、五、九军团，二、六军团、四方面军、江西苏区中共分局的往来无线电在这里发出接收。

跨院是黔北民居四合院风格的建筑，坐东向西，由东屋、北屋、南屋、西屋四部分组成，建筑面积 334 平方米。东屋是跨院的主屋，面阔五间，深四间遵义会议期间，总司令部机要科办公室和科长毛庭芳住室在这里。北屋面阔三间，进深一间，二屋，小明间与主楼（会址）天井相通。南屋面阔三间，进深二间，二屋。遵义会议期间，机要科工作人员住此屋。西屋面阔五间，进深二间，单屋。遵义会议期间，机要科工作人员住此屋。主楼和跨院之间伸出一船形的楼房，原是柏家制作酱料及收晒豆子的晒房，遵义会议期间是红军总司令部厨房。一局事务长姚国民、警卫班长潘开文等住厨房楼上。以上展室长期以来作为原状陈列，向观众开放。

注：图片来源于网络（https：//image.baidu.com）

（2）遵义会议陈列馆

遵义会议陈列馆为仿遵义 20 世纪 30 年代民居特色的二层建筑。总建筑面积为 19054 平方米，其中地上 15198 平方米，地下 3856 平方米，建有步行道 1200 米，采用室内空间布局、平面展示、模型展示、实物展示、多媒体展示以及灯光设计辅助等手段。展陈内容以长征为主线，以编年带专题，"以战略转移，开始长征""遵义会议，伟大转折""转战贵州，出奇制胜""勇往直前，走向胜利""遵义会议，光辉永存"等五个部分突出遵义会议的主题及红军长征转战贵州的史迹。利用现有资料和技术，采用油画、雕塑、展板、影像等多种形式，运用三维等身成像、多媒体半景画、电子触摸书籍等先进展陈技术手段进行展示展览。遵义会议陈列馆展示展出文物、资料 1551 件，其中原物 726 件，复制品 667 件，仿制品 158 件，展线总长 1200 多米。

注：图片来源于网络（https://image.baidu.com）

（3）红军总政治部旧址

红军总政治部旧址位于遵义老城杨柳街 28 号，与遵义会议会址毗邻。红军总政治部旧址实际上是一个天主教堂，这个天主教堂在清同治五年（1866 年）由法国传教士沙布尔兴建，主要建筑有经堂和学堂两部分，整个旧址长 105 米，宽 129.1 米，占地面积 13555 平方米，四周修有围墙。

经堂（即干部大会会场）整组建筑，是"罗马式"建筑。它的两侧是一排排圆拱的雕花窗棂，镶着五颜六色的玻璃。它的房屋结构为中国式空斗墙包木柱，罗马式伞形顶，面积 385.2 平方米，高约 7 米，堂中两侧八根圆木柱，外顶正中竖立一个红十字架，有壁画、雕塑。学堂在经堂南侧，是一组庭院式平房建筑，瓦木结构，该建筑原设天主教堂男学堂等。中央红军攻占遵义期间，红军总政治部机关即设在这里。

注：图片来源于网络（https://image.baidu.com）

（4）遵义红军烈士陵园

遵义红军烈士陵园坐落在遵义市城区湘江河畔凤凰山南麓小龙山上。红军烈士陵园建有红三军团参谋长邓萍将军墓、红军坟、钟伟剑烈士、邓萍牺牲时的雕塑、红军女卫生员铜像以及红军长征在遵义牺牲的烈士纪念碑。

红军烈士陵园建有红军烈士纪念碑。整个碑高30米，下宽6米见方，顶部宽2米见方。碑的顶端是5米高的镰刀锤子标志，碑的外围是一个直径20米，高2.7米，离地面2米的大圆环，圆环外壁镶着28颗闪光的星，象征着遵义会议精神永放光芒；圆环内壁是4组汉白玉石浮雕，内容是"强渡乌江""遵义人民迎红军""娄山关大捷""四渡赤水"。大圆环由4个5米高的红军头像托着，头像用紫色花岗石雕凿而成，东南侧为老红军形象，西南侧是青年红军形象，东北侧是赤卫队员形象，西北侧是女红军形象，寓意红军威震四方。

纪念碑的北面小山坡上是"邓萍烈士之墓"。墓地在陵园平台正中位置，由正墓室、左右侧室及其延伸段和花圈组成。墓身均用红砂石料扣砌，通宽32.55米，正墓室高于侧室，呈"凸"字形，墓顶正中竖一红色五角星。在邓萍墓西面处，有一座红军卫生员墓，称为红军坟。坟四周以青砂石砌成墓裙，坟前竖立一块青石墓碑，碑座上的石碑高约3米，碑座上的石碑高2.03米，宽0.83米，厚0.19米，正面阴刻"红军坟"三个红色大字，背面阴刻楷书《红军坟简介》，红军坟下边，塑立着一座高 4.5 米以红军女卫生员正在给干人儿子喂药的铜像，铜像于 1990 年 7 月建成。邓萍墓东边，是一座表现邓萍中弹倒在张爱萍身上的半身雕塑像，塑像墓座上刻有简单的文字说明。陵园西边的"青松堂"里，安放着几十位无名红军烈士的骨灰盒。陵园内的"翠柏园"里陈列着邓萍、钟伟剑两位烈士的生平事迹。

注：图片来源于网络（https：//image.baidu.com）

3. 开放时间

8：30——17：00（16：30 停止入馆）

4. 门票信息

凭有效身份证件在窗口免费领票。

5. 交通

（1）公交

途经公交车：2、4、6 路循环线 7 路 9 路 18 路 26 路

（2）自驾

进入兰海高速从遵义收费站驶出高速行驶 819 米进入湛江路，行驶 221 米进入洗马路，然后行驶 1.9 公里进入解放路，再行驶 80 米进入子尹路，行驶 11 米后到达终点·（会址没有专用停车场，给您的出行带来的不便请谅解）

6. 路线

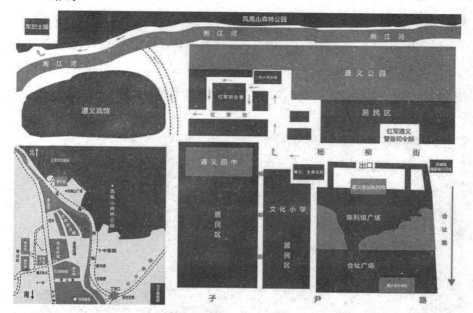

注：图片来源于网络（https：//image.baidu.com）

（二）黎平纪念馆

1. 基本介绍

1934 年 12 月召开的黎平会议，是红军长征途中第一次中共中央政治局会议。这次会议肯定并采纳了毛泽东西进贵州的正确意见，确立了红军北上黔北、建立新根据地的战略行动方针，使中央红军逐渐开始从被动转向主动。黎平会议纪念馆位于贵州省黔东南苗族侗族自治州黎平县德凤镇。据 2020 年 9 月国家文物局信息显示，现有藏品 745 件/套，举办展览 4 个，教育活动 733 次，参观人数 60.1 万人次。

纪念馆坐落在会址对面，由序厅和陈列展厅组成。陈列展厅分"战略转移，北上抗日"、"伟大转折的起点——黎平会议"、"走向胜利"、"红色记忆"、"今日黎平" 5 个部分，生动形象地展现了黎平会议在中国革命史上的地位和作用。

2. 场馆介绍

（1）黎平会议纪念馆

黎平会议纪念馆位于中国历史文化名街——黎平古城翘街，是中央批准建设的革命纪念馆，于 2009 年 12 月 18 日（黎平会议召开 75 周年纪念日）正式对外免费开放。其仿徽派建筑风格与古城风貌融为一体。占地面积 7200 平方米，展厅面积 2000 平方米，共有序厅、四个单元展厅、临时展厅等区域，在陈展红军长征简况的同时，主要展示中央红军长征途中的"三个第一次"，即第一次中央政治局会议——黎平会议、第一次战略转兵——黎平转兵、第一次大整编——黎平整编等内容。

注：图片来源于网络（https://image.baidu.com）

（2）黎平会议会址

黎平会议会址位于黎平古城翘街，是全国重点文物保护单位。始建于清嘉庆年间，原为胡氏宅院，占地面积约 800 平方米，建筑面积 634 ㎡，四周建有封火墙，内为木质结构，仿徽派建筑，呈"一店二居三后院"状，每进之间用防火墙相隔，前低后高。大门门匾有陈云手书的"黎平会议会址"，临街窗壁、墙上写有"苏洋广货、京果杂货、各种名酒、绸缎布匹，锅鼎瓷器"等广告词；第一进为商铺；第二进是会议室和周恩来、朱德等人的办公室兼住室等后院为花园。

（3）毛泽东住址

　　毛泽东住址始建于清代，建筑面积 399.5 平方米，由门楼、前后院子、马棚、正房、天井、厨房组成。2006 年，国务院以"黎平会议会址"之"毛泽东住址"名称公布其为全国重点文物保护单位。旧址现有毛泽东住室、张闻天住室、王稼祥住室等。

（4）红军干部休养连驻地

红军干部休养连驻地旧址始建于清代，四周为青砖封火墙，内套木构建筑，三间两层，前后五进，由店铺、正房、厨房、厢房、走廊、天井、后院等组成，是黎平古城典型的"前店后院"商居两用的民居，占地面积 895.3 平方米，1934年 12 月中央红军长征攻占黎平城，这里成为干部休养连的办公与居住场所。2006年，国务院以"黎平会议会址"之"红军干部休养连驻地旧址"名称公布其为全国重点文物保护单位。

注：图片来源于网络（https://image.baidu.com）

（5）红军教导师师部

红军教导师师部旧址始建于清代，占地面积 566.9 平方米，"前店后院"，三面为封火墙，内套木构建筑三间四进，为商住两用古民居。第一进为店铺，第二进为正房，两进之间均有天井。2006 年，国务院以"黎平会议会址"之"红军教导师师部旧址"名称公布其为全国重点文物保护单位。

注：图片来源于网络（https://image.baidu.com）

（6）中华苏维埃共和国国家银行

中华苏维埃共和国国家银行旧址始建于清代，占地面积约520.8平方米，原为砖木结构，三面为封火墙，分三进，由店铺、正房、厨房、天井组成，前店于20世纪50年代改建为目前的苏式建筑外貌——圆拱形大门框，窗户铁栏为铸铁花窗。1934年12月17日至19日，苏维埃国家银行就驻扎在这里。2018年，贵州省人民政府以"黎平古城中央红军驻地旧址"之"中华苏维埃共和国国家银行旧址"名称公布其为省级文物保护单位。旧址现有林伯渠住室、毛泽民住室、曹菊如住室等。

注：图片来源于网络（https://image.baidu.com）

（7）福音堂

福音堂始建于清代，原为胡家店铺。坐落于贵州省黎平古城翘街，坐东南朝西北，左有黎平会议会址，右临大井街。仿徽派建筑风格，四周为青砖封火墙，内为木构硬山顶建筑，占地面积约 1200 平方米。福音堂为三间三进建筑，内有三个天井，后院有水井、洗涤池各一口。现在，作党史展陈之用的主要是第二进，有博古住室、李德住室、陈云住室、刘少奇住室等。

注：图片来源于网络（**https://image.baidu.com**）

3.开放时间

周一至周日8：30-17：30（17：00后谢绝入馆）。

4.门票信息

本馆所辖的参观点均免费向公众开放。

5.交通

（1）1路、2路、3路、7路公交大市场下车，步行900米；

（2）4路公交德凤镇医院下车，步行400米.

第四节 旅行社概况

一、国际旅行社

1、GREY&COMPANG（灰色公司）

GREY&COMPANY 是一家十分顶级的旅游公司，长期以来一直尽量满足客户的需求。该公司最受欢迎的是他们没有按照公司的规格预先计划行程，而且根据客户的要求定制了精彩的行程。这让很多客户都十分喜欢，他们倾听客户的需求，然后进一步估算整个行程，让客户满足他们自己的想法。

2、BUTTERFIELD&ROBINSON（巴特菲尔德和罗宾逊）

BUTTERFIELD&ROBINSON 公司致力于为旅客提供真正的服务，在世界各地提供冒险和真实的旅程，并且还为旅客提供各种最佳的旅行体验，让旅行者可以尽情享受旅途的快乐，在短暂的时间里享受到最大的乐趣。

3、ARTISANS OF LEISURE（休闲艺人）

ARTISANS OF LEISURE 诞生于 2003 年，该公司在六大洲的 60 个国家提供旅游服务，为旅客提供更多更好的旅行体验。该公司还专注于各种主题，为不同的人群定制不同的体验，给每一位旅客带来最好的旅行感受。

4、MOUNTAIN LODGES OF PERU（秘鲁山间小屋）

MOUNTAIN LODGES OF PERU 它是世界上最好的旅游公司之一，提供前往马丘比丘的冒险之旅。该公司的主要目的是改变心灵、精神、灵魂和身体，并且还通过冒险旅行来激励人们，为喜欢冒险的人创造独特的旅行体验。

5、Journeys international（旅程国际）

Journeys international 成立于 1978 年美国，这家公司为旅客提供不同类型的旅游。并且在全世界很多不同的地区开展活动。

6、CLASSICAL JOURNEYSCLASSICAL JOURNEYS（经典之旅）

CLASSICAL JOURNEYSCLASSICAL JOURNEYS 是加利福尼亚州圣地亚哥的一家旅行社。这家旅游公司最适合真正独特而深入的地区景观。Classical Journeys 在法国、意大利、克罗地亚、摩洛哥等地都创建旅游套餐。

7、Trek Travels（迷航记）

Trek Travels 拥有着十分专业的导游、工作人员和豪华旅行设计师等，他们都经过良好的培训，能够提供令人惊喜和令人惊叹的精彩瞬间。该公司致力于为旅客提供更好更卓越的服务。

8、Cox&Kings Ltd（考克斯与金斯/考克斯国王）

Cox&Kings Ltd 是一家私人旅游公司，也是历史最悠久的公司之一。该公司总部设在印度马哈拉施特拉邦的孟买，最初该公司是"东方承运公司"，1939年的时候改名成了现在的名字。

9、Absolute Travel（绝对旅行）

Absolute Travel 是一家屡获殊荣的旅游公司，它为旅客提供定制的、独家的、充满真实的体验。该公司是独一无二的旅行专家，拥有专业知识和无与伦比的服务，将为旅客带来难忘的旅程。

10、THOMSON FAMILY ADVENTURES（汤姆森家庭历险记）

THOMSON FAMILY ADVENTURES 为整个家庭提供了安全但十分大胆的冒险活动，适合各个年龄段体验，不论是老人或小朋友都不用担心，THOMSON 十分贴心地照顾所有年龄组的人的需求，致力于为旅客提供最好的服务。

二、国内旅行社

1、中国国际旅行社总社

中国国际旅行社总社成立于 1954 年，于 2008 年 3 月更名为中国国际旅行社总社有限公司（简称中国国旅）。经过几代国旅人的艰苦创业，现已发展为国内规模最大、实力最强的旅行社企业集团，累计招揽、接待海外来华旅游者 1000 多万人次。"CITS"已成为国内顶级、亚洲一流、世界知名的中国驰名商标，在世界 60 多个国家和地区通过注册. 中国国旅荣列国家统计局公布的"中国企业 500 强"，是 500 强中的旅游企业，现为中国国旅股份有限公司旗下两大企业之一。

中国国旅在全球 12 个国家和地区拥有 8 家全资、控股的海外公司和 8 家签证中心，在全国拥有 36 家全资、控股子公司和 2 家参股公司，近 700 家门市网点，以及百余家国旅集团理事会成员旅行社，与 100 多个国家的 1400 多家旅行商建立了长期稳定的合作关系，形成立足国内、放眼全球的现代化经营网络。中国国旅是众多国内外知名公司旅游服务的指定供应商，并与国内 20 多家主要旅游目的地省市政府部门建立起长期而紧密的战略合作伙伴关系。

2、中国旅行社总社

中国旅行社总社（北京）有限公司，是中国港中旅集团公司旗下中国旅行社总社有限公司的全资子公司，是中国旅行社总社有限公司在全国八个区域公司架构中第一家完成整合的区域公司。中国旅行社总社有限公司的母公司中国港中旅集团创立于1928年4月，是中央直接管理的54家国有重要骨干企业之一，也是内地四大驻港中资企业之一。集团现已发展成为以旅游为主业，以实业投资（钢铁）、旅游地产、物流贸易为支柱产业的海内外知名大型企业集团。2008年底集团总资产接近500亿元人民币，共有员工4万余人，是中国目前历史最久、规模最大、涵盖旅游产业链要素最全的旅游企业集团。

中旅总社北京公司是以原中国旅行社总社（CTS）、原港中旅国际（CTI）、原招商国旅（CMIT）三总社的主营业务及精英人才为基础所组建，负责北京及华北地区的旅游业务，下设6个业务总部：入境旅游总部、出境旅游总部、国内旅游总部、营销总部、差旅管理总部、业务保障总部。

3、上海春秋国旅

上海春秋国际旅行社（集团）有限公司（以下简称春秋国旅）是春秋航空的母公司，成立于1981年，已拥有四千余名员工和导游，年营业收入六十亿元，业务涉及旅游、航空、酒店预订、机票、会议、展览、商务、因私出入境、体育赛事等行业，是国际会议协会（ICCA）在中国旅行社中最早的会员，是第53、54、55届世界小姐大赛组委会指定接待单位，是世界顶级赛事F1赛车中国站的境内外门票代理，被授予上海市旅行社中唯一著名商标企业。是中国第一家全资创办航空公司的旅行社；上海AAAAA级旅行社；国际会议协会（ICCA）在中国旅行社中最早的会员；2011年度全国百强旅行社综合排名第一。

春秋国旅自1994年至今获国家旅游局排名的国内旅游全国第一。年营业收入近20亿元，是国内连锁经营、最多全资公司、最具规模的旅游批发商和包机批发商。在上海有五十个连锁店，在北京、广州、西安、沈阳和三亚等31个国内大中城市设有全资公司，每个全资公司大都有二至十个连锁店。有美国、泰国、英国、德国、日本、澳大利亚和香港等7个境外全资公司。在江浙地区有四百余个、全国有近两千个网络成员，使用春秋国旅自行研制开发的电脑系统销售春秋旅游产品，做到"散客天天发，一个人也能游天下"便利的散客即时预订服务。拥有"纯玩团""春之旅""中外宾客同车游""自由人""爸妈之旅"等多种特色旅游产品。2001 年，包机三千余航次；2002 年，包机近四千航次。2003 年受非典影响，仍包机近四千架航次，上座率达 99%。

4、中青旅

中青旅（CYTS）是中青旅控股股份有限公司的简称，1997 年 11 月 26 日成立，是以共青团中央直属企业中国青旅集团公司为主发起人，通过募集方式设立的股份有限公司。是中国旅行社协会会长单位、国家旅游标准化示范单位、全国旅游服务质量标杆单位、中国质量奖提名奖，"中青旅"亦被国家市场监督管理总局评定为"中国驰名商标"。

作为中国改革开放后成立的第一家旅行社（1980 年）、中国旅行社行业第一家 A 股上市公司，中青旅以创新为发展的根本推动力，不断推进旅游价值链的整合与延伸，在景区、会奖、度假、观光、差旅、酒店运营，尤其是线上业务等领域具有较强的竞争优势，已成为中国旅游行业的领先品牌和综合运营商之一。

目前，中青旅已达到年接待游客突破 1000 万人次，营业收入超 100 亿元的经营规模。旗下拥有中青旅、遨游网、百变自由行、中青旅会展、乌镇、古北水镇、山水时尚酒店等一系列知名企业和产品品牌，在北京、上海、广州、天津、南京、杭州、深圳、成都、乌鲁木齐、石家庄、太原、南宁、东京、温哥华、香港等海内外三十余个核心城市设有分支机构。

作为与国家改革开放同生共长的行业龙头企业，中青旅致力以优质的文化旅游产品和专业的服务，为消费者创造美好的生活体验和快乐的精神享受，矢志成为一家创新超越、客户信赖、社会尊重的国际化大型旅游运营商。

5、中国康辉旅行社集团有限责任公司

"中国康辉"是中国大型国际旅行社、国家特许经营中国公民出境旅游组团社，经营范围包括入境旅游、出境旅游及国内旅游。康辉总部设有总经理室、办公室、经营管理部、财务部、日韩部、欧洲部、东南亚部、亚洲部、澳非部、港澳商务订房部、国内部、省内接待部、自驾车部、前台、市场销售部、开发旅游部、拓展旅游部、观光旅游部、亚太旅游部、外联旅游部。中国康辉以全国康辉系统的 80 多家兄弟旅行社为依托，与国内外同行有着广泛和友好的合作关系。

日臻完善的全国网络和垂直管理模式形成康辉集团在全国旅行社业独特的优势。中国康辉以"网络化""规模化""品牌化"为发展目标，遍布全国及海外的网络及 2300 余名优秀员工真诚为海内外旅游者提供全方位的优质服务。北起哈尔滨，南至深圳、海南，东起上海，西至甘肃、新疆，"中国康辉"在全国各大城市设有 220 多家垂直管理的子公司连锁企业，其中 1999 及 2000 年度就有 8 个分社进入全国国际旅行社百强行列。2001 及 2002 年，"中国康辉"在国家旅游局 "全国国际旅行社百强企业"的业绩排名已列三甲，企业实力不断发展壮大！2011 全国百强旅行社排名第四。

6、中信旅游总公司

中信旅游总公司成立于 1987 年，是中国中信集团公司的全资子公司，经营入境旅游、出境旅游、国内旅游、签证业务。依托中信集团的旅游资源和其他行业的有力支持，形成了独特的经营模式和相互支持的集团化战略联盟及经营网络；与国内外众多的相关机构和企业建立了长期、良好的合作伙伴关系；拥有一支经验丰富、服务周到、多语种的管理队伍和业务人员，提供多方位、专业化的优质服务。 2018 全国百强旅行社排名第九。

拥有"中国旅游知名品牌"——"信之旅"是中信旅游公司旅游信誉品牌。公司是国内首批通过 ISO9001-2000 版质量管理体系认证的旅行社之一，是北京市旅游局向市民推荐的 20 家信得过旅行社之一。公司在西安、河南、内蒙古、上海、大同、广州、青岛、新疆、湖南等地设立了多家控股子公司，有遍布全国各地的业务网络。与日本交通公社成立了中国第一家中日合资旅行社－－新纪元旅行社有限公司，在成立的当年即进入北京地区国际旅行社 20 强行列。成立全资子公司"北京中信瑞星思达旅游开发有限公司"。

7、招商局国际旅行社有限责任公司

招商局国际旅行社有限责任公司（简称招商国旅）成立于一九八七年，曾是招商局集团全资直属企业，2005 年划转为香港中旅集团（简称"港中旅集团"）旗下机构。是国内实力雄厚的旅行社之一。 招商国旅具备国内游、入境游、出境游（含赴台游）、签证认证代办、机票船票代理、出国中介等全部经营资质。

8、北京神舟国际旅行社集团有限公司

北京神舟国际旅行社集团有限公司（简称神舟国旅集团）成立于 1999 年，

是隶属于首旅集团旗下的大型国有全资质旅行社集团公司，是首旅集团十大品牌之一。首旅集团是一家以旅游为主业的综合型现代服务企业，成立于1998年2月。经过十多年的发展，经营业务涵盖旅行社、旅游酒店、商业、餐饮、汽车服务、景区、地产等领域，形成北京市旅游商业的领军企业。

神舟国旅集团旗下拥有14家旅行社企业，业务覆盖全面，包括：国内旅游、商务会奖旅游、综合差旅服务、入境旅游、中国公民出境旅游、票务代理、以及旅游电子商务及相关服务等。近百家门市网络覆盖北京市内各城区和郊区县，为旅游消费者提供立体化、多渠道的客户服务。神舟国旅集团始终以优化旅游服务，实施品牌经营，顺应市场需求，贴近消费者为目标，经过十多年的发展，已形成"诚信经营、求真务实、业绩为先、以人为本"的企业文化。在近几年全国百强旅行社评选中一直名列前茅，并呈现出强劲的发展势头。

9、中国和平国际旅游有限责任公司

中国和平国际旅游有限责任公司创立于1986年，是经国家旅游局批准可同时经营国际入境旅游、国内旅游和中国公民出国旅游业务的国际旅行社，中国旅行社协会的正式会员单位，全国国际旅行社百强社之一，北京地区国际旅行社十强之一。

10、中国妇女旅行社

中国妇女旅行社是由中华全国妇女联合会创办、国家旅游局批准、国家工商管理局登记注册的国际旅行社，成立于1986年5月。总社设在北京，在上海、广东、大连等全国主要旅游城市设有分支机构。本社主营入境旅游、国内旅游、特许经营中国公民自费出国旅游，兼营国际国内航空客票和国内铁路客票销售及留学服务等业务。

中国妇女旅行社的宗旨是：以良好的信誉和优等质量，为国内外及港、澳、台地区客人提供最佳服务，扩大与各国及港、澳、台地区人民特别是妇女儿童之间的友好往来，增进相互了解和友谊。

第五节 酒店及民宿概况

一、五星级酒店

按照酒店的建筑设备、酒店规模、服务质量、管理水平，逐渐形成了比较统一的等级标准。通行的旅游酒店的等级共分五等，即五星、四星、三星、二星、一星酒店。 五星酒店：这是旅游酒店的最高等级。设备十分豪华，设施更加完善，除了房间设施豪华外，服务设施齐全。各种各样的餐厅，较大规模的宴会厅、会议厅，综合服务比较齐全。是社交、会议、娱乐、购物、消遣、保健等活动中心。具体有以下酒店：

1.贵州黔工圣丰酒店

贵州黔工圣丰酒店坐落在风景秀丽的贵阳市区，是一座具有国际水准综合性的豪华酒店，由经验丰富的酒店管理团队经营管理，由贵州省总工会投资兴建。酒店位于贵阳市商业、文化繁华中心地带，商务，购物交通十分方便，周边有多条公交线路及地铁，酒店紧靠恒丰购物中心，邻近贵阳筑城广场和河滨公园。酒店依据国际星级标准精心营建，大家风范、豪华气度。房间内部装修高贵典雅，柔暖色调衍映成趣，温馨袭人；24 小时热水，免费 WIFI，每间客房提供独立卫浴、全覆盖中央空调，电视，吹风，热水壶等设施一应俱全。每年上千场会议的磨砺，通过专业的技能、体贴的服务为举办会议的客户策划、组织、安排。优质配套设施，尽享舒适居住生活，酒店配备了设施齐全的健身房、室内游泳池。

2.贵阳格兰云天国际酒店

酒店是航空工业旗下酒店管理有限公司全资运营的酒店——按照星级标准打造的豪华酒店。酒店位于贵州省贵阳市小河转盘商业中心，万科大都会，龙湾万达，海纳广场等知名购物中心环绕于此。知名景点如甲秀楼，青岩古镇，龙里大草原等云集四周。毗邻珠江路和望城坡地铁站几步之遥；30 分钟车程直达高铁站及机场，交通十分便利。酒店拥有精美舒适的客房及套房。房间面积宽敞，装饰简洁大方。180 度落地窗设计，既使酒店明亮，舒适，又让城市风景尽收眼底。经营精品黔菜、经典粤菜，设 17 间装饰豪华包房的太极中餐厅，环境优雅，出品精致。包括功能齐全的 500 平无柱式格兰大宴会厅在内有 7 个会议室及多功能厅，共计 1100 平会议场地；可拆分，可大可小，满足不同类型，不同规模的宴席及会议会务需求。交通便利、酒店设施功能齐全。

3. 贵州饭店·贵宾楼

酒店位于贵州省贵阳市金融、商业和文化中心之交界处，毗邻贵州省国际会议中心、贵州省人民政府，数步可及时尚繁华的闹市区。酒店拥有各类客房、套房及豪华行政楼层，客房均配有舒适的现代化设施。酒店装修豪华气派、典雅温馨，房间功能设计独特、舒适整洁，且提供 24 小时管家式服务。酒店设有宴会厅、中餐厅、西餐厅、特色包厢、大堂吧、书吧、行政酒廊等现代设施，娱乐中心配有先进的健身设备、专业的健身教练、瑜伽教练，具备优雅从容的氛围、高端的生活享受，是放松休憩、激发创意的理想场所。

4. 贵阳世纪金源大饭店

贵阳世纪金源大饭店位于贵州省贵阳市"政治、文化和人居中心"的金阳新区，雄踞金阳入口，占据金阳大道与北京西路两条连接主城区的主干道，毗邻世纪城商务写字楼群与大型购物中心，交通极为便利。

贵阳世纪金源大饭店的总建筑面积 8 万平方米，建筑高度 150 米，是世纪金源集团融合旗下倾力打造的第九家豪华星级大饭店，集会议、商务、休闲、娱乐于一体。停车场共有 500 余车位，成为当地首屈一指的标志性建筑。

5. 贵阳天怡豪生大酒店

贵阳天怡豪生大酒店位于"林城"——贵阳，地处"天然氧吧"黔灵公园右侧，距风景名胜区黄果树大瀑布约 2 小时车程，交通便捷。

贵州天怡豪生大酒店在第八届中国酒店星光奖评选活动中荣获"中国十佳城市商务酒店"荣誉称号。酒店三百余间（套）客房优雅舒适，各项配套设施齐全温馨，为商旅人士提供物超所值的细致服务。酒店于 2012 年对客房主要设施设备进行了升级改造，每间客房均有 42 寸液晶电视。为满足不宜睡得太软的客人，酒店部分豪华客房提供大自然生态护脊床垫。

6. 遵义遵投丽呈酒店

遵投丽呈酒店位于中国革命转折之城——红城贵州遵义。酒店坐落于贵州省遵义市汇川区上海路长青巷（遵义市游泳馆旁），地处遵义市核心商圈、购物便捷。遵投丽呈酒店毗邻遵义市游泳馆，俯瞰遵义市体育文化公园全景，是遵义市体育文化公园内一家集住宿、餐饮、会务、休闲娱乐于一体的高端商务酒店。将中国传统的宁静与现代简约浪漫完美融合，是一场中式与西式的结合碰撞。在繁华喧嚣的城市中闹中取静，在这里享受一段私密、自在的休憩时光。

酒店设有 20 个大小不同的豪华中餐包厢，出品正宗的黔菜、川菜、粤菜及湘菜。特聘星级厨师将美妙口感与健康养生理念巧妙融合，为您打造全新味蕾体验；全日制西餐厅汇集中外美食，各色美食荟萃，此外，酒店还特有市区的露天平台。酒店配备大堂吧、咖啡吧、健身中心、茶室等多元化功能区域，同时可直通遵义市游泳馆。

7. 遵义帝景酒店

遵义帝景酒店地处国际历史文化名城——遵义市红花岗区，遵义红色文化承载着"革命红色"、"历史紫色"、"山体绿色"、"水系蓝色"四色一体的城市中心区文化景观体系被纳入改造重点，帝景酒店是遵义市的地标性建筑；位于市中心繁华地带，周边有各大型购物商场（尚品天河、星力城、重庆百货、俪柏广场、百盛）、美食街、KTV、电影院等，酒店周边有遵义著名旅游景点遵义会议会址、红军街、让你领略红色转折之城的人文风光。

酒店装修豪华典雅，有舒适客房及套房共三百余间，房间视野上佳，可将城市景观尽收眼底。酒店有桃园中餐厅，可提供粤菜及粤式茶点，韵厨西餐厅提供丰富美味的海鲜自助餐，惬意休闲的澜吧为你提供各色饮品及下午茶，满足不同的需求。

8. 中国天眼迎宾馆

中国天眼迎宾馆位于贵州省黔南布依族苗族自治州平塘县克度镇天文小镇，与天文博物馆、喀斯特生态公园、天幕商业街共同构成天文小镇，可以学习领略中国天眼文化之美。中国天眼迎宾馆占地面积 10.3 万平方米，按星级标准打造，集度假、会议、住宿、餐饮、生娱乐等多功能为一体，迎各国重要来宾、政要、天文学家及泰斗，也是世界天文爱好者的集聚地。

9. 喜来登酒店

喜来登（Sheraton）是喜达屋（Starwood）酒店集团中最大的连锁酒店品牌，也是集团中第二老的酒店品牌（最老牌的是 WESTIN）。2016 年，万豪国际集团完成对喜达屋集团的并购，喜来登遂成为万豪旗下高级酒店品牌。喜来登在中国的许多大城市都有据点分布，如香港有九龙尖沙咀喜来登酒店；台湾有台北喜来登大饭店；台北的喜来登位于忠孝东路一段，邻近台北市中心以及交通枢纽台北车站，而喜来登也是第一家在台北市之外的地区开设旅馆的外资企业，包括中和的福朋喜来登、宜兰喜来登。在内地，喜来登除了开设在沿海城市如北京、上海、厦门、苏州、中山之外；在内陆城市也有旅馆分布，如重庆、成都、西安、桂林、乌鲁木齐等。

10. JW 万豪酒店

JW 万豪酒店遍布北美洲、加勒比及拉丁美洲、欧洲、亚洲、中东及非洲，每一家酒店都独具特色、简约优雅、宁静奢华。在万豪最古朴典雅、富丽堂皇的品牌酒店中，小小细节成就非凡体验。JW 万豪豪华酒店及度假酒店温馨典雅，舒适奢华，提供无与伦比的私人服务，真正商务休闲两相宜。JW 万豪酒店为万豪（Marriott）集团旗下酒店。万豪国际集团是在全球具领导地位的酒店管理企业。悠久的历史，源自 1927 年，由 J. Willard 和 Alice S. Marriott 于华盛顿创立的一间啤酒小店开始。万豪国际于美国，以至全球 66 个国家及地区，已经拥有超过 3,200 家酒店，万豪国际集团是全球首屈一指的酒店管理公司，万豪还被《财富》杂志评为酒店业最值得敬仰企业和最理想工作酒店集团之一。

11. 希尔顿酒店

希尔顿酒店，全称是希尔顿国际酒店集团（HI），为总部设于英国的希尔顿集团公司旗下分支，拥有除美国外全球范围内"希尔顿"商标的使用权。希尔顿国际酒店集团经营管理着 403 间酒店，包括 261 间希尔顿酒店，142 间面向中端市场的"斯堪的克"酒店，以及与总部设在北美的希尔顿酒店管理公司合资经营的、分布在 12 个国家中的 18 间"康拉德"（亦称"港丽"）酒店。它与希尔顿酒店管理公司组合的全球营销联盟，令世界范围内双方旗下酒店总数超过了 2700 间，其中 500 多间酒店共同使用希尔顿的品牌。希尔顿国际酒店集团在全球 80 个国家内有着逾 71000 名雇员。旗下拥有十八大卓越酒店品牌，在全球 119 个国家和地区拥有 6,400 多 家酒店，超过 100 万间客房。希尔顿一直致力于实现"让世界充满阳光和温暖，让宾客感受到希尔顿的'热情好客'"的创始愿景，在其百年发展历程中，为超过 30 亿宾客提供服务。希尔顿在卓越职场研究所 2020 年"全球最佳职场"评选中名列前茅；并在 2020 年道琼斯可持续发展指数评比中荣膺"全球产业领导者"殊荣。2020 年，希尔顿推出 Hilton CleanStay

"希尔顿清洁无忧住"，在全世界的酒店实施行业领先的清洁和消毒标准。通过屡获殊荣的宾客忠诚度计划"希尔顿荣誉客会"，超过 1.12 亿会员可享受物超所值的积分兑换住宿，以及无接触登记入住、选择客房、数字密钥与智能客房等非凡礼遇。

12. W 酒店

W 酒店是喜达屋旗下的全球现代奢华时尚生活品牌，其官方的定位是"Lifestye"品牌，业内普遍将其归类为典型的 Boutique hotel 路线。激发灵感、创造潮流、大胆创新的 W 酒店在业界影响深远，为宾客提供终极的入住体验。2008 年 10 月，W 酒店进驻中国在香港开业。

13. 洲际酒店

洲际集团成立于 1777 年，是目前全球最大及网络分布最广的专业酒店管理集团，拥有洲际、皇冠假日、假日酒店等多个国际知名酒店品牌和超过 60 年国际酒店管理经验。同时洲际酒店集团也是世界上客房拥有量最大（高达 650,000 间）、跨国经营范围最广，分布将近 100 个国家，并且在中国接管酒店最多的超级酒店集团。包括中国大陆 25 个省、区、市。洲际酒店集团 InterContinental Hotels Group PLC （IHG）是一个全球化的酒店集团，在全球 100 多个国家和地区经营和特许经营着超过 4,400 家酒店，超过 660,000 间客房。

二、四星级酒店

酒店四星级标准需要有中央空调（别墅式度假饭店除外）；有背景音乐系统；18 小时提供外币兑换服务；至少有 40 间（套）可供出租的客房；70%客房的面积（不含卫生间）不小于 20 平方米；提供国际互联网接入服务；卫生间有电话副机、吹风机；客房内设微型酒吧；餐厅餐具按中西餐习惯成套配置、无破损；3 层以上建筑物有数量充足的高质量客用电梯，轿厢装修高雅；代购交通、影剧、参观等票务；提供市内观光服务；能用普通话和英语提供服务，必要时能用第二种外国语提供服务。具体有以下酒店：

1、桔子酒店（贵阳大十字店）

酒店位于贵阳市南明区中华南路，地处繁华的大十字商圈距离贵阳壹号（大型购物中心）直线距离 20 米。紧邻喷水池商圈，著名的甲秀楼。

酒店从空间格局中注重仪式感，挑高6米多的长向空的设计采光俱佳，三面临窗景观非常好，并配有书吧，体现出不一样的品质。色彩搭配中体现出一些怀旧气息。格局完整且主次分明。设计定位为现代灰色的调性空间，提取贵州少数民族纹样，像素化后融入到空间中，成为设计的主题。酒店系国外著名设计师设计，整体设计理念为"蘑菇云"。客房全部采用的是人体感应取电系统；音响、电视均支持蓝牙、Iphone、Ipad和笔记本连接播放；房间配备独立的免费无线网络、智能灯光控制面板、电动窗帘等。客房隔音系统由清华声学所设计。

2、蔓筑酒店（贵阳观山湖国际会展中心店）

酒店是一间设计师爆款酒店，集贵州本土文化、国潮精品、图书美术、智能酒店于一身。地处观山湖区核心地段，毗邻贵阳国际会议中心、高新区CBD、金融中心三大中心环绕，步行可达观山湖公园；距高铁北站5公里，距地铁1号线新寨站仅1公里，位于新潮时常大型商业综合体——美的置业广场T1栋16楼（长岭南路与观山东路交汇处），交通十分便利。

3、达喜雅智慧酒店（贵阳未来方舟店）

贵阳达喜雅智慧酒店是自主投资兴建的一家全智能化酒店，坐落于贵州省贵阳市云岩区未来方舟开心蘑菇城A馆，交通便利、设备齐全。酒店以便捷、舒适、环保、简约、安逸为主题打造。距老城区市中心仅20分钟车程。酒店拥有配套齐全的各式客房，设有风格别致的豪华复式家庭房及无烟楼层，房间均配有高清3D网络电视、直拨电话、上网接口等，营造一个安全、轻松、舒适的环境，致力于让旅客在疲劳的旅途中感受家的温馨。

4、遵义本酒店

遵义本酒店位于上海路时代星城小区，周围生活配套齐全，外出购物、就餐方便。本酒店的灵感源于创始人对舒适住宿的执着追求。在欧洲的艺术殿堂中，在茫茫的藏地高原上，孕育出了"本"质朴的设计理念："为每一位客人提供上佳的住宿体验"。

酒店精挑细选了来自匈牙利、比利时、泰国等地的艺术作品，也特别邀请了本土艺术家以城市的市井气息进行了油画和摄影作品创作，不遗余力地展示着本对艺术和生活的热爱。在客房中可以感受到酒店去繁存简的用心，在餐厅里体验遵义地道精美的佳肴，在咖啡厅品味书房的静谧与安详，在酒吧里一睹酒都的醇美与热情。简约风，设计感、舒适性，本就是这样一件特有的艺术作品，活络在这嘈杂市井里，自然、通透、使人轻松。本酒店致力于追求更加舒适的睡眠，客房配备了全套康乃馨的床上用品和睡衣，欧佩的洗浴用品以及丝涟的床垫，同样也配备有浴缸、全自动智能马桶、智能蓝牙音响等。

5、遵义森林大酒店

遵义森林大酒店位于遵义汇川新城区，地处茅草铺客运站新大楼，由贵州浙江总商会投资建造。遵义森林大酒店。酒店配备各类客房，可同时容纳 230 位客人入住，装修时尚环保、格调温馨舒适。此外，酒店附设各具特色的中、西餐厅、茶吧、宴会厅、多功能会议中心和餐饮包房，川、黔、粤、湘菜及西式美食，珍馐佳肴，尽汇于此。

酒店的多功能宴会厅可同时容纳 400 人就餐或会议，备有现代化的宴会设施及先进的视听会议设备。另有可容纳 20 人到 400 人的不小不同规模的多功能会议室，可满足顾客中、小型会议及用餐需要。

6、锦欣酒店（六盘水万达广场店）

酒店位于钟山区核心商业地带万达广场旁，步行一分钟到星巴克咖啡、肯德基、麦当劳，周边美食街、酒吧、健身房、设施完善，近水城河三线文化风情夜市街、距离高铁站 7 分钟车程、距离水城古镇约 5 分钟车程，距离梅花山景区国际滑雪场约 10 分钟车程。

酒店户外可以停放大型房车、地下停车场有 200 个停车位、大堂免费享用水果茶点、房间提供英国奢华品牌 SEVEN PLUS 沐浴用品，免费一次性面巾、共享茶室和会议室，将会为您提供优雅的商务洽谈环境、也可浏览各种书籍、自助早餐厅提供精美的本帮菜。

7、六盘水六枝龙井温泉度假区·瀑布源酒店

酒店由六盘水市旅游文化投资有限责任公司，六枝特区旅游文化投资有限公司投资新建，是集餐饮，住宿，观光，温泉，休闲，娱乐，商务，会议接待为一体的温泉旅游度假区。建筑面积 26185.86 ㎡，占地面积 536149.00 平方米，建筑总面积 61730.00 平方米，是贵州地区规模大的温泉旅游度假区之一。

酒店环境优美，龙井泉水清澈冰凉，无污染，酒店就坐落在四面环山、果树围绕的，景区内奇山丽水，风景秀美，全年平均气温 19 度。酒店交通便利，距

举世闻名的黄果树瀑布约 20 公里，距黄果树安顺机场约 30 分钟车程。酒店设施完备，瀑布源酒店左侧是温泉度假区及多彩露营基地，右侧是水上乐园娱乐区，对面是网红项目综合体。酒店餐饮种类丰富，提供精选黔、湘、川等名菜以及西式餐饮。私密宴会 Party 三楼楼顶天台花园，错层空中花园；配套设施旅居房，距离养生温泉约 500 米，距离室外水上乐园约 500 米，距室内儿童乐园约 500 米。

8、深圳格兰云天大酒店

酒店曾荣获首届深圳知名品牌、深圳市十佳酒店、深圳市中国旅游知名品牌、深圳市酒店先进单位、深圳市质量效益型先进企业等多项殊荣。深圳中航城格兰云天大酒店定位为精品四星级商务酒店，地处深圳市中心区，毗邻深圳最繁华的华强北商业中心，交通便利，距地铁站仅数步之遥；与绿树掩映的中心公园隔路相望，它完美融合了深圳的繁华与幽静。酒店共设置 265 间简约、典雅、时尚的客房和套房，并于 2011 年 5 月全新装修升级；环境优雅的餐厅和酒吧，功能齐全的宴会厅，设施完备的康体中心，无处不在的 wifi 网络，在这里演绎着格兰云天的"亲和、细腻、畅捷、凝练"。无微不至的服务，日臻完美的设施必将给尊贵的您带来不一般的商务旅行和休闲度假完美体验。

9、深圳福朋喜来登酒店

酒店有 450 间富有时尚气息的高级客房，其中包括了宽敞舒适的套房。酒店客房色调柔和，浅色的家具配上米色的织物，令人倍感温馨，客房内都配备了福朋"舒适之床"的酒店。精纺的棉质床单，舒适的靠垫和柔软的睡枕，世界知名品牌"金可儿"的床垫以及一对大型的抱枕和手感柔软的羽绒被构成了代表品牌特色的福朋"舒适之床"。深圳福朋喜来登酒店在为宾客提供舒适客房的同时也在酒店内配备了众多的餐饮娱乐、健身休闲设施。酒店共设有 6 个精彩纷呈、独具特色的餐厅，分别为泛亚风情、休闲吧、桂花餐厅、桂花西饼屋、聚味轩和花园酒吧。

10、成都瑞思博雅酒店

成都瑞思博雅酒店地处成都市宽窄巷子历史文化区、八宝街商业圈内，位于青羊区西二道街 35 号（紧邻主干道——西大街），是一家集住宿、会议、餐饮、茶坊、娱乐等为一体的精品酒店。酒店秉持「品质现代、诚实经营、人性境界」

的经营理念，以其特有经营风格及现代管理模式，为商务、旅游、休闲人士提供"便捷、高尚、舒适"之惬意享受。酒店开业时间 2013 年，主楼高 7 层，客房总数 102 间（套）。

三、三星级酒店

三星酒店：是旅游酒店的中等级。设备完善，除了房间设施外，服务设施齐全。各种各样的餐厅，较大规模的宴会厅、会议厅，综合服务比较齐全。是社交、会议、娱乐、消遣等活动中心。三星级以上饭店需设专职行李员，有专用行李车，18 小时为客人提供行李服务；有小件行李存放处；提供信用卡结算服务；至少有 30 间（套）可供出租的客房；电视频道不少于 16 个；24 小时提供热水、饮用水，免费提供茶叶或咖啡，70%客房有小冰箱；提供留言和叫醒服务；提供衣装湿洗、干洗和熨烫服务；提供擦鞋服务；服务人员有专门的更衣室、公共卫生间、浴室、餐厅、宿舍等设施。具体有以下酒店：

1、贵阳北站·斯迈卡尔顿臻选观景酒店

贵阳北站·斯迈卡尔顿臻选观景酒店位于贵阳市观山湖区北大资源梦想城，紧邻贵阳高铁北站，邻近大数据产业园、贵阳国际会展中心、贵州金融城、贵州省博物馆、观山湖公园、长坡岭国家森林公园。酒店有直达地铁，可方便往返市区各商业、购物中心及旅游景点，周围生活配套齐全，外出购物、就餐都很方便。

酒店按国家高星级标准装修与配备，装修时尚，风格别具一格，房间宽敞明亮，拥有独立分离式卫生间，酒店装修风格融入了贵州当地特色文化元素。酒店拥有商务套房、大床房，标准房、家庭套房、三人房等各类房型 90 余间，每间房间配备餐厅、书吧、会议室、停车场。

舒适的睡床、柔软的棉品被褥、简约现代的家具、营养可口的自助早餐、24小时热水洗浴、空调、电视、电话和 24 小时无线宽带上网等设施一应俱全。

2、贵阳光里酒店

贵州光里酒店位于贵州省省会贵阳市观山湖区北大资源梦想城中，毗邻贵阳高铁北站和地铁 1 号线，四通八达，交通便利，酒店设有商务大床房、豪华双人房、家庭房，豪华套房等 45 间，房间装修豪华，使用面积大，酒店卫浴设备均来自著名品牌"法恩莎"，家具用品，洗浴用品均来自高端订制，房间宽敞明亮，设施齐全，舒适洁净，格调高雅。

3、昊丽酒店（贵阳大西门中山西路地铁站店）

酒店位于贵阳市中心繁华地段，周边商业、餐饮娱乐一应俱全，交通十分便利。酒店坐拥大西门、大十字、喷水池三大商圈，毗邻贵阳市妇幼院、省中医二附院、永辉超市、市西滨河商业街、恒峰步行街。乘地铁一号线、公交巴士均可抵达酒店、贵阳北站、贵阳火车站、沃尔玛、民航巴士始发站，多路公交便捷直达黔灵公园、甲秀楼等市内主要观光游览景点。

酒店每间客房配备 100 兆独立光纤、wifi 及网络电视，服务温馨，客房洁净舒适。

4、康烁酒店

酒店坐落于人民中路，交通便利，周边汇集大型超市，商圈，美食街，位于市中心地段。

酒店集住宿、餐饮、会议与康体健身为一体。设施完善、配套先进、通信快捷、酒店无线网络全覆盖、酒店所有电脑均使用虚拟化云桌面电脑，是商务会议、洽谈，娱乐休憩的理想场所。酒店总建筑面积 15132.69㎡，占用土地面积为 2868.392 ㎡。酒店拥有风格各异的房间一百余间，每个房间均设有有线电视伴音系统（卫生间音响）及数字信息系统。

酒店设有中餐厅、西餐厅、大小会议室及棋牌室，中餐厅提供川、黔、粤菜及本地菜，有 14 个包厢，一个 330㎡ 的大型宴会厅，一个 120㎡ 的小型宴会厅、一个 250㎡ 的西餐厅可同时容纳 800 人就餐；拥有大、小会议室 10 个，可同时接待 890 人会议，对接待各类会议、各类宴席、私人聚会和商务宴请均可提供最完善的设施、设备及一流的专业服务。

5、丽莱酒店

丽莱酒店（六盘水钟山区政府店）为六盘水市智能化精品酒店，位于六盘水凤凰山钟山区政府附近，距离月照机场 20 分钟车程、距离六盘水站 10 分钟车程，地理优越、交通便利。酒店周边景点、购物中心、餐饮休闲场所密布，附近有梅花山滑雪场、韭菜坪、玉舍森林公园等景点，周边车程两小时景区还有乌蒙大草原、大洞竹海、织金洞、黄果树瀑布等众多旅游景点。

6、兴义布谷鸟民族酒店

兴义布谷鸟民族酒店位于黔西南州兴义市民族风情街,福昆线与峡谷大道的交界处,金州欢乐谷对面,毗邻闻名遐迩的风景区——马岭河峡谷,酒店地理位置优越,公路直连汕昆高速路"兴义机场"、"兴义火车站",交通十分便利。

布谷鸟民族酒店是以民族文化特色为元素打造的民族风情酒店,酒店致力于引领黔西南民族酒店文化,做民族文化酒店的领先品牌,传承民族风情文化特色,酒店装修民族风味浓郁,典雅高尚,彰显酒店的尊贵品质及少数民族独特文化魅力,是滇、黔、桂三省具有代表性的民族酒店。

酒店集住宿、餐饮、会议于一体,推出各个具有民族风格的各类房型,是外出旅游及体验经典民族文化的优选之地。

7、云栖智慧酒店

兴义云栖智慧酒店位于黔西南州苗族自治州兴义大道东约 200 米棕榈岛附近,临湖美景舒适宜人,酒店对面小吃一条街,吃喝玩乐,无所不有,距大商汇,万峰林及兴义机场较近,交通四通八达。酒店是兴义智慧型酒店,集人体感应、声控、人脸识别、人工智能等于一体的科技型智慧酒店,告别传统酒店的繁文缛节,开创全智能化高端酒店。

酒店装修时尚高雅,设施齐全,环境舒适,拥有高端客房,自助茶吧、会议厅、商务中心、服务配套与娱乐设施一应俱全。房间配套设施智能系统,智能电视(43 寸)、智能空调、智能窗帘、智能灯光、智能电话、全声控、手机远程控制等,干湿分离,24 小时热水、电热水壶、床头柜、抽纸等。

8、上海汉森大酒店

上海汉森大酒店是涉外三星级商务型酒店,坐落于幽静的新华路高级别墅区,与徐家汇商业区、交通大学和虹桥开发区相邻。是上海汉森进出口有限公司投资建造的涉外三星级酒店,坐落于闹中取静的延安西路和番禺路口,距交通大学、银星皇冠酒店步行 5 分钟,离上海世贸商城、国贸中心 10 分钟车程,与新天地、衡山路酒吧休闲街相邻。酒店环境十分幽静,设有客房(标准房,单人房,套房)88 间,可提供上网、传真、复印、订票等服务,雅典的餐厅提供海派的美味佳肴,另可提供 3 个大小会议室,备有停车场。

9、广州宜致酒店

酒店位于珠江新城与体育中心双商圈交汇处,地处繁华优越地带,交通便利,毗邻广州国际金融中心,中信广场、琶洲国际会展中心,距 3 号线岗顶地铁站步行约 10 分钟,宾客乘坐地铁约 15 分钟到海心沙广场、广州塔(小蛮腰)、天河城购物中心、太古汇等著名景点及城市地标建筑,步行即可到达暨南大学、华南师范大学等高校。酒店倡导时尚简约的生活方式,为宾客提供全新的酒店体验;旅行在路上,眼中的风景和相遇的人在变,不变的是甄选品质,始终与您灵感相随。舒适客房使用"梦百合零压床"床上用品,并采用国内知名品牌天然卫浴用品。酒店设施齐全,创新多功能公共空间,集餐厅、咖啡厅、酒吧、于一体,通过现代化的设计营造出休闲娱乐氛围,为宾客提供具有轻时尚特点的优质现代生活体验,客房智能音响系统、电动窗帘、智能影院及 3D 影片在线尽享。丽梵艺术酒店由国内知名设计师倾心操刀打造中高端酒店,为您打造亲子旅游、商务出行、休闲度假之理想的"家"。

10、北京逸岚云景精品酒店

京逸岚云景精品酒店位于北京市通州区梨园镇云景东路,酒店院内配备免费停车场,自助洗衣房,大厅商务区提供免费现磨咖啡。酒店客房精致简约,提供干湿分离的卫浴设施,房间配备电动窗帘、可手机投屏 65 寸超大智能液晶电视、智能语音系统、智能防雾照明灯、米家吹风机、感应式地面夜灯,集科技智能与优雅于一体,提升您的入住体验;严选法国天然植物品牌仙维娜洗手液、洗发露、沐浴液、护发素。

四、民宿概况

民宿,指利用当地民居等相关闲置资源,经营用客房不超过 4 层、建筑面积不超过 800 ㎡,主人参与接待, 为游客提供体验当地自然、文化与生产生活方式的小型住宿设施[①]。具体有以下民宿:

1、西江千户苗寨裸隐画山·秋间里度假别院

民宿坐落于西江观景台脚下的南贵村,从裸隐画山秋间里度假别院抬头就能看到壮丽的苗王寨,转身就是花繁枝茂的半山,不用担心呼啸的凛冽寒风,却能

[①] 文化和旅游部关于发布旅游民宿基本要求和评价行业标准的公告.文化与旅游部

享受芬芳的冬日暖阳。

客栈二十余间房，院心是一汪水，映着天空，照着自己。无论是在房间里还是在房间外，都很从容，每个房间都是个小家。房子是苗族民居的结构：厚重的石墙，粗壮的木梁，架起了黑色的瓦当。为了舒适，我们升高了房顶，增加了保温层；墙面也做了处理，岁月的痕迹可以看到，可以摸到，但不会扎到；现代的工艺和材料可以让阳光和风景走进来，却隔离了寒冷和风啸。蓬松的被褥，宽大的沙发，温暖的木板，即便爬出毯子，孩子也会感到安全而柔软。连屋顶的瓦片都是主人家自己烧制的。

我们不舍得破坏它的感觉，就保留下来作为公共活动空间，包含了餐厅，咖啡厅、酒吧，书吧和孩子看书和游乐的地方。另外，我们增加了一个新的一层建筑，作为厨房和后勤区域，同时屋顶空间作为一个大的公共露台，可以一览无余地观赏白水河与雷公山。

另外，在餐厅和咖啡书吧之间还一个院中院，一墙的十里香一到花期便散发着沁人的芬芳。这个独立的小空间，可以暂时地隔离自己，也可以隔离他人。在这里，您可以很安静很舒适的休息，享受现代化的便利和天堂般的风景；也可以随时"穿越"，感受从前的慢生活。

2、朵哩花园民宿

朵哩花园民宿位于贵州省贵阳市花溪区青岩古镇西街李家巷，民宿左侧是通往南门的捷径，右侧可直达北门东门，闹中取静，就是朵哩花园所处的上佳地理位置。朵哩花园民宿由四栋建筑组成，总面积300余平方米，拥有9间客房，及餐厅、品茶区和咖啡角等功能区，另有独立书房提供茶饮、阅读、小憩。此外，还拥有1700余平方米的露天花园，这个别致的院子在青岩古镇实属难得。唯美的花园成了民宿举行花艺美学派对的最佳地点。民宿的一草一木、一砖一瓦、一器一物都是对梦想生活的重构。朵哩的花园内各式花草铺满脚底，散发出阵阵幽香。藤蔓爬上院墙，多肉绿植摆满花架，粗壮的果树会在秋季挂满果子。餐食以贵州菜青岩特色为主，可同时接待30人就餐。此外，民宿结合二十四节气打造了花宴、茶宴、红楼宴、青岩宴四个菜系。以花为食材，养颜抚胃。以六大茶系为茶宴的主角，实现茶叶与食材的碰撞。而又结合青岩的特色美味，进行菜系新研发加工出了72种"红楼宴"菜品

3、匠庐·村晓

匠庐·村晓，坐落在贵州省安顺市石头寨普叉村古村落，离黄果树瀑布仅5公里路程。三个老板都是贵州人，怀揣着"寻找与传承"的初心创立了匠庐。匠庐的团队似乎总有着善于发现美的眼睛，在深山与树林中寻找到这个被遗忘的村落。村晓还原的是原本真实的布依村寨，房屋大都是石头垒砌而成，农村自建房都是依地势而建，所以每个房型都是在原始建筑上做针对性设计，这就意味着入住不同的房间，就能得到不一样的体验。有蜡染馆、燃篝火、跳舞蹈，在欢呼中举杯共饮。

4、尧珈·凡舍悬崖民宿

尧珈·凡舍悬崖民宿，坐落在贵州省安顺市黄果树滴水滩正对面，身临其境体验瀑布挂前川的壮丽，风景秀美，云海景观即视感更是让人叹为观止。民宿占地209平方，建筑面积800平方，共有14间观景房，房内半智能化电动窗帘、智能马桶、暗藏式花洒以及贴心的管家服务，让顾客享受超星级酒店式入住体验；民宿内更配有玻璃栈道观景台，无边游泳池，观景健身房，汗蒸盐蒸房，茶室，观景台，360度观景餐厅，小酒吧，室外观景餐厅等多样休闲娱乐设施。

5、花都里化屋精品民宿

花都里民宿位于乌江源百里画廊核心景区东风湖畔的化屋村。民宿是利用当地农屋就地改造而成。走进民宿，首先映入眼帘的是一栋屋檐下横书"观景楼"的二层木质小楼。进入房间，透过巨大的落地窗，一幅江水山居图映入眼帘，眼前的江水和山脉仿佛伸手可触。金色的阳光洒在乌江上，波光粼粼。花都里民宿于2019年9月开门迎客。民宿一期改造共计5栋住宅，打造30间客房36个床位。另打造出精品客栈（观景楼）1栋，共11间客房，21张床位。每个房间各有不同的特色和景观，或是榻榻米房，或是拦树而建的小木屋，或是江景庭院房。房间空间利用巧妙而独特，带给住客不同的入住体验。简式家具，精致茶具，舒适大浴缸，所有配套用品等均按四、五星酒店标准配备。花都里化屋精品 民宿采取以旅客自助服务为主的模式，来到这里，更能体验乡间民宿的趣味。

6、梵溪小院

梵溪小院位于贵州省铜仁市江口县梵净山核心景区，毗邻梵净山植物园、梵净山游客中心。门前溪水流淌，鱼戏其中；院内一隅翠竹，几处繁花；屋内环境优雅，悠闲舒适；窗外古树参天，满目翠绿。

梵溪小院在设计上植入"山谷"外形的设计理念，以白墙黛瓦的简洁流畅衬托周围的古树竹林。体现梵溪小院的亲近、舒适和融入感。内部设施功能齐全，设有餐饮区、茶饮区、书吧、咖啡区，自助厨房等，注重体验感和舒适度，房间按高星级宾馆的寝具和用品配置，布局和设施注重人文情怀。

梵溪小院定位中高端民宿，温暖贴心的一站式管家服务，如回家般轻松舒适。开设民族扎染、茶艺和插花等体验，满足融入和体验式的旅行方式，提供更亲近、更自然、更具趣味性的旅居地。

7、群峰之上客栈（黔南州）

群峰之上客栈位于黔南州独山县影山镇翁台村甲乙寨子。客栈定位是"村居"，位于布依族和白族聚居的寨子中，民宿融合当地特色风物为客人带来不一样的民族文化体验。因为海拔高达 1200 米，故又名"群峰之上"。这里是看云海的最佳之地，静坐窗前，看云海飘过、听鸟鸣虫叫，就是一种难得的体验。

民宿由古老的木屋改建而成，静处山间，透出厚重的气息，与山林融为一体。房间内的装饰十分简单，但又不会显得单调冷清，反而给人一种淡然的感觉。群峰之上客栈高踞于 1200 米的群峰之上，是观看云上贵州的最好去处，正可谓"坐看云起"。多种姿势观赏天色，带一相机或架一画板，这世间的美妙皆可带回。还可以在民宿的梯田间散步，参加时令农事活动，如采茶制茶、收割大米、采摘野果等活动。群峰之上客栈约有藏书 2000 余册，登于山顶，寻一木屋，一张书桌，徜徉知识的海洋也是不错的选择。

8、尚云栖民宿

被评为三明市森林康养重点企业：龙栖山尚云栖山庄。位于龙栖山国家级自然保护区在福建省将乐县的西南部。花海是尚云栖的小院；原始森林，是尚云栖的全景院墙；小溪在其间自由欢快地穿行，白鹇在后院优雅的觅食；猕猴在后灵动地嬉游；在对面的群山一年有 200 多天云蒸雾绕。此般象，尚云栖沐浴在龙栖山第一缕阳光中，位置独好，绝佳高山流水满山茶，林中鸟鸣一院花。尚云栖将一栋老宅改造了 12 个房间，风格独特，各有特色！12 个房间，12 种体验。更引人注目另外的 3 间树屋——星空房，夏天，你可以裹着厚厚被子躺在星空房里眺望璀璨的星空。尚云栖入口处引人注目的是石墙相间的 20 多间民宿！进入村口步入尚云栖入口处古石冲刷着岁月的痕迹，近看银杏林荫小道，小桥流水！视角随着的起伏不断变换，迎来尚云栖的脱俗之美。福建民宿网红必打卡之地。重要的是康养圣地，远离城市的笙箫在此地住几个月，整个人气色脱胎换骨。

9、松赞绿谷

松赞绿谷有着优秀的旅游优势，毗邻松赞林寺跟古老村落"克纳村"。酒店设施十分齐全，对于来到西藏旅游的人们来说，住在这么一个美丽的地方，不仅可以见识到西藏的佛教文化，还可以了解到游牧民族的风土人情。绿谷是松赞的初始和旗舰，毫不张扬的藏式土木结构的小楼，面对的是水鸟栖息的一片湖泊和环湖的山坡，夏天是遍地的野花，而在冬季，如果夜里下了雪，清晨推窗便是近得不真实的雪山。

10、过云山居

小桥流水般的宁静故乡，一个可以让疲惫的梦安放的地方，过云山居位于被誉为"江南最后桃花源"的丽水市松阳。海拔约 650 米，位于明清古村落西坑村最靠近山崖的绝佳位置，民宿三面山景，视野一览无余，过云山居的正对面便是过山谷，一年中有超过 150 天呈现壮丽云海，且云海气势如虹，势若潮水奔腾，因此堪称江南最后的仙隐桃花源。

第六节 线上旅游企业（OTA）概况

在线旅游（Online Travel Agency），是旅游电子商务行业的专业词语。指"旅游消费者通过网络向旅游服务提供商预订旅游产品或服务，并通过网上支付或者线下付费，即各旅游主体可以通过网络进行产品营销或产品销售"。具体有以下企业：

1、携程集团（Trip.com Group）

中国综合性旅行服务公司，创办于 1999 年，总部设在上海，于 2003 年 12 月在美国纳斯达克上市，于 2021 年 4 月 19 日在港交所挂牌上市。该集团提供集无线应用、酒店预订、机票预订、旅游度假、商旅管理及旅游资讯在内的全方位旅行服务，曾被评为"中国最大旅游集团"。2022 年 3 月，携程公布了 2021 全年财报。财报显示，2021 年，携程营收为 200 亿元，同比增长 9%[①]。携程旅行网拥有国内外六十万余家会员酒店可供预订，是中国领先的酒店预订服务中心。携程旅行网已在北京、广州、深圳、成都、杭州、厦门、青岛、沈阳、南京、武汉、南通、三亚等 17 个城市设立分公司，员工超过 25000 人。携程旅行网成功整合了高科技产业与传统旅游行业，向超过 9000 万会员提供集酒店预订、机票预订、度假预订、商旅管理、特惠商户及旅游资讯在内的全方位旅行服务。2003 年 12 月，携程旅行网在美国纳斯达克成功上市。2015 年 10 月 26 日，携程网和去哪儿宣布合并。2018 年 7 月 13 日，携程发布消息称，包括海外一日游产品等在内的出境游，已经实现平台上的国内供应商 100% 具备旅行社、出境游"双资质"。2019 年 10 月 28 日，携程宣布更名，从 Ctrip 正式更名为 Trip.com Group（携程集团）。

携程度假提供数百条度假产品线路，包括"三亚"、"云南"、"港澳"、"泰国""欧洲""名山""都市""自驾游"等 20 余个度假专卖店，每个"专卖店"内拥有不同产品组合线路多条。客人可选择由北京、上海、广州、深圳、杭州、成都、南京、青岛、厦门、武汉、沈阳十一地出发。

携程旅行网拥有中国领先的酒店预订服务中心，为会员提供即时预订服务，合作酒店超过 32000 家，遍布全球 138 个国家和地区的 5900 余个城市，有 2000 余家酒店保留房。携程于 2011 年 7 月 5 日推出高铁频道，为消费者提供高铁和动车的预订服务，暂只提供上海市、江苏省、浙江省、安徽省配送服务。暂提供 7 天内的高铁及动车票的代购服务。

2、去哪儿旅行

去哪儿成立于 2005 年，最初的业务形态为机票搜索比价，现在已经成长为中国领先的在线旅游平台之一。去哪儿致力于通过技术推动旅游大众化，为用户带来卓越的旅行体验。去哪儿与全球超过 100 家航空公司、9000 家旅行代理商达成深度合作，搜索预订范围涵盖 68 万条国际国内航线、200 万家酒店和特色民宿，以及超过 120 万条度假线路、2 万余个目的地门票等玩乐项目。截至目前，去哪儿累计用户量近 6 亿，全球范围内 APP 累积下载量超过 60 亿[②]。强大机场攻略告知您机场大巴、出租车等信息，同时提供机场天气查询，帮您做足出行准备。

[①] 携程：2021 年营收 200 亿元，Non-GAAP 净利润 14 亿元
[②] 去哪儿网：公司简介

提供各大交通枢纽到酒店的导航信息查询。常用乘机人管理、常用联系人管理；定位功能支持身边景点查询。支持全国 12，000 个目的地查询。

去哪儿是中国领先的旅游搜索引擎，是全球最大的中文在线旅行网站，去哪儿网为消费者提供机票、酒店、会场、度假产品的实时搜索，并提供旅游产品团购以及其他旅游信息服务，为旅游行业合作伙伴提供在线技术、移动技术解决方案[①]。

3、途牛旅游

途牛旅游网创建于 2006 年，以"让旅游更简单"为企业使命，创立于南京，2014 年 5 月 9 日，途牛在美国纳斯达克成功上市[②]。作为中国领先的休闲旅游公司，途牛为线上、线下消费者提供包括跟团、自助、自驾、邮轮、景区门票以及公司旅游、机票、酒店等在内的产品和服务。截至 2020 年 12 月，途牛已建立了30 多家境内外自营地接社[③]。 途牛提供了 420 个城市出发的旅游产品的预订[④]。

途牛先后打造了高品质跟团游"牛人专线"等一系列产品品牌。"牛人专线"诞生于 2009 年，在在线跟团游市场中，凭借着独特的产品品牌思路、高品质服务标准等特点，牛人专线建立起游客对跟团游产品和服务的新认知，并通过在产品、服务等方面的多次升级，不断优化旅游体验，从而树立了坚实的竞争壁垒[⑤]。截至 2021 年第一季度，牛人专线已累计服务超 540 万人次出游，客户满意度达到 97%，更有超过五百条超 99% 满意度线路产品供游客选择[⑥]。

伴随着用户出游趋势的个性化、碎片化，途牛建设了全品类动态打包系统。通过动态打包，客人可以自主定制、任意组合出行方式、住宿、玩乐等，让产品供给与需求的连接满足了客户多样化出游需求，同时实现了"打包订，更便宜"的产品优势。

4、飞猪

飞猪全称飞猪旅行，是阿里巴巴集团旗下的综合性旅游服务平台，提供国内外交通、酒店住宿、景区门票、目的地游玩等产品及旅游周边服务。飞猪旅行坚持以产品和服务的创新，满足消费者日益个性化、多元化的需求。针对消费者灵

[①] 去哪儿网上线"会场"业务 .网易新闻
[②] 途牛旅游网 CEO 于敦德：牛人在途 .金融界
[③] 途牛公布 2020 年四季度财报，收入同比持续恢复.中国新闻网
[④] 途牛全面拓展目的地服务网络 让旅游更简单.人民网
[⑤] "牛人专线"启用全新 LOGO 高品质跟团品牌再度升级.中国青年网
[⑥] 市场期盼高品质旅游 "中国服务"案例途牛"牛人专线"亮相发布会-中国网.中国网

活出行的需要，酒店预售套餐应运而生：在按日期安排入住计划的"日历房"销售模式外，还可提前"囤货"、按需预约核销；为提升酒店住客体验，飞猪旅行推出"信用住"，消费者入住酒店，可以享受免押金、免排队、免查房等"三免"服务。飞猪旅行也是阿里巴巴集团全球化战略的主力军。飞猪旅行先后与美国、加拿大、英国、葡萄牙、奥地利、芬兰、新加坡、马来西亚、泰国、澳大利亚、新西兰、阿根廷等国家旅游局建立密切合作。超过 70 家国内外知名航空公司在飞猪旅行开设官方旗舰店。2019 年双 11 期间，飞猪旅行平台上的出境游商品覆盖全球 200 多个目的地。飞猪旅行建立了独具特色的会员体系，服务于年轻人的品质旅行需求，提供更丰富的权益和优惠，同时让商家在更多场景中与消费者发生连接，享受商家官方会员服务，万豪国际、美国航空、新加坡航空、希尔顿酒店集团、雅高酒店集团、香格里拉酒店集团、ClubMed、首旅如家、华住酒店集团、君澜酒店集团、神州专车、星巴克、中国免税品集团等全球知名品牌均先后与飞猪旅行的会员体系实现会籍打通。[①]

5、驴妈妈

驴妈妈旅游网创立于 2008 年，总部位于上海，是中国知名综合性旅游网站。驴妈妈是白领喜爱的旅游品牌，是轻度假代表品牌，也是中国景区门票在线预订模式的开创者。网站业务包括提供景区门票、度假酒店、周边游、定制游、国内游、出境游、大交通等预订服务。驴妈妈在景区门票、周边游、邮轮等品类处于行业领先地位。2018 年 11 月，驴妈妈集团宣布推出"先游后付"跟团游产品，让游客有"先出游、后付款"的旅游体验，打造旅游圈"命运共同体"。 2021 年 11 月 6 日至 7 日，澳门旅游局与驴妈妈合作推出澳门酒店和景点门票优惠。2021 年 12 月 12 日，中国旅游研究院（文化和旅游部数据中心）发布 2021 年中国旅游集团 20 强及提名名单，景域驴妈妈集团入选。[②]

6、马蜂窝

马蜂窝旅游网是中国领先的旅行玩乐社区，也是中国年轻一代用得更多的旅行 APP，得益于"内容+交易"的核心优势，马蜂窝更理解年轻人的偏好，马蜂窝将复杂的旅游决策、预订和体验，变得简单、高效和便捷。马蜂窝是旅游社交网站，是数据驱动平台，也是新型旅游电商，提供全球 6 万个旅游目的地的交通、

[①] 百度百科。
[②] 百度百科。

酒店、景点、餐饮、购物、当地玩乐等信息内容和产品预订服务。基于十余年的内容积累，马蜂窝通过 AI 技术与大数据算法，将个性化旅行信息与来自全球各地的旅游产品供应商实现连接，为用户提供与众不同的旅行体验。马蜂窝独有的"内容获客"模式，高效匹配供需，助力平台商家提升利润率，并重塑旅游产业链。自 2010 年公司化运营以来，经大量旅行者自主分享，马蜂窝社区的信息内容不断丰富和完善，每月帮助上亿旅行者出行，成为年轻一代首选的"旅行神器"。与传统旅游网站相比，马蜂窝更潮、更酷，深谙"年轻一代的选择"，帮助他们从不同角度，重新发现世界。 ①

① 百度百科。

附录

旅游管理专业培养方案

一、2016 版培养方案

（一）培养目标

本专业注重培养适应旅游业发展需要，具备现代管理科学理论素养和旅游管理专业知识，具有较强适应能力和分析解决实际问题能力，能在各级旅游行政管理部门、旅游企事业单位从事旅游管理工作和在高校、科研机构从事旅游管理教学、科研工作的高级专门人才。

（二）培养要求

本专业学生主要学习旅游管理学科的基本理论和基础知识，接受旅游经营管理方面的基本训练，具备较熟练的专业技能，具有分析和解决实际问题的能力。

毕业生应获得以下几方面的知识和能力：

1. 掌握旅游管理学科的基本理论和基础知识；

2. 熟悉旅行社、饭店、景区等各类旅游企业的主要业务和经营管理过程；

3. 掌握有关旅游管理问题研究的定性和定量分析方法；

4. 具备运用旅游管理理论分析和解决实际问题的能力；

5. 熟悉我国关于旅游业发展的方针、政策和法规，了解旅游业的发展动态；

6. 具备一定的计算机操作及信息处理能力，掌握文献检索、资料查询的基本方法，具有一定的科学研究和实际工作能力。

（三）所属学科类

1. 学科门类：　　管理学　　　　（12）

2. 专业类：　　　旅游管理类　　（1209）

（四）核心课程

管理学、西方经济学、旅游学概论、旅游规划与开发、饭店管理、旅行社管理、旅游市场营销学、旅游资源学、旅游政策与法规、旅游心理学、旅游经济学、旅游景区管理、旅游文化学

（五）特色课程

出境领队实务、民俗旅游、旅游人类学

（六）计划学制　　4 年

（七）最低毕业学分

中旅方向 163.5+6；法旅方向（前三学年在贵州大学学习，第四学年在法国高校学习。未被选派到法国学习的学生，第四学年执行中旅方向教学计划）157.5+6

（八）授予学位　　管理学学士

二、2021 版培养方案

（一）培养目标

本专业培养具有扎实的旅游管理专业基础、突出的旅游实践能力、良好的创新精神和国际交往能力，能在旅游景区、旅游规划及咨询机构、旅行社、酒店等旅游企事业单位和各级旅游行政主管部门从事旅游行政管理工作的高层次、复合型、应用型的专门人才。

（二）培养要求

本专业学生强调知识、能力、素质的协调发展，在具备较高创新创业意识、动手能力和基本的经营管理能力的基础上，掌握旅游企业管理、旅游规划（旅游策划）、旅游新业态等方面的基本理论和专业技能，具有分析和解决问题的基本能力。致力于培养学生形成以下综合能力和专业能力：

1.具有清楚思维、谈吐、写作的能力；

2.具有独立思考的能力及团队协作的能力；

3.掌握旅游管理学科的基本理论和基础知识；

4.熟悉我国关于旅游业发展的方针、政策和法规，了解旅游业的发展动态，熟悉贵州旅游业的发展动态，具备分析与解决旅游发展实际问题的实践能力；

5.掌握文献检索、资料查询的基本方法，具有一定的科学研究能力，掌握旅游管理的基本研究方法。

（三）所属学科类

1.学科门类：　　管理学　　　（12）

2.专业类：　　　旅游管理类　（1209）

（四）核心课程

旅游学概论、旅游接待业、旅游目的地管理、旅游消费者行为、旅游经济学、旅游规划与开发、旅游法规、旅游目的地营销、旅游地理学、旅游资源学

（五）特色课程

双语教学课程：旅游接待业

（六）计划学制　　4 年

（七）最低毕业学分　156.5+9

（八）授予学位　管理学学士

两版培养方案的区别

一、培养目标的区别

2021 版的培养目标在 2016 版的培养目标上，更加突出旅游实践能力、良好的创新精神和国际交往能力。社会实践课程的开展就显得尤为重要。从高校的角度而言，开展社会实践课程，进行学生社会实习的目的有以下几点：

1、积极响应国家所提出的重视学生社会实践能力培养的政策，将社会实践课程作为高校为学生所提供的实践教育组成部分之一，以弥补高校在学生教育方面存在的实践教育效果不明显的问题，从而通过社会实践课程去丰富并深化学生在思想政治教育的实践效果促进学生就旅游管理专业的理论知识和旅游管理专业技能实践的有效结合，培养出更为全面更为优质的旅游管理专业人才。

2、是通过社会实践课程去促进学生的素质教育，去加强学生的思想政治工作，以社会实践的方式引导学生能够更为健康的成长，并在成长的过程中成才，而且社会实现课程本是给予学生一个接触社会、了解社会、服务社会的机会，让学生可以通过社会实践课程培养到其创新能力，实践能力和动手能力 。

3、通过社会实践课程去有效引导学生树立正确的个人三观，让学生的世界观人生观和价值观能够走上社会正流，提高学生的综合素质能力，培养学生强烈的责任感和使命感，让学生能够以此塑造出奉献社会，服务他人的意识，能够理

解对于旅游管理专业而言服务的重要性。

4、是让学生在社会实践课程中去提升个人的就业经验，保证学生在毕业之后不会因为自己没有任何的就业经验，而对就业工作这件事有恐惧心理，或者因为自己的就业经验较少，而导致个人的就业核心竞争力不强的问题，以此去强化学生的就业自信心和个人就业竞争力[①]。

二、培养要求的区别

2021版的培养要求在2016版的培养要求上，更加强调知识、能力、素质的协调发展。社会实践课程本身就与传统的知识类课程不同，这门课程不需要让学生局限在高校内，局限在教师中进行学习，而是需要让学生走入社会，通过自己在社会中的各项活动去进行研究，去进行思考，促进学生的社会化进程，能够让学生通过在社会中的锻炼认识到自身，更有针对性地强化自己，从而实现培养学生创新精神和实践能力的效果。

旅游管理专业的学生进行社会实践课程，还能够去培养学生的旅游职业能力，提高学生的人际交往能力，并以此增强就业自信心。中国的旅游业是一个发展非常迅速的行业，所以在行业的高速发展下，旅游行业对于旅游管理人才的要求也越来越高，只有高校能够培养出能够与行业要求接轨，能够具有高素质综合职业能力的技术性旅游管理专业的人才，才能够更好地让这些学生为社会做贡献，才能够帮助这些学生去实现自己的价值。而社会实践课程就是给予学生一个机会，让学生能够把自己在高校中所学习到的旅游知识到社会中为大众服务，通过实际的服务去培养学生的旅游职业能力，让学生的知识、能力、素质协调发展[②]。

[①] 姚凯文，张博伦.新时代大学生参加社会实践的途径及重要意义研究[J].长江丛刊，2020（29）：115-116.
[②] 郭娟.大学生参加社会实践的意义、问题及对策——以信阳师范学院为例[J].山西青年，2019（07）：101-102.